"十四五"职业教育国家规划教材

Tielu Jizhuangxiang Yunshu yu Duoshi Lianyun

铁路集装箱运输与多式联运

叶清贫　杨　沁　主　编
陈思亦　王萌萌　毛　鹤　副主编
熊　华　主　审

人民交通出版社股份有限公司
北　京

内 容 提 要

本书是“十四五”职业教育国家规划教材、职业教育铁道运输类专业教材，主要内容包括集装箱基础知识、铁路集装箱运输设备、铁路集装箱运输组织、铁路集装箱运价计算、集装化运输、国际铁路货物联运、集装箱多式联运7个模块。

本书可作为高等职业院校铁路物流管理专业的教材，也可作为铁道交通运营管理等相关专业的参考资料。

＊本书配有多媒体助教课件，任课老师可通过加入职教铁路教学研讨群(QQ群:211163250)索取。

图书在版编目（CIP）数据

铁路集装箱运输与多式联运 / 叶清贫，杨淑丽主编.
— 北京：人民交通出版社股份有限公司，2018.8
ISBN 978-7-114-14713-5

Ⅰ.①铁… Ⅱ.②叶… ①杨… Ⅲ.①铁路运输—集装箱运输—多式联运—高等职业教育—教材 Ⅳ.
①U294.3

中国版本图书馆CIP数据核字(2018)第178177号

“十四五”职业教育国家规划教材
书　　名: 铁路集装箱运输与多式联运
著 作 者: 叶清贫　杨　沁
责任编辑: 钱　堃
责任校对: 刘　芹
责任印制: 张　凯
出版发行: 人民交通出版社股份有限公司
地　　址: (100011)北京市朝阳区安定门外外馆斜街3号
网　　址: http://www.ccpcl.com.cn
销售电话: (010)59757973
总 经 销: 人民交通出版社股份有限公司发行部
经　　销: 各地新华书店
印　　刷: 北京虎彩文化传播有限公司
开　　本: 787×1092　1/16
印　　张: 12.5
字　　数: 250千
版　　次: 2018年8月　第1版
印　　次: 2023年7月　第5次印刷
书　　号: ISBN 978-7-114-14713-5
定　　价: 34.00元
(有印刷、装订质量问题的图书由本公司负责调换)

前 言

【编写背景】

随着铁路货运改革的不断推进,铁路企业把大力发展集装箱运输作为向现代物流转型、推进市场化改革的重要途径。通过增加入箱货物品类、扩建集装箱办理站、发展铁水联运业务、打造中欧班列品牌等举措,快速推动集装箱运量的提升,成为铁路货运量增长的新亮点。铁路货运转型升级,要求转变传统货运发展方式,加快向现代化物流转型,加快发展以集装箱为核心的铁路运输组织方式,减少货物损耗,提高物流效率,节约可利用资源,加强跨区域运输,适应新形势下区域内运输需求。

【教材定位】

集装箱多式联运具有产业链长、高效便捷、安全可靠等优势,是货物运输发展的重要途径。发展铁路集装箱多式联运,对推进铁路供给侧结构性改革、扩大铁路有效供给、更好地发挥铁路比较优势、降低全社会物流成本等具有重要作用。在我国经济发展进入新常态的背景下,经济发展新常态催生新需求,产业结构和消费加快升级,货运需求结构呈现新变化,传统货运需求增速放缓,新兴货运形态迅速崛起,多样化、强时效、小批量、多频次、一站式"门到门"货运需求量快速增长。铁路集装箱多式联运顺应新的市场需求,呈现良好发展势头。以"一带一路"建设为统领的全方位对外开放格局构建,我国与沿线国家的经贸往来发展迅速,铁路互联互通、跨境跨区域多式联运走廊不断完善,中欧班列蓬勃发展,为支持引领国际集装箱多式联运系统加速形成,构筑国际集装箱运输品牌,带来难得的发展机遇。

铁路集装箱运输与多式联运是高等职业教育铁路物流管理专业的一门核心课程。通过课程学习,学生应能掌握铁路集装箱运输设施设备、铁路集装箱运输组织、铁路集装化运输组织、国际铁路货物联运及多式联运等知识、技能。为实现课程培养目标,本书修订过程中通过校企合作、融合行业规范及标准,进行了学材的整合和设计,主要内容包括集装箱基础知识、铁路集装箱运输设备、铁路集装箱运输组织、铁路集装箱运价计算、集装化运输、国际铁路货物联运、集装箱多式联运7个模块。根据《集装箱术语》(GB/T 1992—2006)、《铁路货物集装化运输 第4部分:一次性集装箱液体集装袋》(TB/T 2689.4—2018)、《铁路货运票据电子化作业办法》的通知(铁总货〔2018〕41号)、多式联运经营与管理职业技能等级标准(中级)(2021)、《铁路集装箱运输规则》(2018)、《铁路特有工种技能培训规范——铁路货运员(修订版)》(2021)等进行了相关知识点的编写。

【特色创新】

本书在编写过程中深入贯彻《国家职业教育改革实施方案》(国发【2019】4号)(又称"职教20条")、《职业院校教材管理办法》(教材【2019】3号)等文件精神,并将党的二十大精神融入教材内容中。本书主要有以下特色创新:

1. 教学设计体现模块化学习理念

根据技术技能人才成长规律及学生学习认知特点，在对铁路集装箱运输与多式联运相关货运岗位职业能力分析基础上，对接行业标准、行业培训规范，以真实生产项目、典型工作任务为载体组织教学内容，全书设计了7个模块，每个模块设置实训项目及复习题。

2. 内容融入了新知识、新工艺、新规范。

近年来，集装箱运输设备不断更新升级。本书在编写过程中，通过视野拓展等栏目介绍集装箱运输新知识，新工艺，融入北京中铁科客货运输技术有限公司2021年制定的多式联运经营与管理职业技能等级标准（对应“1+X”证书）考核要求、国铁集团2021年发布的《铁路特有工种技能培训规范——铁路货运员（修订版）》中的培训标准。

3. 内容渗透课程思政元素，贯穿党的二十大精神。

本书通过多种形式讲工匠故事、中国智造案例以体现文化自信，以小见大，并图文并茂，增强情景感、现实感。

4. 适应线上线下混合式教学。

本书配套丰富数字化资源，为学习者提供课程标准、案例分析、学习任务单等多种配套资源，为学习者构建立体化的学习空间。

【编写分工】

本书由武汉铁路职业技术学院叶清贫、杨沁担任主编，天津铁道职业技术学院陈思亦、湖南交通职业技术学院王萌萌、武汉铁路职业技术学院毛鹤担任副主编，武汉武铁物流发展有限公司石岚担任参编，中国铁路武汉局集团有限公司熊华担任主审，具体分工如下：叶清贫编写模块3、模块6，杨沁编写模块1、模块4、模块7中的单元2及单元3，陈思亦编写模块2，王萌萌编写模块5，毛鹤编写模块7单元1及单元4，石岚编写模块6单元6。

【致谢】

本书大量引用了铁路行业集装箱运输与多式联运法律法规及规范性文件原文，保留了原文中的术语缩略语、惯用语，读者可通过查阅本书附录3进行学习。由于铁路规章、标准不断更新、修订，读者学习过程中请以现行规章、标准为准。

编写团队参考了大量文献，在此谨向这些文献的作者表示衷心感谢。由于编者理论知识和业务水平，书中难免有不妥之处，敬请批评指正。

编　者

2018年5月

目　录

模块1　集装箱基础知识 …… 1
单元1　集装箱术语和标记 …… 1
单元2　集装箱分类及技术参数 …… 12
实训项目　集装箱基础知识认知 …… 24
复习思考题 …… 26
模块2　铁路集装箱运输设备 …… 28
单元1　铁路集装箱装卸、搬运机械 …… 28
单元2　铁路集装箱运输车辆 …… 37
单元3　铁路集装箱办理站 …… 45
实训项目　铁路集装箱运输设备认知 …… 51
复习思考题 …… 51
模块3　铁路集装箱运输组织 …… 53
单元1　集装箱运输办理条件 …… 53
单元2　集装箱运输作业流程 …… 55
单元3　危险货物集装箱运输 …… 71
单元4　双层集装箱运输 …… 72
单元5　集装箱运输信息统计 …… 74
实训项目　铁路集装箱运输组织认知 …… 81
复习思考题 …… 82
模块4　铁路集装箱运价计算 …… 84
单元1　基本运费计算 …… 84
单元2　杂费计算 …… 85
单元3　铁路门到门运输一口价 …… 90
实训项目　铁路集装箱运价计算 …… 93
复习思考题 …… 93
模块5　集装化运输 …… 95
单元1　集装化运输概述 …… 95
单元2　集装化器具形式 …… 98
单元3　集装化运输组织 …… 105
实训项目　集装化运输认知 …… 108
复习思考题 …… 108

模块6　国际铁路货物联运 …… 110
单元1　国际铁路货物联运概述 …… 110
单元2　国际铁路货物联运的基本条件 …… 113
单元3　国际铁路集装箱运输办理条件 …… 115
单元4　国际铁路集装箱运输组织 …… 116
单元5　国际铁路联运货物保价运输 …… 125
单元6　国际铁路集装箱联运的费用 …… 128
单元7　中欧班列运输组织 …… 134
实训项目　国际铁路货物联运认知 …… 139
复习思考题 …… 139
模块7　集装箱多式联运 …… 142
单元1　集装箱多式联运概述 …… 142
单元2　集装箱公铁联运 …… 145
单元3　集装箱铁水联运 …… 159
单元4　大陆桥运输 …… 170
实训项目　集装箱多式联运认知 …… 175
复习思考题 …… 175
附录1　国际货协运单的填写 …… 177
附录2　国际货协货物交接单 …… 189
附录3　本书缩略语、惯用语对照表 …… 189
参考文献 …… 191

模块1　集装箱基础知识

单元1　集装箱术语和标记

知识目标

掌握集装箱定义、术语和标记。

能力目标

能正确识别集装箱各种标记。

知识学习

集装箱是一种现代化运输工具，也可以说是一种方便货物运送的集合包装。集装箱与一般包装容器不同，除包装容器作用外，还会在装卸、搬运、运输、换装以及在组织各种不同运输方式的联运中发挥快速、高效的作用。

一、集装箱定义

集装箱的定义在各国的国家标准、各种国际公约和文件中，有多种解释。其中，国际标准化组织（ISO）对集装箱的定义最被广泛参考和使用。

我国国家标准《集装箱术语》（GB/T 1992—2006）中，对集装箱的定义如下。

集装箱是一种供货物运输的设备，应满足以下条件：

（1）具有足够的强度和刚度，可长期反复使用；

（2）适于一种或多种运输方式载运，在途中转运时，箱内货物不需换装；

（3）具有便于快速装卸和搬运的装置，特别是从一种运输方式转移到另一种运输方式；

（4）便于货物的装满和卸空；

（5）具有 $1m^3$ 及其以上的容积；

（6）是一种按照确保安全的要求进行设计，并具有防御无关人员轻易进入的货运工具。

中国铁路总公司（以下简称“铁路总公司”）在《铁路集装箱运输规则》中对集装箱定义如下。

集装箱是指具备下列条件的运输设备：

（1）具有足够的强度，在有效使用期内可以反复使用；

(2)适于一种或多种运输方式运送货物,途中无须倒装;

(3)设有供快速装卸的装置,便于从一种运输方式转到另一种运输方式;

(4)便于箱内货物装满和卸空;

(5)内容积不小于 $1m^3$。

集装箱不包括车辆和一般包装。

勤于思考

请比较国际标准化组织与《集装箱海关公约》《国际集装箱安全公约》对集装箱定义的异同点。

二、集装箱主要术语

1. 集装箱箱体的尺寸和容积

(1)外部尺寸。

①公称尺寸(Nominal dimensions):为便于区别箱体尺度而采用不表示公差的整数近似值。

②实际尺寸(Actual dimensions):箱体的最大外部长、宽、高总尺寸。

(2)内部尺寸(Internal dimensions):箱体的最大无障碍内部尺寸,对于角件的局部伸入量可予以忽略。

(3)门框开口 (Door opening):门框内部开口的无障碍尺寸,亦即能够通过的最大尺寸货物装卸的箱门开度。

(4)内容积(Internal volume):箱体内部高度、宽度和长度尺寸的乘积(除另有规定外,"内容积""净内容积""内部净容积"是同义词)。

2. 集装箱的额定值和自身质量

(1)额定值(Rating):即集装箱的最大总质量(又称"最大总质量"),是作业时的最高值,也是试验时的最低值。通常以"R"表示。

铁路行业关于"质量"的惯用语为"重量",本书从保留铁路行业惯用语的角度出发,以下不将"重量"统改为"质量",默认二者含义相同。

(2)箱体自身净质量(Tare mass):以"T"表示,系某特定箱型在正常作业时的空箱质量(又称"空箱重量"),该值包括箱体自身的附件和配件的质量。例如,一只冷藏集装箱的自身质量应当包括制冷机组和满载的油料等(此处的净质量与空箱质量含义相同)。

(3)货载(Payload):以"P"表示,是集装箱的允许最大货载,包括固货件和充塞物料等(又称"载重")。在正常作业时:$P=R-T$。其中,R、T 和 P 均属质量概念,在试验时的作用力则以 R_g、T_g 和 P_g 来表示,其单位为"N"或"kN"。

3. 集装箱相关能力定义

(1)堆码能力(Stacking capability):某一特定集装箱能够承受其上部同等规格多层满载集装箱的能力,此时的承载值应当计入该箱在模拟载运船舶舱内格栅中堆码时的最大偏移量和船舶在航运中出现的动态加速力。

(2)拴固能力(Restraint capability):集装箱通过箱底结构固定在特定载运工具上,在行驶中所能承受的最大加速力。

(3)通常底板承载能力［Floor loading capability(general)］:空载集装箱的底部结构所能够承受箱内有效荷载或设备车轮所产生的静载和动载的能力。

(4)底板承载能力(Floor loading capability):集装箱进行试验时,集装箱的底部结构所能够承受箱内有效荷载或设备车轮所产生的静载和动载的能力。

(5)箱体刚度(Rigidity):固缚在运输工具上的集装箱能够承受因运输工具动态所导致横向和纵向的挤压能力。

(6)风雨密性(Weatherproofness):在箱门关闭的情况下,该箱体能够经受特定风雨密试验的能力。

4. 集装箱计算单位

集装箱的计算单位又称集装箱箱数的换算单位,有利于统一计算集装箱的运输量,目前国内和国际的集装箱计算单位统一采用 TEU 表述,1TEU 即 1 个 20ft 国际标准集装箱,1 个 40ft 的国际标准集装箱折合 2TEU,2 个 10ft 的国际标准集装箱折合为 1TEU。

5. 集装箱方位术语

(1)前端(Front):一般指没有箱门的一端。

(2)后端(Rear):一般指有箱门的一端。

注意:如果集装箱两端结构相同,则应避免使用前端和后端这两个术语,若必须使用时,应根据标记、铭牌等特征加以区分。

(3)左侧(Left):从集装箱后端向前端看,左边的一侧。

(4)右侧(Right):从集装箱后端向前端看,右边的一侧。

(5)纵向(Longitudinal):集装箱的前后方向。

(6)横向(Transverse):与纵向垂直的左右方向。

集装箱方位名称如图 1-1 所示。

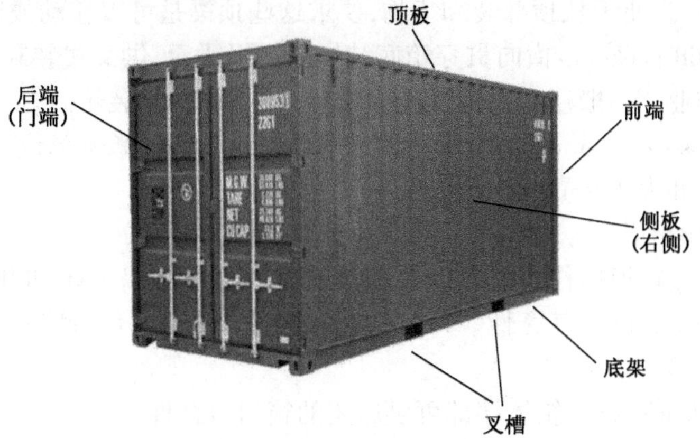

图 1-1　集装箱方位名称示意图

6. 集装箱零件和结构件的有关术语

(1)零件

①配件。

a. 角件(Corner fitting):通常设在箱体的每个角部的零件,它起着支撑、堆码、搬运和紧固集装箱的重要作用。集装箱箱体的 8 个角都设有角件。

b. 中间件(Intermediate fitting):为满足1E、1EE和1EEE型集装箱的支承、堆码、搬运和紧固作业要求而设置在相当于1A、1AA和1AAA型集装箱角件位置处的配件。

②上端梁和下端梁。

a. 上端梁(Top-end transverse member):通常位于端框架上部连接两个顶角件的横梁。如果是在门端常称为门楣,敞顶式集装箱的门楣往往是可以拆卸或是可以回转的。带活动角柱台架式集装箱不设上端梁。

b. 下端梁(Bottom-end transverse member):通常位于端框架底部连接两个底角件的横梁。如果是在门端常称为门槛。

c. 扶梯(Ladder)和步道(Catwalk):在集装箱顶部或载货部位为保证安全作业设计的部件。

③上、下侧梁。

a. 上侧梁(Top side rail):通常位于箱体侧面的上部连接两个端部上角件的纵梁。对于台架式集装箱,它的侧部和顶部通常是敞开的,该项梁元可以省去,即使存在亦属不承受纵向力的杆件。

b. 下侧梁(Bottom side rail):通常位于箱体侧面的下部连接两个端部底角件的纵梁。

④角柱(Corner post):通常位于箱体端框架的两侧连接顶角件和底角件的立柱,与相关角件共同称为角构件。

⑤底板(Floor):承托箱内货载的构件,通用集装箱的地板一般由木料构成;小型集装箱可使用钢质地板;保温集装箱的地板一般由带有纵向通风道的铝材构成。

⑥底梁(Floor beaters):亦称底板托梁,在集装箱箱体结构中用于支撑底板的构件。对于一般集装箱是设在箱底结构两个端部之间的横梁。台架式集装箱的底板托梁除了横向托梁外,也不排除有纵向托梁存在。

⑦顶梁(Roof bow):设在箱体顶部支承箱顶的横梁。对于敞顶式集装箱则是用于承托可移动的柔性顶罩,为便于从顶部装卸货物,要求这些顶梁是可以移动或回转的。

⑧叉槽(Folk lift pocket):横向贯穿箱底结构的增强梁元,供叉式装卸车的叉齿伸入后对集装箱进行搬运作业。一般用于公称长度等于和小于6m的集装箱。

⑨鹅颈槽(Gooseneck tunnel):位于箱体前端与搬运车辆的鹅颈部位相适配的凹槽,一般用于公称长度等于和大于9m的集装箱。

⑩开口、箱门和箱罩。

a. 开口(Opening):根据作业需要设在箱体的某一部位可以封闭和开启的构件,它应当具有风雨密性和一定程度的气密性。开口指集装箱的一端或一侧,两侧或箱顶永久敞开,还适用于软顶式集装箱。

b. 端门(End door):设在箱体端部可供启闭的箱门组合件。

c. 侧门(Side door):设在箱体侧部可供启闭的箱门组合件。

d. 箱罩(Cover or tarpaulin):设在箱体敞开的顶部、侧部或端部可以移动的柔性罩盖,一般由帆布或高分子合成材料构成。这种柔性材料一般称为"防水油布"或"防水漆布"。

e. 通气孔(Vent)。

排风设备(Ventilator):供箱体内外空气交换的装置。

⑪荷载传递区(Load transfer area):位于箱体底结构横梁的底面与骨架式载箱挂车纵向

主梁的接触部位。

⑫荷载传递带(Load transfer zone):荷载传递区所处的纵向范围。

⑬复板(Doubler plate):为防止由于吊具或固箱栓锥在作业中定位欠准确而伤及箱体,在顶角件和底角件附近设置的加强保护板。

(2)箱体结构

①箱底结构(Base structure)。

一般由以下零件组成:4个底角件,两根底侧梁,两根底端梁,地板及其横向托梁(罐式集装箱除外),叉槽或鹅颈槽等可择性设施。

箱底结构也包括荷载传递区。该区设在规定位置,以传递集装箱和运输车辆间的作用力。

②平台或台架箱底架(Platform base):承托此类集装箱箱底的重型结构梁或型钢,以避免出现箱底结构的过量下挠。

③端框架(End frame):箱体端部结构的组合件,通常包括两个顶角件,两个底角件,两根角柱以及上、下端梁,其中有些零件与箱顶和箱底结构是共轭的,在应用中要避免混淆和重复引用。

④角结构(Corner structure):顶角件和底角件与角柱的组合件。

⑤端壁(End wall):端框架的封板,属承载构件,不包括端框架本身。

除另有规定外,端壁至少能承受该类型满载集装箱产生的荷载。一般箱体两端的结构并不对称,箱门开口者称为后端,此端包括箱门组合件,与之相对的一端则称之为前端,则包括端壁。

⑥侧壁(Side wall):箱体侧部的封板,属承载构件,不包括上侧梁、下侧梁和相应的角结构。除另有规定外,侧壁至少能承受该类型满载集装箱产生的荷载。

⑦箱顶(Roof):通常箱体顶部具有风雨密功能的封板,它与两根上端梁、两根上侧梁和四个顶角件相承接。

集装箱零件和结构件名称如图1-2所示。

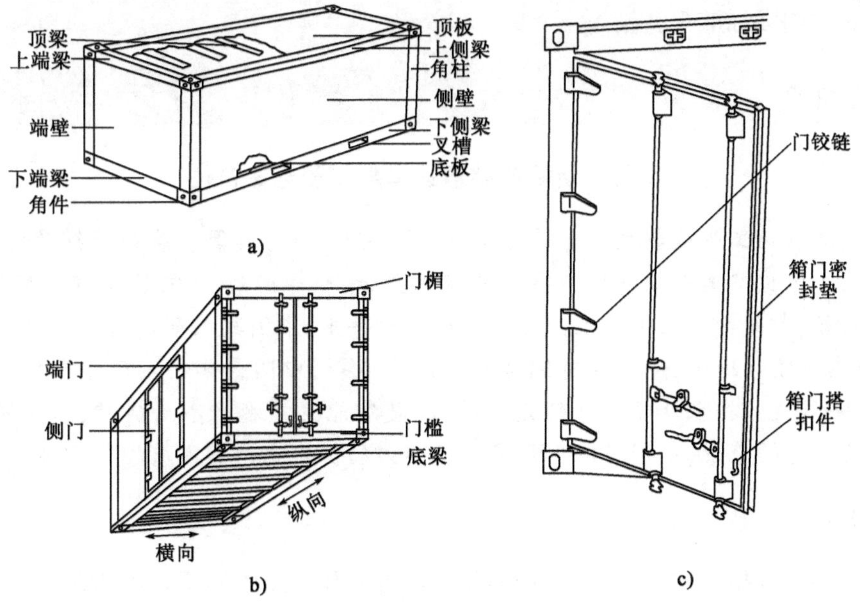

图 1-2

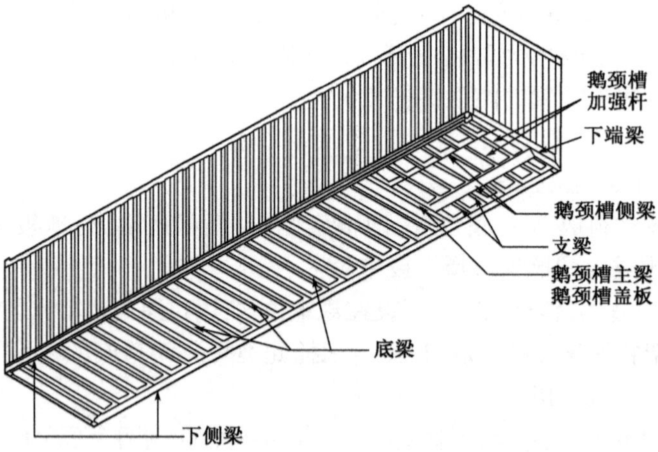

d)

图 1-2　集装箱零件及结构件名称

7. 其他相关术语

(1)刚性:集装箱在运输过程中(特别是在船舶摇摆时)抵抗横向或纵向规定的挤压载荷的能力。

(2)风雨密性:集装箱承受规定的风雨密性试验的能力。

(3)偏码:集装箱堆码时因上下层集装箱的角件未对准而产生偏移的状态。

(4)偏置:锥形定位销的端部错开定位,销端部未能嵌入底角件底孔内的堆置状态。

(5)TEU:国际标准集装箱的换算单位,1TEU 表示一个 20ft(1ft = 0.3048m)的国际标准集装箱,一个 40ft 的集装箱折合 2TEU,两个 10ft 的集装箱折合为 1TEU。有时也用 1FTU 表示一个 40ft 的国际标准集装箱。

拓展知识

我国集装箱产销量连续数年居全球首位

据中国集装箱工业协会统计资料显示,截至 2021 年底,我国集装箱产销量已连续 25 年居全球首位。根据英国咨询公司德鲁里的数据显示,全球超过 96% 的干货集装箱和 100% 的冷藏集装箱,都是由中国工厂生产的。最近二十年里,中国集装箱制造业的市场份额始终在增加,并占据主导地位,看似没有制造难度的集装箱,中国是如何实现垄断的呢? 主要有以下原因:一是生产技术处于世界领先水平;二是智能生产水平不断提升;三是集装箱箱型更加多元化。总的来说,中国可以用最具有竞争力的价格生产出优质的集装箱。

三、集装箱标记

集装箱必须有相应的标记,以便于集装箱在流通和使用中的识别和管理,以及单据编制和信息传输。实际操作中,每个集装箱都应在适当和明显的部位作相应的标记。

国际标准化组织规定的标记有必备标记和自选标记两类，每类标记中又分识别标记和作业标记。每类标记都必须按规定大小标注在集装箱规定的位置上。

集装箱箱体标记如图1-3所示。

1. 必备标记

(1)识别标记

识别标记包括箱主代号、顺序号和核对数字。

①箱主代号。箱主代号是集装箱所有人的代码。国际标准化组织规定，箱主代号由4个大写的拉丁字母表示，前3位由箱主自行规定，第4个字母一律用"U"表示。我国箱主代号常采用汉语拼音字母表示。

为避免出现重复的箱主代号，所有箱主在使用箱主代号前应向主管部门登记注册。国内铁路使用的集装箱，由箱主向铁路局申报；国际集装箱由箱主向国际集装箱局(BIC)登记注册(国际集装箱局每半年公布一次已注册的箱主代号一览表)。

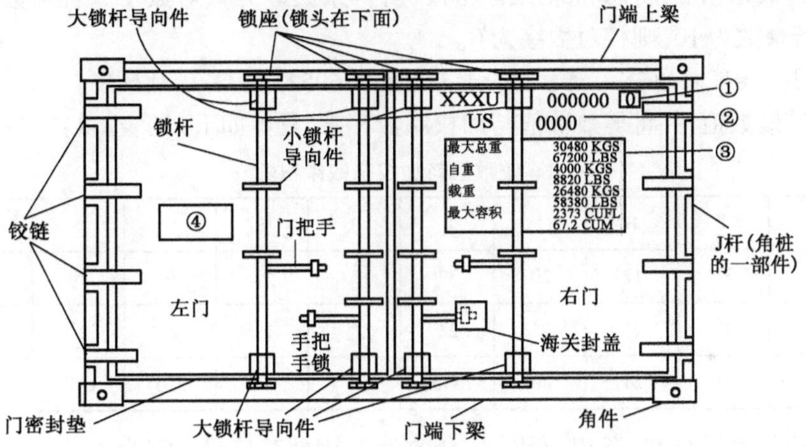

①-箱主代号和箱号；②-国家和箱型代号；③-重量标；④-综合铭板

图1-3 集装箱箱体标记

②顺序号。顺序号又称箱号，由6位阿拉伯数字组成。如有效数字不足6位时，则在有效数字前用"0"补足6位。如3725，有效数定不足6位，故在数字3前补足2个"0"，箱号即为"003725"。

③核对数字。核对数字用于计算机核对箱主代号与箱号记录的正确性，它位于箱号后，用1位阿拉伯数字表示，并加以方框以使其更加醒目。

设置核对数字的目的，是为了防止箱号在记录时发生差错。集装箱频繁地在各种运输方式之间转换时，每进行一次转换和交接，就要记录一次箱号。在多次记录中，如果发生差错，记错一个字符，就会使该集装箱从此"不知下落"。为了不致出现此类"丢失"集装箱及所装货物损失事故，在箱号记录中设置了一个"自检测系统"，即设置一位"核对数字"。该"自检测系统"的原理如下：

a. 从等效数值表(见表1-1)中按顺序查出箱主代号中的4位字母和顺序号中6个数字的等效数值，并取11为模数。

等效数值表 表1-1

字母	等效数值	字母	等效数值	字母	等效数值	字母	等效数值
A	10	E	15	I	19	M	24
B	12	F	16	J	20	N	25
C	13	J	17	K	21	O	26
D	14	H	18	L	23	P	27
Q	28	T	31	W	35	Z	38
R	29	U	32	X	36		
S	30	V	34	Y	37		

b.将等效数值分别按次序乘以 $2^0 \sim 2^9$ 的加权系数。

c.所有的乘积相加,将总和除以模数11,所得余数即为核对数字。若余数为7,则核对数字为7。若余数为10,则核对数字为0。

【例1-1】 集装箱的箱主代号和箱号为TBJU369527,求其核对数字。

①取其等效数值,并将等效数值与加权系数相乘,具体如下(见表1-2):

等效数值与加权系数乘积表 表1-2

代号	T	B	J	U	3	6	9	5	2	7
等效数值	31	12	20	32	3	6	9	5	2	7
加权系数	2^0	2^1	2^2	2^3	2^4	2^5	2^6	2^7	2^8	2^9
乘积	31	24	80	256	48	192	576	640	512	3584

②各乘积相加得5943,除以模数11,余数为3,因此其核对数字为3。

(2)作业标记

作业标记包括以下3个内容:

①额定重量和自重标记。额定重量即最大工作总重量(Max gross mass),是自重与载重之和,简称最大总重。

国际标准化组织要求用英文"MAX GROSS"或"MG"表示总重;"TARE"表示自重,两者均以千克(kg)和磅(lb,1lb=0.4536kg)同时标记。如图1-4所示。

②空陆水联运集装箱标记。空陆水联运集装箱是指可在飞机、船舶、卡车、火车之间联运的集装箱,其容积为 $1m^3$ 或 $1m^3$ 以上。这种集装箱自重较轻,结构的承重能力较弱,仅能堆码两层,因而国际标准化组织对该集装箱规定了特殊的标志,该标记为黑色,位于侧壁和端壁的左上角,并规定标记的最小尺寸为:高127mm(5in,1in=0.0254m),长355mm(14in),字母标记的字体高度至少为76mm(3in)。空陆水联运集装箱标记如图1-5所示。

③登箱顶触电警告标记。该标记为黄色底黑色三角形图案,一般设在罐式集装箱和位于登顶箱顶的扶梯处,以警告登箱者有触电危险。登箱顶触电警告标记如图1-6所示。

MAX GROSSS	27500kg
	66027lb
TARE	2070kg
	4563lb

图　1-4

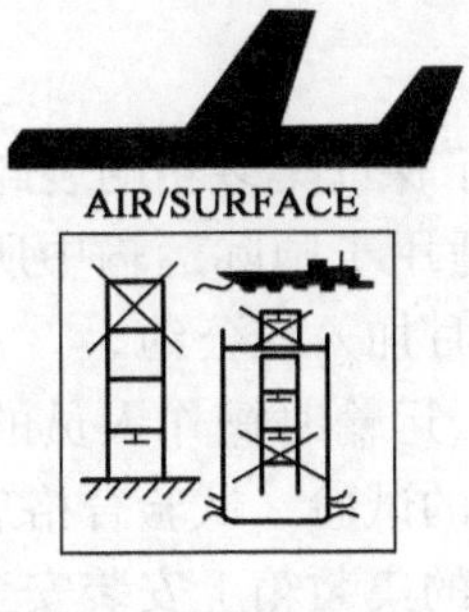

图 1-5　空陆水联运集装箱标记

图 1-6　登箱顶触电警告标记

2. 自选标记

(1)识别标记

1984 年,国际标准化组织公布了识别标记中的国家代码。国家代码由 2 ~3 个拉丁字母组成。例如,CN 表示中国,US 表示美国,JP 表示日本。但 1995 年,国际标准化组织取消了识别标记的国家代码,识别标记主要由“尺寸”与“类型代号”组成。

尺寸和类型代号用来表示集装箱的尺寸和类型。国际标准化组织规定尺寸和类型代号由阿拉伯数字和拉丁字母混编而成,前两位字符表示尺寸特性,其中第 1 位数字表示集装箱长度,第 2 位数字表示集装箱高度索引号。后两位数字表示集装箱类型,其中第 1 位由 1 个字母表示箱型,第 2 位由 1 个数字表示该箱型的特征。

例如,22G1 指箱长为 20ft(6068mm)、箱宽为 8ft(2438mm)、箱高为 8ft6 in(2591mm)、上方有透气罩的通用集装箱。

(2)作业标记

①超高标记。

该标记为在黄色底上标出黑色数字和边框,贴在集装箱每侧的左下角,距箱底 0.6m 处,同时贴在集装箱主要标记的下方。凡高度超过 2.6m 的集装箱,都应贴上此标记。超高标记如图 1-7 所示。

②国际铁路联盟标记。

标记中方框上部“i”“c”字样表示国际铁路联盟,方框下部数字表示各铁路公司或机构的代号(数字代号或字母代号),如图 1-8 所示(图中“33”表示“中国铁路总公司”)。

图 1-7　超高标记

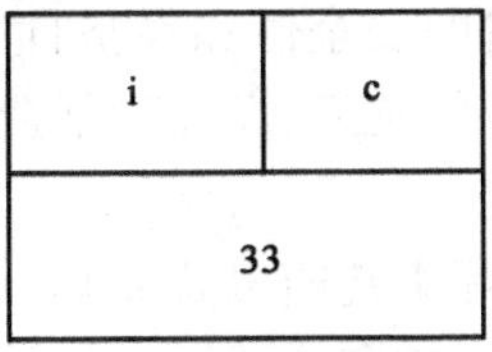

图 1-8　国际铁路联盟标记

③通行标记。

要使集装箱在运输过程中能顺利地通过或进入他国国境,箱上必须贴有按规定要求的各种通行标记,否则,必须办理烦琐的证明手续,延长集装箱的周转时间。集装箱通行标记有以下几种。

a. 安全合格牌照。

《国际集装箱安全公约》是为了保证集装箱的装卸、堆放和运输的安全，对集装箱结构做出统一要求的国际公约。该公约适用于国际运输中所使用的集装箱，但不包括为空运专门设计的集装箱。我国于1980年9月加入该公约。

为了保证集装箱在装卸、堆码、运输时操作人员的人身安全，集装箱的制造必须通过行政主管部门的审查，并进行集装箱的试验。试验合格后，行政主管部门签发书面通知。取得书面通知后、制造商才可以在制造的集装箱上安装安全合格牌照，表示该集装箱已经通过检验，并符合制造要求，允许在流通中使用。

b. 集装箱批准牌照。

集装箱批准牌照又称为TIR批准牌照。联合国欧洲经济委员会(ECE)为了在集装箱进出各国国境时，不必开箱检查，以加速集装箱的流通，于1965年制定了《集装箱海关公约》；1959年制定了便于对装在箱内货物报关的《关于国际公路运输手册担保下进行国际货物运输的报关公约》(TIR)。用于运送海关加封货物的集装箱，经主管当局批准后，可以获得集装箱批准牌照。

c. 检验合格标记。

检验机关根据国际标准化组织的要求对集装箱进行各项试验，试验合格后，粘贴代表该检验机关的检验合格标记。

d. 防虫处理板标记。

某些国家，如澳大利亚、新西兰，只允许引进经过防虫、防霉菌侵蚀处理的木质包装材料，运往这些国家的集装箱必须经过防虫处理。经过防虫处理的集装箱就可获得防虫处理板标记。

铁路运输的集装箱应符合国家标准，按规定涂打标记和标志，具备集装箱检验单位标记、《国际集装箱安全公约》(CSS)安全合格牌照、国际铁路联盟标记，标有定期检验日期或连续检验计划的标记。

四、标准集装箱

集装箱标准化，不仅能提高集装箱作为运输单元在海运、陆运、空运中的通用性和互换性，还能提高集装箱运输的安全性和经济性，促进国际多式联运的发展。同时，其还为集装箱的运输工具、装卸设备的选型、设计和制造提供依据，使集装箱运输成为相互衔接配套、专业化、高效率的运输系统。

为了有效地开展国际集装箱多式联运，必须强化集装箱标准化。标准集装箱可分为国际标准、国家标准、地区标准和公司标准集装箱4种。

1. 国际标准集装箱

国际标准集装箱是指根据国际标准化组织(ISO)104技术委员会制定的国际标准来制造和使用的国际通用的标准集装箱。国际标准集装箱共有15种规格，详见表1-3。

国际标准集装箱外部尺寸和最大总重　　表1-3

规格(ft)	箱型		长度(mm)	宽度(mm)	高度(mm)	最大总重	
						kg	lb
45	1E	1EEE	13716	2438	2896	30480	67200
		1EE			2591		
40	1A	1AAAA	13192	2438	2896	30480	67200
		1AA			2591		
		1A			2438		
		1AX			<2438		
30	1B	1BBB	9125	2438	2896	30480	67200
		1BB			2591		
		1B			2438		
		1BX			<2438		
20	1C	1CC	6058	2438	2591	30480	67200
		1C			2438		
		1CX			<2438		
10	1D	1D	2991	2438	2438	10160	22400
		1DX			<2438		

注：1ft = 0.3048m，1lb = 0.4536kg。

在实际运用中，1AX、1BX、1CX、1DX这4种集装箱箱型基本被淘汰。

1A、1B、1C、1D这4类国际标准集装箱长度之间关系如图1-9所示。

$$i_{箱间距} = 76(\text{mm}) = 3(\text{in})(1\text{in} = 0.0254\text{m})$$
$$l_{1D} = 2991(\text{mm})$$
$$l_{1B} = 3l_{1D} + 2i = 3 \times 2991 + 2 \times 76 = 9125(\text{mm})$$
$$l_{1A} = l_{1B} + i + l_{1D} = 9125 + 76 + 2991 = 12912(\text{mm})$$
$$l_{1C} = 2l_{1D} + i = 2 \times 2991 + 76 = 6058(\text{mm})$$

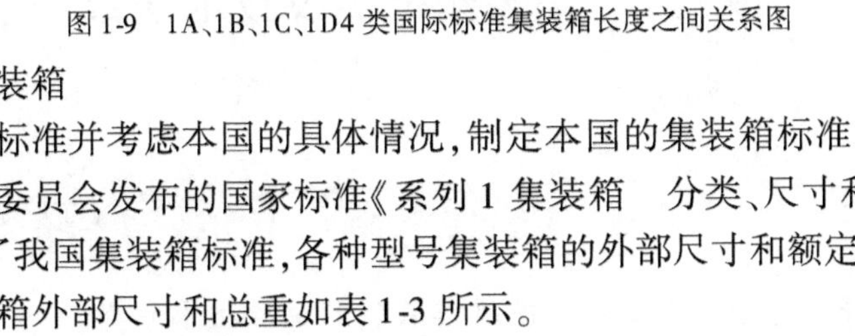

图1-9　1A、1B、1C、1D4类国际标准集装箱长度之间关系图

2. 国家标准集装箱

各国参照国际标准并考虑本国的具体情况，制定本国的集装箱标准。2008年10月，我国国家标准化管理委员会发布的国家标准《系列1集装箱　分类、尺寸和额定质量》(GB/T 1413—2008)规定了我国集装箱标准，各种型号集装箱的外部尺寸和额定质量与国际标准相同。国际标准集装箱外部尺寸和总重如表1-3所示。

3. 地区标准集装箱

地区标准集装箱是由地区相关管理部门根据该地区的特殊情况制定的仅适用于该地区的标准集装箱。欧洲地区的标准集装箱尺寸如表 1-4 所示。

欧洲地区的标准集装箱尺寸　　表 1-4

箱型	长　度		宽　度		高　度		总　重	
	mm	ft/in	mm	ft/in	mm	ft/in	kg	1lb
2A	2920	9/7	2300	7/6.5	2100	6/10.5	7100	15680
2B	2400	7/10.5	2100	6/10.5	2100	6/10.5	7100	15680
2C	1450	4/9	2300	7/6.5	2100	6/10.5	7100	15680

注:1ft = 0.3048m,1in = 0.0254m。

4. 公司标准集装箱

公司标准集装箱是由某些大型集装箱运输公司,根据本公司的具体情况和条件而制定的集装箱公司标准而制作的标准集装箱。这类集装箱主要在该公司运输范围内使用。如美国总统轮船公司的 45ft 集装箱。目前,世界上通用的是国际标准集装箱,公司标准集装箱数量正在逐步减少。

此外,世界上还有不少非标准集装箱。如非标准长度集装箱有美国海陆公司的 35ft 集装箱、美国总统轮船公司 45ft 及 48ft 集装箱;非标准高度集装箱,主要有 9ft 和 9.5ft 两种高度的集装箱;非标准宽度集装箱有 8.2ft 宽度的集装箱等。

拓展知识

我国集装箱运输:起步晚、发展快、规模大

我国集装箱运输是从 20 世纪 50 年代开始发展的。1955 年 4 月,铁路部门开始办理国内小型集装箱运输。水运部门在 1956 年、1960 年、1972 年 3 次借用铁路集装箱进行短期试运,在 1973 年开辟海上国际集装箱运输,在 1973 年 9 月开辟用杂货船捎运小型集装箱的航线。我国国际集装箱运输起步较晚,但发展速度较快,自 1973 年接卸了第一个国际集装箱,历经了 20 世纪 70 年代的起步,80 年代的稳定发展,到 90 年代我国国际集装箱运输引起全世界航运界的关注。2021 年世界集装箱吞吐量前 30 名榜单,我国港口占据前 10 位的分别是上海港(1)、宁波舟山港(3)、深圳港(4)、广州港(5)、青岛港(6)、天津港(8)、香港港(10)、厦门港(10)。

单元 2　集装箱分类及技术参数

知识目标

掌握各种集装箱的特点,掌握我国铁路集装箱的主要技术参数。

能力目标

能根据货物的性质选用合适的集装箱。

知识学习

随着集装箱运输的发展,为了适应各种不同种类的货物的装载和运输需求,出现了许多不同种类的集装箱,这些集装箱不仅外形不同、结构不同,其内部尺寸参数也不同。

一、集装箱的分类

(一)根据材质分类

集装箱在装卸、存放和运输过程中,经常受到各种外力的作用和环境的影响,集装箱的材质必须符合既能保护箱内货物的安全,又能承受外力的要求。因此,集装箱的制造材料要有足够的强度和刚度,应尽量采用质量轻、强度高、耐用、维修成本低的材料,并且材料既要价格低廉,又要便于获取。从目前采用的集装箱材料看,一个集装箱往往不是由一种材料制成的,而是以一种材料为主、多种材料为辅来制造的。一般箱体的主要部件(侧壁、端壁、箱底和箱顶等)采用什么材料,就称为什么材质的集装箱。

1. 钢制集装箱

钢制集装箱的箱壁和框架都是用钢材制成的,采用全焊接结构,壁板采用波纹板,以增强箱体的刚性。其优点是结构牢、强度高、水密性和焊接性好,并且不易损坏,价格低。主要缺点是抗腐蚀性较差、自重较大,使用年限较短,一般在12年左右。目前世界上拥有的钢制集装箱数量,占世界总箱量的85%左右。

2. 不锈钢制集装箱

采用不锈钢制成的集装箱,其主要优点是强度高、不生锈、耐腐蚀性好,缺点是造价高、投资大。一般罐式集装箱多采用不锈钢制造。

3. 铝制集装箱

通常所说的铝制集装箱,并不是纯铝制的,而是主要部件使用适量的各种轻铝合金。选用铝合金材料时一般采用铝镁合金,其主要优点是自重轻、弹性好、不易变形、不生锈,并且外表美观;主要缺点是造价高、受碰撞时容易损坏。铝制集装箱最适合海上运输,一般使用年限为15年左右。铝制集装箱有两种:一种采用钢架铝板;另一种仅框架两端用钢材,其余采用铝材。铝合金材料一般用来制造罐式集装箱、冷藏集装箱。

4. 玻璃钢制集装箱

玻璃钢制集装箱是在钢制框架上装上玻璃钢复合板构成的。其主要优点是隔热性、防腐性和耐化学性均较好,强度大,能够承受较大应力,易清扫,便于修理,集装箱内容积较大等;主要缺点是自重较大,造价较高。

(二)按结构分类

1. 内柱式与外柱式集装箱

内、外柱式集装箱一般为铝合金集装箱,内柱式集装箱是指侧柱(或端柱)位于侧壁或端壁之内;外柱式集装箱是指侧柱(或端柱)位于侧壁或端壁之外。内柱式集装箱如图1-10所示,外柱式集装箱如图1-11所示。

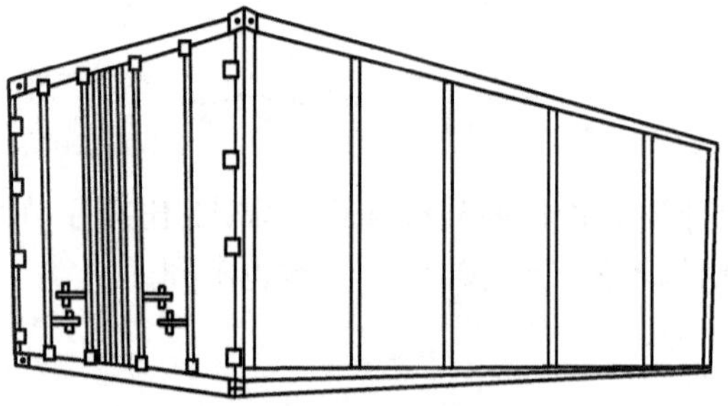

图1-10 内柱式集装箱

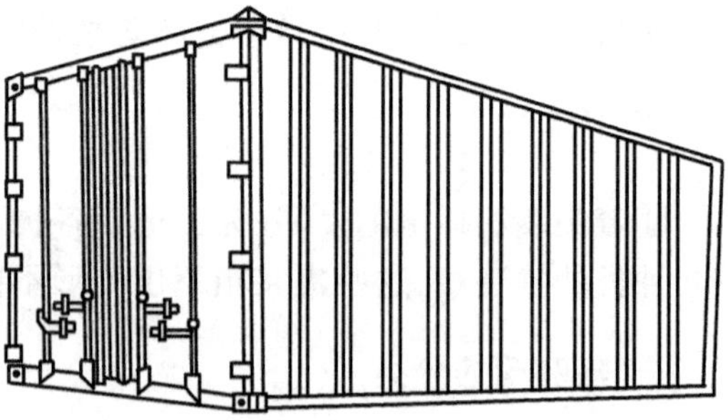

图1-11 外柱式集装箱

2. 折叠式与固定式集装箱

折叠式集装箱的主要部件(侧壁、端壁、箱顶)能被简单地折叠或分解,使用时可以方便地将各部件组合起来。这种集装箱在回空和保管时能缩小集装箱体积,但由于其主要部件是铰接的,所以其强度不如固定式集装箱。反之,各部件永久组合在一起的集装箱称为固定式集装箱。

3. 薄壳式集装箱与预制骨架式集装箱

薄壳式集装箱的所有部件组成一个钢体,它的优点是重量轻(即质量小),可以适应所发生的扭力而不会发生永久变形;预制骨架式集装箱由许多预制件组合而成,并由这些预制件来承受主要荷载,由于其外板和骨架均为预制件,故称为预制骨架式集装箱。

(三)根据用途分类

集装箱按用途分为普通货物集装箱和特种货物集装箱。普通货物集装箱包括干货集装箱、通风集装箱、开顶集装箱、台架式集装箱和平台式集装箱;特种货物集装箱包括散货集装箱、罐式集装箱、冷藏集装箱、动物集装箱、汽车集装箱和服装集装箱。

1. 普通货物集装箱

普通货物集装箱可分为通用集装箱和专用集装箱。

(1)通用集装箱(Dry cargo container)

通用集装箱也称为干货、杂货集装箱,是指全封闭式,具有刚性的箱顶、侧壁、端壁和箱底,至少在一面端壁上有箱门的集装箱。在现有集装箱中,通用集装箱约占世界集装箱总数的85%。其使用范围极广,适用于装运各种杂货,包括日用百货、食品、机械、仪器、家电用品、医药及各种贵重物品等。通用集装箱有的除后端设端门外,在侧壁上还设有侧门。为便于货物的装卸,可设置活动箱顶开门或侧壁全开。当所有的箱门都关闭后,通用集装箱具有水密性。其外形如图1-12所示。

(2)专用集装箱

专用集装箱是指为便于不通过端门装卸货物或为通风等特殊用途而设有独特结构的普通货物集装箱。专用集装箱包括通风集装箱、开顶集装箱、台架式集装箱和平台集装箱。

①通风集装箱(Ventilated container)

通风集装箱的外表与通用集装箱相同,是一种带有箱门的密闭式集装箱。为了通风,一般在侧壁或端壁上设有4~6个通风口。按通风方式不同可分为自然通风集装箱和机械通风集装箱;按通风强度不同可分为透气式通风集装箱和封闭式通风集装箱。如将通风口关闭,也可以将它作为通用集装箱使用。

通风集装箱适用于装载不需要冷冻而需通风、防止汗湿的货物,如水果、蔬菜等。其外形如图1-13所示。

图1-12　干货集装箱

图1-13　通风集装箱

②开顶集装箱(Open top container)

开顶集装箱也称敞顶集装箱,它是一种箱顶可打开的集装箱,具有可折式顶梁支撑的帆布、塑料布或涂塑布组成的顶篷,其他构件与干货集装箱类似。开顶集装箱适用于装载较高的大型货物和需吊装的重货,如钢铁、木材、玻璃等。货物从箱顶吊入箱内,这样不易损坏货物,可减轻装箱的劳动强度,也便于在箱内固定货物。其外形如图1-14所示。

图1-14　开顶集装箱

③台架式集装箱(Platform based container)

台架式集装箱是一种没有箱顶和侧壁(甚至有的没有端壁),而只有底板和4个角柱的集装箱,如图1-15所示。它可以用吊车从顶上装货,也可以用叉车从箱侧装货。

台架式集装箱的主要特点是:为了保持其纵向强度,箱底较厚。箱底的强度比普通货物集装箱大,而其内部高度则比一般集装箱低。其下侧梁和角柱上设有系环,可把装载的货物捆绑牢固。这种集装箱从前、后、左、右及上方均可进行装卸作业。台架式集装箱没有水密性,不能装运怕湿的货物,适合装载形状不一的货物。

台架式集装箱可分为:敞侧台架式、全骨架台架式、有完整固定端壁的台架式、无端壁仅有固定角柱和底板的台架式集装箱等。

④平台集装箱(Platform container)

平台集装箱是在台架式集装箱的基础上再简化而保留底板的一种特殊结构集装箱。其平台的长度、宽度与国际标准集装箱箱底尺寸相同。该集装箱设有底角件,并可使用与其他集装箱相同的紧固件和起吊装置。该集装箱装卸作业方便,适于装载长、重大件。其外形如图1-16所示。

⑤特种货物集装箱

特种货物集装箱是指专门适用于运输具有某种状态或特殊性质货物的集装箱,包括干散货集装箱、罐式集装箱等。

图 1-15　台架式集装箱

图 1-16　平台集装箱

a. 干散货集装箱(Bulk Container)

干散货集装箱除了装有箱门外,在箱顶部还设有 2 ~ 3 个装货口,装货口有圆形的和长方形的两种,货物可以用漏斗或传输带经装货口装入集装箱。在箱门的下方还设有两个长方形的卸货口。集装箱的箱底,有的做成漏斗形,在卸货时可以使货物从漏斗门自动流出;有的可从箱门处卸货,为了防止开门时货物急剧倾出造成危险,一般将箱门分为上、下两半开启,并在箱门上设置许多小开口,卸货时只需打开下半部的门,货物就能自动、缓慢地流出。

图 1-17　干散货集装箱

使用干散货集装箱可以节约可观的包装费用,并提高装卸效率,适用于装载粉状或粒状货物,例如大豆、大米、面粉、饲料以及水泥、化学制品等。干散货集装箱的外形如图 1-17 所示。

b. 罐式集装箱(Tank Container)

罐式集装箱是一种专门用于装运液体货物如酒类、油类及液状化工品等的集装箱。它由罐体和箱体框架两部分组成,装货时货物由罐顶部装货孔装入,卸货时货物则由排货孔流出或从顶部装货孔吸出。有些液体货物会随着外界温度的降低而增加黏度,装卸时需要对货物进行加温,所以在某些罐式集装箱的下部设有加热器。罐式集装箱的外形如图 1-18所示。

c. 冷藏集装箱(Reefer container)

冷藏集装箱是专为运输需要保持一定温度的冷冻货物或低温货物而设计的集装箱。如为鱼、肉、新鲜水果和蔬菜等食品而设计的具有制冷或保温功能的集装箱。它分为带有制冷机组的内藏式机械冷藏集装箱和没有冷冻机的外置式机械冷藏集装箱。前者在集装箱内装有冷冻机,只要外界供电,就能制冷,不会妨碍集装箱专用机械的搬运和装卸;后者也被称为"离合式冷藏集装箱",箱体只是一个具有良好隔热层的箱体,在陆地上运输时,一般与冷冻机相连,在海上运输时,则与冷冻机分开,箱内冷却靠船上的冷冻机舱制冷,通过冷风管道系统与冷藏箱连接。冷藏集装箱造价较高、运费较高,离合式冷藏集装箱外形如图 1-19 所示。

图1-18　罐式集装箱

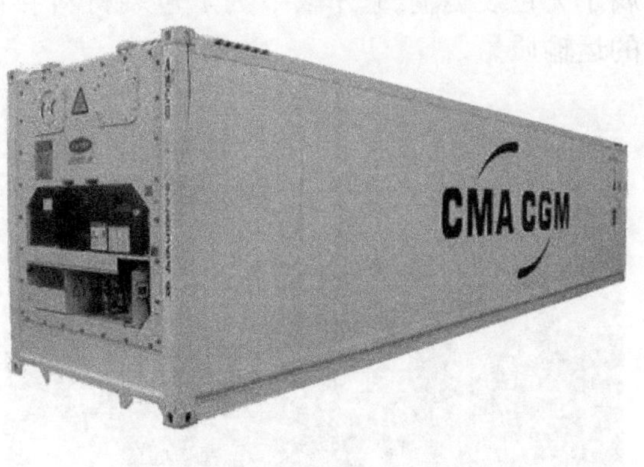

图1-19　离合式冷藏集装箱

d. 动物集装箱(Pen container)

动物集装箱是一种专门用于装运牲畜的集装箱。为了实现良好的通风,箱顶采用胶合板覆盖,箱壁用金属丝制造,侧壁下方设有清扫口和排水口,并设有喂食装置。

动物集装箱在船上必须固定在甲板上,而且不允许多层堆装,所以其强度可低于国际标准集装箱的要求,其总重也较轻。其外形如图1-20所示。

e. 汽车集装箱(Car container)

汽车集装箱是专为装运小型轿车而设计、制造的集装箱。其结构特点是无侧壁,仅设有框架和箱底,箱底采用防滑钢板。该集装箱可装载一层或两层小轿车,由于一般小轿车的高度为1.35~1.45m,如装在8ft(2438mm)高的标准集装箱内,只利用了其箱容的3/5,所以小轿车是一种不经济的集装货。为提高箱容利用率,有一种装双层的汽车集装箱,其高度有两种,一种为10.5ft(3200mm),另一种为12.75ft(3810mm)。所以,汽车集装箱一般不是国际标准集装箱。汽车集装箱如图1-21所示。

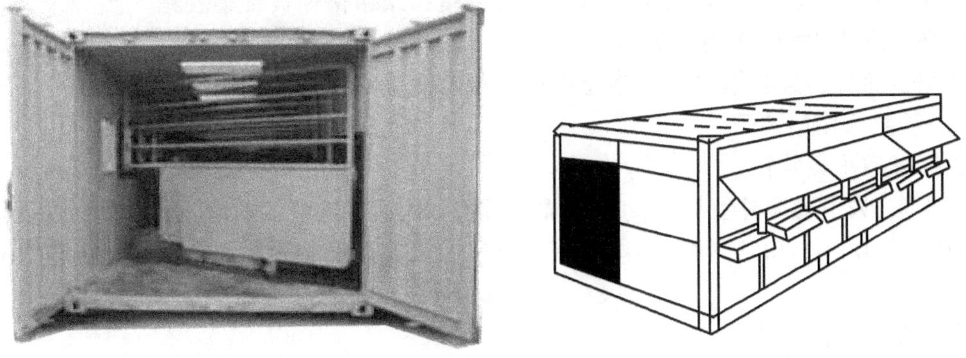

a)　　b)

图1-20　动物集装箱

f. 服装集装箱(Garment container)

服装集装箱的特点是,在箱内上侧梁上装有许多根横杆,每根横杆上垂下若干皮带扣、尼龙带和绳索,成衣直接挂在皮带扣或绳索上,其结构如图1-22所示。这种服装运输方法属于无包装运输,它不仅节约了包装材料和包装费用,而且减少了人工劳动量,提高了服装的运输质量。

图 1-21　汽车集装箱

图 1-22　服装集装箱

二、我国铁路集装箱的分类及技术参数

(一)按箱主分类

我国铁路集装箱按箱主不同,可分为铁路箱和自备箱。其中,铁路箱是承运人提供的集装箱,自备箱是托运人自有或租用的集装箱。

(二)按长度分类

我国铁路集装箱按长度分为 20ft 箱、40ft 箱、45ft 箱以及经铁路总公司批准运输的其他长度的集装箱。

(三)按所装货物种类和箱体结构分类

我国铁路集装箱可分为铁路普通货物集装箱和铁路特种货物集装箱。

1. 铁路普通货物集装箱

铁路普通货物集装箱包括铁路通用集装箱和铁路专用集装箱。

(1)铁路通用集装箱

①标准通用集装箱。

近年来,为了适应外贸运输发展的需要,融入国际集装箱多式联运链条,我国铁路总公司大力发展 20ft 和 40ft 国际标准集装箱。目前铁路通用集装箱主要有 20ft、40ft 国际标准集装箱。

②非标准通用集装箱。

20ft 非标准通用集装箱,其额定重量分别为 24t 和 35t。我国已研制出 48ft 非标准通用集装箱,主要用来运输轻泡货物。

铁路的发展从以大宗物资运输为主的传统组织方式,向兼顾零散货物运输转型发展。2016 年 3 月,铁路总公司正式启用 1.5t 小型非标准通用集装箱。

铁路通用集装箱有关参数如表 1-5 所示。

铁路通用集装箱有关参数 表1-5

箱型	箱主代码	自重(t)	箱体标记最大允许总重(t)	外形尺寸(mm)		
				长	宽	高
20ft	TBJU	1.86~2.98	30.48	6058	2438	2591
40ft	TBJU	3.88	30.48	12192	2438	2896
48ft	TBJU	4.65	30.48	14630	2438	2438

(2)铁路专用集装箱

①20ft 折叠式台架集装箱。

折叠式台架集装箱是木材及长大货物运输专用箱型,是我国铁路长大货物运输集装化、专业化运输设备。使用折叠式台架集装箱装运木材,这既提高了铁路普通平车的使用效率,也节省了大量敞车资源,解决了东北地区平车积压而敞车不足的矛盾,平衡了车流,提高了车辆使用率。

折叠式台架集装箱是指由底架、端墙、侧墙、两箱连接构件和箱车连接构件组成,具有折叠功能,须成对使用的集装箱(见图1-23)。此外,其底盘上装有4个用于空箱堆垛的焊接方管桩脚,每侧各有一个与平车连接的M30活动螺栓腿。每台集装箱的端部安装有一个花篮螺栓,两台集装箱放置于平车后利用该花篮螺栓联结成一体(见图1-24)。该集装箱可以从前、后、左、右及上方进行装卸作业,适合装载大件和重货件,如重型机械、钢材、钢管、木材、钢锭等。它没有水密性,不能装运怕水湿的货物,若要用其装运怕水湿货物,则要使用帆布遮盖。其中,20ft 折叠式台架集装箱较为常见,是针对木材运输而设计开发的铁路特种集装箱,它的具体技术参数如表1-6所示。

图1-23 折叠式台架集装箱

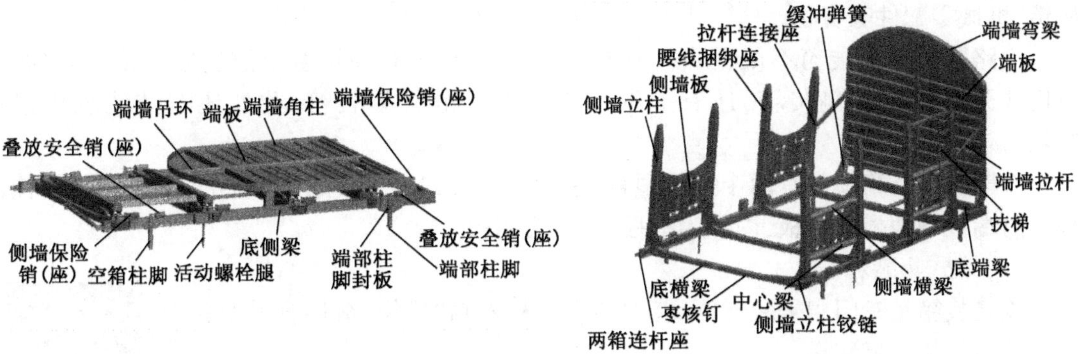

a)折叠式台架集装箱折叠状态 b)折叠式台架集装箱工作状态

图1-24 折叠式台架集装箱两种状态

铁路专用集装箱有关技术参数　表 1-6

箱型	箱类	箱主代码	自重(t)	箱体标记最大允许总重(t)	外形尺寸(mm)		
					长	宽	高
20ft	折叠式台架集装箱	TBPU	2.5	30	5610	3155	3400
20ft 35t	敞顶式集装箱	TBBU	2.73	35	6058	2550	2896

②20ft 35t 敞顶式集装箱。

20ft 35t 敞顶式集装箱是一种没有刚性箱顶的集装箱,有可折叠式或可折式顶梁,用于支撑帆布、塑料布或涂塑布制成的顶篷,其他构件与通用集装箱类似。该集装箱适于装载大型货物和重货,如钢铁、木材,特别是玻璃板等易碎的重货,可利用吊车将货物从顶部吊入箱内,使货物不易损坏,而且也便于在箱内固定。该集装箱如图 1-25 所示,具体技术参数如表 1-6 所示。

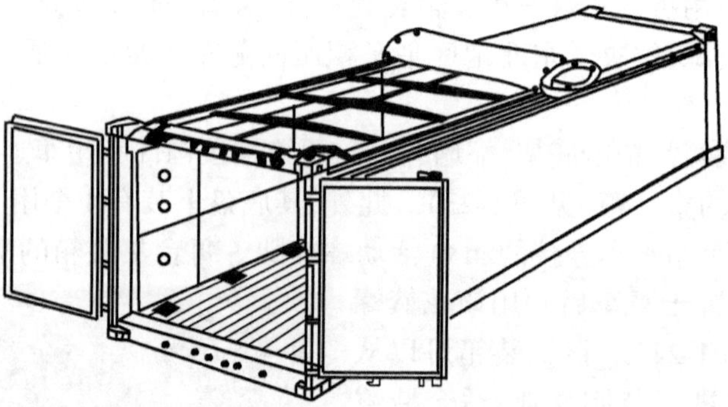

图 1-25　20ft 35t 敞顶式集装箱

2. 铁路特种集装箱

(1)20ft 干散货集装箱

20ft 干散货集装箱是在通用集装箱的基础上,为适应散堆装货物的封闭运输而开发的铁路特种集装箱。该集装箱具有装载量大、易于装卸、无包装、环保和安全等特点,既可装运普通干货,又可装运矿砂、焦炭、硫黄、氧化铝、粮食等散装货物,以及建筑陶瓷、金属制品、金属锭、机械零配件等货物。

铁路干散货集装箱不仅有普通型干散货集装箱,还有高箱型干散货集装箱;不仅有对开门式开顶干散货集装箱,还有上翻门式开顶干散货集装箱;此外还有散装氧化铝集装箱。

干散货集装箱顶部有两个矩形顶盖,实现了顶开口装货、端门卸货的装运方式;箱体侧板和前端板均为耐候钢板,内部为平板,箱体为钢板。

(2)罐式集装箱

该集装箱是专门用来装运酒类、油类、粒(粉末)状货物、液体食品及化学品等液体货物的集装箱。

①20ft 弧形罐式集装箱。

20ft 弧形罐式集装箱的框架由侧梁、端梁和纵梁组成。侧梁、端梁、纵梁为方管形结构,下端梁设有加强护板。罐体由弧形壁板焊接而成,内有十字

铁路特种集装箱技术参数

拉筋，内外安装扶梯，顶部设有人孔、进料口、出料口、人行步道及2个呼吸式安全阀，罐内外安装有扶梯。其外形如图1-26所示。

a)　　b)

图1-26　20ft弧形罐式集装箱

弧形罐式集装箱可以装载植物油、润滑油、乙二醇等一系列非危险品。其装卸比较方便，能减少包装等中间环节，节能环保，装载加固措施简单有效且运输安全，极大地发挥了集装箱门到门运输的便利性，使其运输效率得到一定程度的提高。

②20ft散装水泥罐式集装箱。

20ft散装水泥罐式集装箱主要由框架、罐体、管路三大部分组成。罐体通过裙座和前、后端框架连接，还设有走道、扶梯等罐外附件。罐体结构由圆筒壳体、两个10%蝶形封头、两个人孔、两个卸料口、一个应急孔及鞍座等焊接而成，罐内设有用于卸料的流化床。罐体两侧均设有进气口及出料口，罐内外安装有扶梯，顶部设有步道。其外形如图1-27所示。

散装水泥罐式集装箱在运输作业中处于常压紧闭状态，有效保证了货物的品质。它可直接与水泥存储罐或散装水泥汽车出料口对接进行装料作业，整个装载过程不超过15min，卸车作业不超过20min。由于其装卸效率高，该箱型的使用提高了车辆的运用效率。此外，使用散装水泥罐式集装箱运输，散装水泥不需包装袋，减少了包装成本，提高了操作效率。此外，在操作过程中杜绝了粉尘外泄，彻底解决了原来装卸水泥造成的污染问题。散装水泥罐式集装箱集包装、运输、仓储于一体，能进行公铁联运，可实现门到门运输。

③20ft框架罐式集装箱。

20ft框架罐式集装箱由端框、侧梁组成，罐体由圆筒体、封头、人孔、进料口、卸料口、液位计（标尺）等组成，设加热装置、温度计、外保温层。其外形如图1-28所示。

④20ft石油沥青罐式集装箱。

20ft石油沥青罐式集装箱由框架、罐体组成。框架由角柱、端梁、侧梁、斜支撑、鞍座、布道板、爬梯等组成。罐体由筒体、封头、端筒、隔热保温层、防浪板、装卸系统（人孔、卸料口、卸料阀）、加热系统（加热管、加热器连接法兰）、安全装置（减压阀、防爆片）、附件（烟囱、温度计、测温孔、液位标尺、防雨罩、阀门挡板）等组成。其外形如图1-29所示。

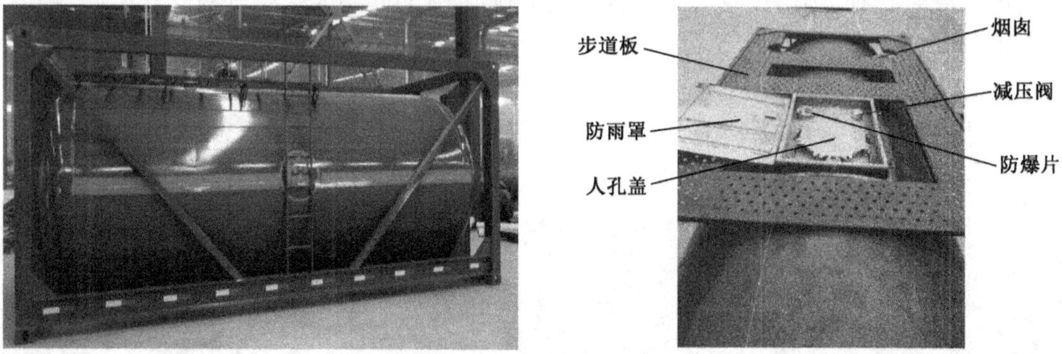

a)　　　　b)

图 1-27　20ft 散装水泥罐式集装箱

图 1-28　20ft 框架罐式集装箱

图 1-29　20ft 石油沥青罐式集装箱

(3)汽车集装箱

汽车集装箱是针对日益增长的小汽车运输需求而开发的,包括 25ft 和 50ft 板架式汽车集装箱、50ft 双层汽车集装箱,均属于非标准通用集装箱。

我国铁路运输中使用的主要是 50ft 双层汽车集装箱。它采用密封性整体结构。其总体结构由钢质框架、侧板、顶板、花纹钢地板、铰链折叠门和上下角件组成,保证了箱体的密封性和箱体的强度。箱体宽度为公路运输的允许宽度 2500mm,内部宽度较普通货物集装箱增加;长度为 15400mm,与 X_{6B} 集装箱专用平车的长度相同。

50ft 双层集装箱适用于铁路、水路、公路联运。其箱体结构便于吊装,适用于铁路、水路、公路等各种运输方式。其优点主要有装载量大、装卸作业方便、加固性能好及密封性能良好等。

(4)冷藏集装箱

随着国内物流市场的爆发式发展,市场竞争日益激烈。为丰富铁路物流产品,增强竞争力,我国于 2009 年成功研发了 45ft 冷藏集装箱。该种集装箱适用于多式联运,采用国际先进的箱体和制冷设备,配备 GPS、GPRS、GIS 技术,具备双向通信、自动监测、远程控制等智能化功能,保证货物在运输过程中始终处于适宜环境和稳定的状态。

注意:45ft 冷藏集装箱堆码高度重箱最多 3 层,空箱最多 9 层。

我国铁路特种集装箱参数如表 1-7 所示。

铁路特种集装箱参数　　表1-7

箱型	箱　类	箱主代码	自重(t)	箱体标记最大允许总重(t)	外形尺寸(mm)		
					长	宽	高
20ft	板架式汽车集装箱	TBPU	4.3	28.3	7657	3180	348
	双层汽车集装箱	TBQU	3.7	15	6058	2438	3200
	干散货集装箱	TBBU	3.1	30.48	6058	2438	2591
	散装水泥罐式集装箱	TBGU	4.95	30.48	6058	2438	2896
	弧形罐式集装箱	TBGU	6.3	30.48	6058	2438	2896
	水煤浆罐式集装箱	TBGU	4.25	30.48	6058	2438	2591
	框架式集装箱	TBGU	4.15	30.48	6058	2438	2591
25ft	板架式汽车集装箱	TBPU	4.3	28.3	7657	3300	348
45ft	冷藏集装箱	TBLU	7.18	30.48	13716	2438	2896
50ft	双层汽车集装箱	TBQU	11.61	30.48	15400	2500	3200

拓展知识

世界集装箱运输的发展历程

1.萌芽阶段(1830—1854年)

(1)集装箱运输起源于英国。1801年,英国詹姆斯·安德森博士提出将货物装入集装箱进行运输的构想。

(2)1845年,英国铁路曾使用载货车厢在铁路、公路用互相交换的方式进行运输,视车厢为集装箱,使集装箱运输构想得到初步应用。

(3)19世纪中叶,英国出现运输面纱、棉布的一种带活动框架的载货工具,这是集装箱的雏形。

(4)1880年,美国正式试制了第一艘内河运输用的集装箱船,在密西西比河试航。

(5)1890年,英国首先出现了较为简单的铁路集装箱运输。1917年,美国在铁路上试行集装箱运输,随后十余年,德国、法国、日本、意大利相继出现了集装箱运输。

(6)1928年,在罗马召开的世界公路会议探讨了在铁路和公路运输方面相互合作的问题。1931年,在法国巴黎成立了集装箱运输的国际组织——国际集装箱协会。

(7)第二次世界大战期间,美国军队利用集装箱在海上进行军用物资的运输,证实了集装箱在进行大运量货物运输时具有安全、快捷的优势。

这一阶段集装箱运输的特点是:欧美地区的发达国家在其国家内部尝试集装箱运输,运距较短,发展缓慢,集装箱运输的优势并没有充分发挥出来。原因在于社会生产力比较落后,没有充足、稳定的适箱货源,集装箱运输所需的物质、技术基础与配套设施落后,集装箱运输的组织管理水平差。

2.开创阶段(1955—1965年)

(1)1955年,美国人马尔康·麦克林(Malcon Mclean)提出集装箱运输必须实现海陆联运的观点。

(2)1956 年 4 月，马尔康·麦克林(Malcon Mclean)自己拥有的美国泛大西洋公司将一艘 T-2 型油船进行改装，在甲板上设置了一个可装载 58 个 35ft 集装箱的平台，并取名为“马科斯顿”号，试航行于纽约至休斯敦航线。经过 3 个月的试航后，“马科斯顿”号获得了巨大的经济效益，平均每吨货物的装卸费从原来的 5.83 美元下降到 0.15 美元，仅为原来装卸费用的 1/39。显示了集装箱运输的巨大优越性。

(3)1957 年 10 月，美国泛大西洋公司又将 6 艘普通货船改装成吊装式全集装箱船，取名“盖脱威城”号(Gateway City)，载重 9000t，可装载 226 个 35ft 集装箱，航行于纽约至休斯敦航线。至此，海上集装箱运输才成为现实。

(4)1960 年 4 月，泛大西洋轮船公司改名为海陆运输公司。1961 年 6 月，该公司又陆续开辟了纽约—洛杉矶—旧金山航线和阿拉斯加航线，从而奠定了在美国国内进行集装箱运输的基础。

这一阶段集装箱运输的特点是：所使用的集装箱船都是改装的，没有专用集装箱船泊位，使用的都是非标准 17ft、27ft 和 35ft 的集装箱，集装箱运输的航线都在美国沿海。

3. 成长扩展阶段(1966—1983 年)

(1)1966 年 4 月，海陆运输公司(原美国泛大西洋公司)以经过改装的全集装箱船开辟了纽约—欧洲集装箱运输国际航线。

(2)1967 年 9 月，马托松船公司将一辆全集装箱船投入到日本—北美太平洋沿岸航线。一年以后，日本有 6 家航运公司在日本至加利福尼亚之间开展集装箱运输。1969 年，日本和欧洲各国的航运公司先后在日本、欧洲各国、美国和澳大利亚等国家和地区开展了集装箱运输。集装箱专用码头开始投入使用。

(3)1971 年年底，世界 13 条主要航线基本上实现了件杂货集装箱化。集装箱船舶运输能力迅速提高，1970 年集装箱运输量约为 23 万 TEU，1983 年达到 208 万 TEU，发达国家的海上件杂货运输基本实现了集装箱化，发展中国家的集装箱运输也得到了较大发展。20 世纪 80 年代，电子计算机开始应用于集装箱运输。1980 年 5 月，联合国国际联运会议第二次会议通过了《联合国国际货物多式联运公约》。

这一阶段集装箱运输的特点：集装箱运输航线从美国沿海航线发展为国际远洋航线，集装箱趋于标准化，出现了第 2 代、第 3 代集装箱船和专用码头，集装箱管理开始实现现代化。

4. 现代成熟阶段(20 世纪 80 年代末至今)

集装箱运输已遍及全球，与集装箱有关的硬件和软件日臻完善，各有关环节紧密衔接、配套建设。在集装箱运输管理方面，广泛采用 EDI 系统，实现集装箱动态跟踪管理。集装箱运输多式联运获得迅速发展，发达国家之间的集装箱运输已基本实现了多式联运，发展中国家多式联运处于迅猛增长期。

实训项目　集装箱基础知识认知

1. 已知以下集装箱的箱主代码和顺序号(见表 1-8)，请注明集装箱类型，并计算核对数字号。

集装箱相关信息　　表 1-8

箱 主 代 码	顺 序 号	集装箱类型	数字号是否正确
TBJU	401189		
TBGU	500059		
TBQU	500284		
TBBU	509186		
TBPU	201724		

2. 请根据以下集装箱标记(见图 1-30),指出铁路箱、自备箱和国际标准箱有哪些,并填写表 1-9。

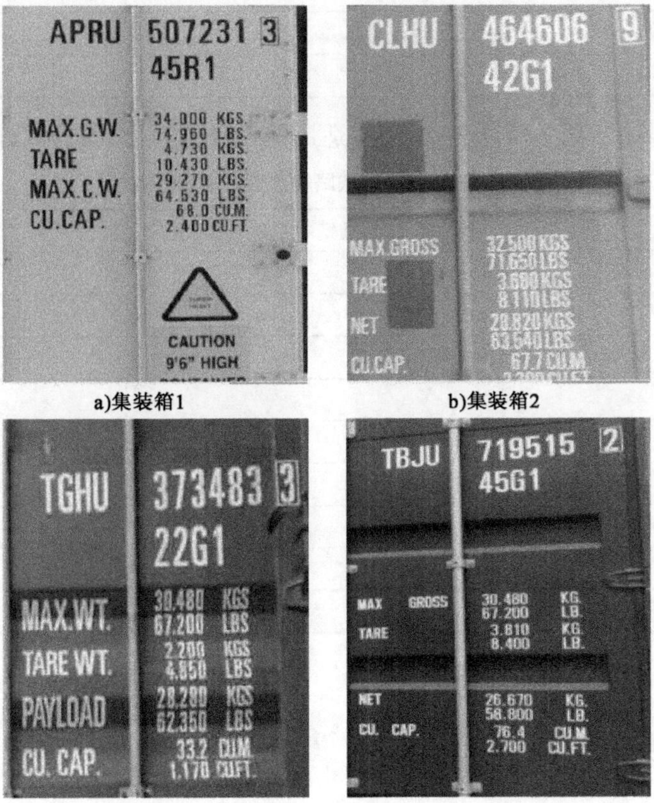

a)集装箱1　b)集装箱2　c)集装箱3　d)集装箱4

图 1-30　集装箱示意图

集装箱信息统计表　　表 1-9

名称	尺寸	类型	标记总重	最大载货重量	自重	容积
集装箱 1						
集装箱 2						
集装箱 3						
集装箱 4						

3. 根据表 1-10 中不同的集装箱类型，填写集装箱适装货物品类和典型货物名称。

不同类型集装箱的适装货物品类及典型货物名称　　表 1-10

集装箱类型	适装货物品类	典型货物名称
杂货集装箱		
通风集装箱		
敞顶集装箱		
台架式集装箱		
平台集装箱		
干散货集装箱		
罐式集装箱		
动物集装箱		
汽车集装箱		

4. 根据表 1-11 中不同的货物名称，填写适用的铁路箱类型和选择依据。

不同货物适用的铁路箱类型及选择依据　　表 1-11

货 物 名 称	适用的铁路箱类型	选 择 依 据
木材		
矿石		
粮食		
水泥		
轻油		
汽车		
冻肉		
电视机		
机械零部件		

复习思考题

一、选择题

1. 集装箱箱主代号由(　　)字符组成。

A. 2 个　　B. 3 个　　C. 4 个　　D. 5 个

2. (　　)表示集装箱整箱货。

A. FCL　　B. LCL　　C. CFS　　D. CY

3. 集装箱计算单位是计算集装箱箱数的换算单位。目前国际上把(　　)集装箱作为一个计算单位。

A. 20ft　　B. 30ft　　C. 40ft　　D. 10ft

4. 罐式集装箱属于(　　)。

A. 通用集装箱　　B. 专用集装箱
C. 框架集装箱　　D. 特种集装箱

5. 一个标箱 TEU 是指(　　)。
A. 20 ft 集装箱　　B. 30ft 集装箱
C. 40ft 集装箱　　D. 50ft 集装箱

6. 铁路运输的集装箱按(　　)分为铁路箱和自备箱。
A. 箱主　　B. 箱型　　C. 规格　　D. 载重量

7. 集装箱应按国家或铁道行业标准涂打相应的(　　)。
A. 箱号　　B. 标记　　C. 标志　　D. 标记和标志

8. 下列几种集装箱中,哪种不是特种箱?(　　)
A. 干货箱　　B. 开顶箱　　C. 框架箱　　D. 冷藏箱

二、判断题

1. 国际标准化组织规定的集装箱标记有必备标记和作业标记两种。(　　)
2. 当集装箱箱号的有效数字不足6位时,有几位就标几位。(　　)
3. 不同结构和材料的同一规格集装箱,其内容积是一样的。(　　)
4. 所有的集装箱的箱体上都设有叉槽和鹅颈槽。(　　)
5. 集装箱的前端框架指的是设箱门的那一端。(　　)

三、问答题

1. 集装箱的各种定义分别是什么?
2. 集装箱的方位怎么辨别?
3. 集装箱有哪些标记?
4. 标准集装箱有哪些种类?
5. 简述集装箱的分类。
6. 简述 20ft 折叠式台架集装箱的结构特点。
7. 简述 20ft35t 敞顶式集装箱的结构特点。
8. 简述铁路特种集装箱的种类及其技术特点。

模块 2　铁路集装箱运输设备

单元 1　铁路集装箱装卸、搬运机械

知识目标

了解铁路集装箱装卸、搬运机械的类型；了解门式起重机，正面吊、跨运车，叉车的特点及使用方式。

能力目标

掌握集装箱装卸、搬运机械的使用方式；能够正确选择适用的集装箱装卸、搬运机械。

知识学习

集装箱运输过程中，在集装箱货运站，通常要办理海运、铁路、公路、水路及航空等一种或多种运输方式的转换，都需要进行装卸作业，而集装箱装卸、搬运机械便是装卸作业的核心设备，在集装箱堆场内必须配备一定数量的集装箱装卸、搬运机械。

一、集装箱门式起重机

集装箱门式起重机是集装箱堆场、码头的主型机械。其按不同的标准，有不同的分类，按运行方式和悬臂方式分类情况如下。

1. 按运行方式分类

集装箱门式起重机按运行方式分为轨道式门式起重机和轮胎式门式起重机两种。

(1)轨道式门式起重机

轨道式门式起重机由电力驱动、在轨道上行驶，主要由门架、大车运行机构、小车架、小车运行机构、起升机构、旋转机构、导向架以及司机室等组成。其中，小车运行机构是驱动安装起升机构(连同吊装的货物)的小车沿起重机大梁运行的机构。起升机构的作用是将重物吊高或降下。传统的起升机构有钢丝绳卷筒式与刚性伸缩式两种起升形式。司机室内有操作台，司机可在操作台操纵起重机各个机构的运转，如图 2-1 所示。

轨道式门式起重机的整个门架由 4 套走轮平衡台车支承，由其中的驱动车轮使起重机在轨道上行驶。起升小车在门架的轨道上运行，小车上有回转小车，可作 0° ~ 270°的回转运动。起升机构通过导向滑轮组和集装箱吊具来装卸集装箱。目前，轨道式门式起重机主要采用交叉钢丝绳减摇装置。

图 2-1　轨道式门式起重机

轨道式门式起重机起重能力大多在 40 ~ 45t，最大可达 60t，两侧行走轨道距离一般为 15 ~ 60m，起升高度一般为 15m 左右，重箱"堆 4 过 5""堆 5 过 6"应用较多，空箱甚至达"堆 9 过 10"。起升速度满载时最高可达 45m/min，空载时可达 90m/min，小车运行速度可达 150m/min，大车运行速度可达 270m/min。

轨道式门式起重机优点是：适用于集装箱的大量存放，相同运量情况下占地面积小，箱区铺面要求较低；结构简单、易于操作，维护保养方便；跨下区域内作业效率较高，作业成本低，使用寿命长，便于实现自动化。

轨道式门式起重机缺点是：集装箱在站作业次数最优时，即作业次为 1 次时，轨道式门式起重机的储箱能力大的优势将不复存在，跨区作业不够机动灵活，特别是当有一台轨道式门式起重机发生故障时，会影响相邻轨道式门式起重机的作业，对整列装卸作业来说需要反复地调车；式门式起重机轮压较大，走行基础处理要求高，且影响其他装卸机械和拖挂设备的交叉横移；需设置整机供电线路；采购费用较高。

轨道式门式起重机适应集装箱中心站的作业特点，符合国内铁路货场的作业习惯，可以作为中心站的主型装卸机械，特别是在集装箱堆场横向作业面积相对有限时，可优先选轨道门吊，以达到节约用地的目的。因此，轨道式门式起重机在铁路货场内被普遍采用。

(2)轮胎式门式起重机

轮胎式门式起重机与轨道式的区别在于走形轮，其机械装置由充气轮胎支撑在场上走行，不受固定轨道限制，其驱动方式采用市电动力驱动，转场时采用柴油机驱动。

目前，轮胎式门式起重机的起重能力大多是 40 ~ 45t，跨距为 6 列集装箱和 1 条半挂车道的宽度，起升高度一般为"堆 4 过 5"，也就是 11 ~ 12m。

轮胎式门式起重机的优点是：堆存密度大，可以有效地利用堆场面积；作业效率较高，可以在堆场内交叉横移；不是固定的永久性建筑物，不仅能前进、后退，而且还设有转向装置，通过轮子的 0° ~ 90°旋转，能从一个箱区转移到另一个箱区进行作业，可以有效利用堆场，机动灵活、通用性强。因此，该起重机在国际范围内使用得非常广泛。

轮胎式门式起重机缺点是：动力为内燃机，操作维修要求高、噪声大，对空气有污染；设备投资大；使用寿命较短，维护保养困难；相对轮压较大，箱区铺面要求很高；与轨道式门式起重机相比，其跨度小，横向作业面积有限，选箱困难。适用于堆场面积受限制而预测集装箱运量增长较快、年作业量较大的集装箱堆场。因投资、维护等费用过高，该起重机不宜作为集装箱中心站的主型装卸机械。轮胎式门式起重机如图 2-2 所示。

图 2-2　轮胎式门式起重机

2. 按悬臂方式分类

集装箱门式起重机按悬臂方式分为双悬臂式、单悬臂式和无悬臂式。其中双悬臂式门式起重机由于跨度大和起升高度高,可以跨越铁路和公路,在跨度内、悬臂下直接进行集装箱的装卸、换装和堆码作业,因而被集装箱堆场大量采用。如图 2-3、图 2-4 所示。

图 2-3　双悬臂式门式起重机

图 2-4　无悬臂式门式起重机

门式起重机是否带有悬臂应根据实际需要确定。传统的门式起重机一般都带有悬臂。这是因为在不增大主梁截面的情况下,只需延长主梁的长度便可以扩展吊机的覆盖面积,在经济上是非常划算的。有悬臂的门式起重机可以把汽车通道安排在悬臂下。与港口衔接的铁路车站式门式起重机一般也都有悬臂,而且长度较大,用于集装箱卡车的装卸以及搬运。公铁多式联运车站式门式起重机,有无悬臂形式皆有应用,还有单悬臂的式门式起重机,这与车站的布局及作业程序设计有关。

二、集装箱跨运车

集装箱跨运车是用于集装箱码头前沿和堆场之间短途水平搬运和堆码集装箱的专用机械,其外观近似一个缩小版的轮胎式门式起重机。其主要部件包括:车架、吊具与升降系统、动力及传动系统、转向及行驶系统、制动系统、液压系统及电控系统。集装箱跨运车如图 2-5 所示。

集装箱跨运车与轮胎式、轨道式门式起重机相比,具有更大的机动性,主要用于在集装箱堆场与门式起重机配套使用。跨运车负责将铁路车辆上卸下的集装箱搬运到集装箱堆场并堆码,或将集装箱堆场上集装箱搬至铁路装卸线附近,再用门式起重机进行装车,从而构成全跨运车方式集装箱堆场。跨运车也可与拖挂车配合,由拖挂车担任集装箱的搬运工作,跨运车担任集装箱的装卸和堆码工作。

图 2-5　集装箱跨运车

集装箱跨运车主要技术指标:

(1)起重能力:一般不超过 36t,“驼背”联运也不超过 40t。

(2)堆码和通过层数:一般“堆 3 过 2”,极个别堆 4 ~ 5 层。

(3)运行速度:重车 8 ~ 15km/h,空车不大于 25km/h。

(4)最小转弯半径:装卸和堆码 20ft 集装箱时不大于 7.5m,40ft 集装箱时不大于 8.4m。

(5)宽度尺寸:跨内能安全通过大型卡车,外侧不碰隔排箱。

由于集装箱跨运车技术的提高以及液压等相关技术的发展,集装箱跨运车呈现多样化发展趋势。在主机配置上,单主机形式仍占有很大市场。这种形式的跨运车,其发动机布置在跨运车顶部,控制和维修较为方便,但其质心也相应提高。对于跨Ⅱ型跨运车,其过高的质心影响了跨运车的行驶安全。双主机跨运车的两台发动机分别布置在门架两侧门腿之间,由于发动机布置位置较低,降低了整机的质心位置,安全稳定性有了显著提高,但同时给维护和控制带来一定困难。在传动方式上,除传统的机械和液力机械传动方式外,液压传动和电气传动方式的应用也有了较快的发展。

拓展知识

自动导引运输车(Automated Guided Vehicle,AGV)是指装备有电磁或光学等自动导引装置,能够沿规定的导引路径行驶,具有安全保护以及各种移载功能的运输车,可不需驾驶员,以可充电的蓄电池为动力来源。在洋山港四期的场地地下遍布着上万个传感器,又称"磁钉",AGV 可以感知磁钉的位置,从而确定自己在场地中的相对位置。

2017 年,洋山港四期工程完工,这是一个崭新的全自动化码头,集装箱卸下、装车、转运,都将实现自动化,港区的工作人员减少了 75%,但工作效率却提升了 30%,效率的提升意味着货轮的停泊时间减少,降低了船东的停泊成本,这样就能吸引更多的货船前来靠岸。支撑这一全新工程的核心技术就是 AGV。

截至 2021 年底,上海洋山港成为兼吞吐量世界第一和拥有最大的全自动化港区的港口。带着"全球单体最大""自动化程度最高""中国唯一一个拥有'中国芯'的全自动化码头"这些闪亮的标签,洋山港四期工程成功向世界展示了"中国新名片"AGV 技术,让中国港又走在了世界的前列。

三、集装箱叉车

集装箱叉车是目前铁路、港口码头集装箱堆场所采用的性能较好、效率高、用途多的集装箱装卸、搬运机械。当其配备相应的工作属具时,还可在货场、码头吊运其他大件货物,实现一机多能。因此,它是一种通用的装卸、搬运机械。

1. 集装箱叉车分类

集装箱叉车按货叉位置分正面叉车和侧式叉车;按作业用途又分重箱集装箱叉车、集装箱空箱堆高叉车和集装箱掏装箱作业叉车。

(1)重箱集装箱叉车

早期的集装箱总重较小,重箱集装箱叉车采用传统的货叉式,通过将货叉插入集装箱中部的叉槽提举和移动集装箱。

基本要求:足够的起升高度,起重能力为集装箱额定总重量,载荷中心距不小于集装箱宽度的二分之一,具备侧移功能和在水平面内摆动功能。随着集装箱的大型化发展额定总重量在增大,单纯靠货叉承载几乎已变得不可能,重箱集装箱叉车会配备专用吊具(图 2-6)。

(2)集装箱堆高叉车

集装箱堆高叉车又称空箱堆高机,如图 2-7 所示。它是集装箱运输的关键设备,广泛用于港口、码头、铁路公路中转站及堆场内的集装箱空箱的堆垛和转运，具有堆码层数高、堆垛和搬运速度快、作业效率高、输送平稳、顺畅、机动灵活、节约场地等特点，每2～5min 就可以完成6～8层的集装箱堆垛。目前市场上有起升高度最高达到20m、堆码9层、门架高度13m的空箱堆高机。集装箱堆高机机动灵活，性能可靠，可一机多用，既可做水平运输，又可做堆场堆码、装卸搬运、拆装箱作业，造价低，使用维修方便。

图2-6　配有专用吊具的集装箱堆高叉车

(3)集装箱掏装箱作业叉车

集装箱掏装箱作业叉车(图2-8)又称特种箱内作业叉车，是一种最大轮压小于标准集装箱底板允许轮压值、可安全地进出集装箱进行箱内作业的专用叉车。

图2-7　集装箱空箱堆高叉车

图2-8　集装箱掏装箱作业叉车

集装箱掏装箱作业叉车由于在箱内作业，因此对其高度、轴压、轮压有相应的限制，除此之外，掏装箱叉车为了方便装卸各种货物，需要具备全自由起升性能；为了对准货位将货物准确地放置到指定的位置，还要求箱内作业叉车具有货架侧移的性能，使叉车在不挪动位置的情况下，货架可以向左右两侧移动一定的距离，通常为左右各侧移100mm。

2. 集装箱叉车性能特点

(1)起重能力应与所装卸的集装箱的最大总重量相一致。

(2)起升高度按堆码的集装箱层数来确定。

(3)负荷中心应取集装箱宽度的二分之一，即一般大型国际标准箱的半宽1220mm。

(4)司机室位置可升高，装设在车体一侧，视野开阔，便于操作。

(5)为满足集装箱装卸需要，除采用标准货叉外，还应备有顶部起吊和侧面起吊的专用属具。

(6)为便于对准箱位，应具有货架侧移和左右摆动性能。

四、集装箱正面吊运机

集装箱正面吊运机(见图2-9)(简称集装箱正面吊)起源于20世纪60年代末，它由场地吊运机(并借鉴叉车、“汽车吊”)演变而来。与集装箱叉车比较，它具有机动性强、稳定性好、轮压较低、堆码层数高、堆货场利用率高等优点，是比较理想的货场装卸搬运机械。我国于1982年试制了JD40型集装箱正面吊运机，填补了我国在这种机型上的空白。

图2-9 集装箱正面吊运起重机

集装箱正面吊运机和挑杆式起重机的原理相近。为了装卸集装箱,集装箱正面吊运机增设了专用附属机构,成为一种专用于集装箱起重搬运的机械。它主要由车架、支承三脚架、伸缩臂架和吊架组成金属构架,采用内燃机驱动整机前进、后退。臂架伸缩机构和俯仰机构使用频繁,采用液压驱动,使整机操作灵便、平稳。转向机构多采用叉车形式的转向机构,并装有多种操作保护装置,从而使其工作安全可靠。

1. 集装箱正面吊运机分类

集装箱正面吊运机按其结构形式,可分为单臂架集装箱正面吊运机和双臂架集装箱正面吊运机两大类。

(1)单臂架集装箱正面吊运机,其起重臂架为箱形单臂架结构,用两个变幅油缸支撑,工作稳定,制造工艺简单。吊运倾斜的集装箱时,可利用吊具与臂架间的自由摆动进行对位。但由于吊具与臂架是单支点连接的,吊运装载"偏心"的集装箱时,要通过横移吊具使其保持平衡。当吊运机行走时,若路面不平,容易导致集装箱摇摆。

(2)双臂架集装箱正面吊运机,其起重臂是由两个小断面的臂架代替一个大断面臂架,每个小臂架可分步伸缩,也可同步伸缩,臂架由变幅油缸支撑,其结构、液压系统和控制系统均比较复杂。由于是双臂架,吊具连接是双支承,稳定性好。遇到集装箱偏重或路面不平时,也不会发生吊具摆动。可通过两臂采用不同的高度而使吊具起吊倾斜的集装箱,也可使集装箱转动一定角度。双臂架集装箱正面吊运机受力简单,单油缸支承不存在同步问题,结构简单,易于制造。为使吊具能旋转较大角度,在平衡梁下安有吊具旋转机构,因而整个吊具高度较大。

2. 集装箱正面吊运机的装卸作业特点

集装箱正面吊运机的作业特点如下所示。

(1)有可伸缩和左右旋转0°~120°的吊具,能用于20ft、40ft集装箱装卸作业,吊装集装箱时,吊运机可不与集装箱垂直。当吊运机与集装箱呈夹角时,吊起集装箱后可转动吊具使集装箱与吊运机处于同一轴线上,以便通过比较狭窄的通路。其吊具可左右移动0~800mm,便于在吊装时对准箱位,从而提高了装卸效率,几乎可以在任何条件下的集装箱堆场进行作业。

(2)有能带载变幅的伸缩式臂架。吊运起重机的起升动作由臂架伸出和变幅共同完成,没有专门的起升机构。起升速度快,下降速度也较快。作业时可同时实现整车行走、变幅和臂架伸出,容易满足操作要求,有较高的作业效率。

(3)能堆码多层集装箱及跨箱作业。集装箱正面吊运机的设计借鉴了叉车、跨运车等机械的优点,同时考虑了这些机械的不足,因此,它能完成其他机械所不能完成的作业。集装箱正面吊运机的吊装高度一般可达到4个标准箱高,有的还可达5个标准箱高,而且可以跨箱作业,从而提高了堆场的利用率。

(4)有多种保护装置保证操作安全,以满足其移动作业和带载变幅、带载伸缩的要求。

集装箱正面吊运机的主要保护装置有:①防倾覆保护装置;②旋转动作保护装置;③吊起集装箱后,防止整机高速行驶装置;④变速杆入挡后,发动机不能启动装置;⑤最大仰角方位保护装置;⑥入挡后,再拉制动装置则发动机停止等。

(5)在吊具上安装吊爪后,可连集装箱半拖车一起吊起,起吊能力可达38t。这种操作方式可用于集装箱连同半挂车一起完成铁路转公路或公路转铁路的换装运输。

(6)集装箱正面吊运机加装固定吊钩,利用变幅和臂架伸缩可达到装卸、搬运一般长大笨重货物的目的。

由于集装箱正面吊运机具有机动性强、稳定性好、轮压较低、堆码层数高和堆货场堆货率高等优点,是比较理想的货场装卸搬运机械,因此它被广泛采用。

3. 集装箱正面吊运机作业安全

集装箱正面吊运机属于特种流动设备,作业区域情况复杂,稍有不慎容易发生事故,轻则设备、货物损伤,重则可能造成机(货)毁、人员伤亡。因此,作业人员应严格遵守相关法律法规以及厂家的安全警告,按照规程谨慎操作。

吊运机司机应经过相关部门核准的课程训练(理论课和实际操作训练),按课程要求通过各项考核,取得相关部门认可的主办单位签发的有关证书和执照。操作中应特别注意起重能力随大臂的伸缩、变幅会发生很大的变化;特别注意在斜坡上的驾驶,禁止带载横坡行驶。

拓展知识

振华重工的岸桥在国际市场上占有很高的比例,作为岸桥产品连续20多年保持全球市场份额第一的港机制造商,振华重工产品已进入全世界104个国家和地区、300余座码头。近十年来,振华重工参建了近60个国内外码头自动化项目通过技术创新,提升品牌附加值带动了160余家企业走出国门让中国品牌走向世界。

拓展知识

当一批集装箱已经运到港外,如何用最快的速度把它们运上船?答案是用“飞”的。

山东港口全球首创智能空中轨道集疏运系统(示范段)竣工,“会飞的集装箱”首度“亮相”便吸引了大家的目光,它是如何作业的?

在青岛港的空中轨道集疏运示范段,一辆辆载着集装箱的“卡车”进入港区后,有序停靠在空轨下方,空轨检测到集装箱位置后,便会从上方伸出四只“小爪子”,将集装箱稳稳“抱住”开始运输,到达目的地后,早已等在终点的卡车“接走”集装箱,运往堆场或船边。

智能空轨系统采用“空轨+集卡”的作业模式。智能空轨系统练就了“十八般武艺”,5G通信、“北斗+差分”、机器视觉、交叉感应环线、激光扫描、磁钉导航……无论是哪一种集装箱运输设备上场,它都能做到精准识别,无缝对接。在集装箱的运输过程中,空轨通过扫描技术给集装箱做了个“全身检查”,并将“检查报告”实时传送给海关。

五、集装箱吊具

集装箱吊具是用于装卸、搬运集装箱的大型专用机具,适用于货运仓储、水运港口和码头。因其为专用设备,所以它具有可靠性高、运行平稳、作业效率高等特点,是起重设备重要的辅助机具。集装箱吊具如图2-10所示。

集装箱吊具采用半自动或自动弹性拉锁控制的结构设计,吊具的整个操作过程无须使用辅助元件,属于纯机械作业的机具,吊具承载横梁的转锁由弹性拉锁带动齿条移动驱动锁头的开闭,使吊具的操作更加方便,提高了集装箱的装卸作业效率。

图2-10 集装箱吊具

1.集装箱吊具的种类

集装箱吊具分为不可伸缩的固定式吊具和伸缩式吊具两种。

(1)固定式吊具

①直接吊装式吊具

直接吊装式吊具为20ft或40ft集装箱专用吊具,通过吊具上液压装置的转动旋锁装置直接与角配件连接或松脱。

特点:结构简单、重量轻,只适用于起吊一定尺寸的集装箱。起吊不同尺寸的集装箱时,必须更换吊具。

②吊梁式吊具(可更换吊具)

将专门制作的吊梁悬挂在起升钢丝绳上,只需更换各种集装箱专用吊具(液压装置装在吊具上)即可起吊各种不同尺寸集装箱。

③组合式吊具

组合式吊具是由两种不同规格的吊具组合在一起并可快速装拆的组合式吊具。液压旋锁装置装在20ft吊具上,吊运40ft集装箱时将40ft专用吊具附加在20ft主吊具上即可。

(2)伸缩式吊具

伸缩式吊具的吊架可伸缩,可适应不同规格的集装箱吊运,吊具的伸缩由司机操纵。伸缩式吊具变换时间短、自重大,能实现快装快卸,用途广泛。

2.集装箱吊具的主要部件

(1)连接装置

①定轴旋锁装置

旋锁相对于吊具旋转箱来说不能摆动,只能转动。

图2-11 导向装置

②浮式旋锁装置

旋锁可在旋转箱内摆动,以适应集装箱的制造误差和工作变形。

(2)导向装置

导向装置在吊具接近集装箱时起定位作用,常用导向板式,末端用钢板制成,可上下转动0°~180°的锥形包角,不工作时可翻转向上。导向装置如图2-11所示。

(3)悬挂及倾斜装置

集装箱船出现纵倾或横倾时,要求吊具也能在前、后、左、右方向倾斜。

(4)操纵和控制装置

操纵装置:包括旋锁驱动装置、导向板驱动装置、吊具前后斜装置和吊具伸缩装置,都采用液压传动。

控制装置:在吊具的4个角配件处装有指示灯,只有4个角配件同时旋合时,指示灯才会全亮,此时才允许吊运集装箱。

3. 集装箱吊具的减摇装置

集装箱吊具减摇的原理是通过在起升小车架与集装箱吊具间设置钢丝绳卷绕系统(简称防摇阻尼绳,通常为4绳、6绳或8绳),阻尼钢丝绳卷筒安装在小车架上,当小车或大车启动运行或制动时,吊具和集装箱惯性力传递到阻尼钢丝绳,其摆动能量将被阻尼钢丝绳卷筒吸收从而达到防摇、减摇的目的。目前港口岸桥和场桥开始使用"倒三角形"或"正三角形"8绳起升缠绕系统。集装箱吊具减摇装置如图2-12所示。

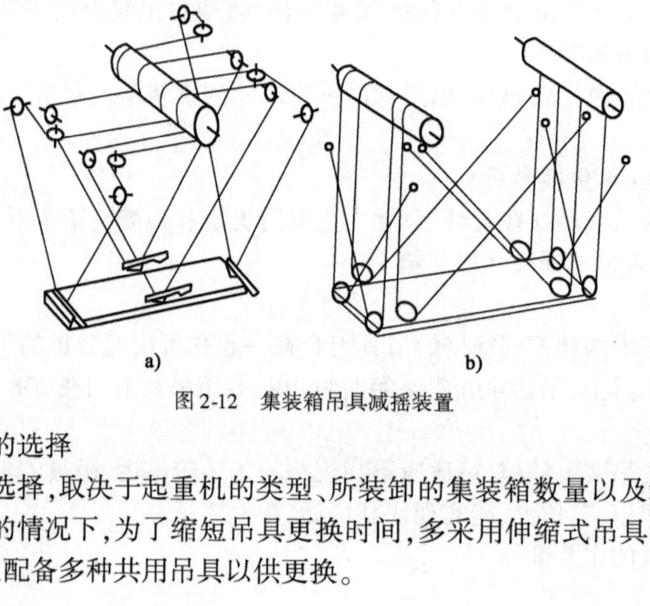

a) b)

图2-12 集装箱吊具减摇装置

4. 集装箱吊具的选择

集装箱吊具的选择,取决于起重机的类型、所装卸的集装箱数量以及箱型变化情况等。在各种集装箱混装的情况下,为了缩短吊具更换时间,多采用伸缩式吊具;在同一箱型装卸量大的情况下,往往配备多种共用吊具以供更换。

六、集装箱装卸搬运机械配置原则

集装箱装卸搬运机械应根据集装箱堆场、码头的作业特性、箱型以及作业量等进行配置。其基本原则如下所示。

(1)装卸机械的配置应适应集装箱堆场、码头的作业性质、集装箱的类型,尽量采用同一类型、规格的机械。专用集装箱场、码头应配置专用集装箱装卸机械;综合性货场、码头则配置多用途装卸机械,以实现一机多能,充分发挥机械的效率。

(2)装卸、搬运机械的生产率应满足运量要求,保证车辆、船舶在规定的停留时间内能完成全部作业。

(3)装卸、搬运机械在共同作业时,装卸、搬运机械彼此间的配置台数和作业效率应协调配合,防止一种设备能力的不足而导致另一种设备能力的浪费。

(4)一种机械可配置多种类型的索具和属具，以扩大装卸机械的使用范围，提高作业效率，降低运输成本。

(5)集装箱使用的装卸、搬运机械及其零部件应尽量标准化，以便维修保养。

(6)应根据集装箱的作业流程配置机械，使作业流程各环节都用装卸、搬运机械组合起来，便于实现装卸、搬运作业的机械化和自动化。

铁路和公路集装箱堆场采用的装卸机械化方式和装卸搬运机械配备的数量是按其规模大小来确定的。

一般铁路集装箱堆场，宜采用轨道式门式起重机。当采用双悬臂大跨度轨道式门式起重机时，可将集装箱直接布置在门架下堆码，不需另设堆放场。利用轨道式门式起重机既可装卸铁路车辆，又可用于公铁联运的汽车集中装卸，也可进行直接换装。

【例2-1】 某日，甲局集团公司A站货场使用正面吊装空敞顶箱，第一次落锁时，集装箱角件未对正车辆锁头，落箱后辅助指挥人员发现集装箱4个角件中靠车辆端部一侧角件落锁，另一侧2个角件未落锁，随即指挥正面吊司机进行调整。在起吊过程中，辅助指挥人员发现已落锁的集装箱角件与车辆锁头未完全解锁，未向正面吊司机显示停止信号，仅使用对讲机呼叫正面吊司机停止起吊作业，正面吊司机未应答。同时货运员发现角件卡死后同样使用对讲机通知停止作业，但正面吊司机仍然继续起吊集装箱，发现无法起吊后下车查看，然后上车强行起吊一次，导致车辆二位端随同集装箱一起被吊起，造成车辆第二位端5、6轮脱轨，构成铁路交通一般D类(D2)事故。

【例2-2】 某日，甲局集团公司A站货场货3线使用龙门吊卸载15车集装箱，装卸人员盲目图快，门吊司机直接使用4档快速试吊，手柄未回零位，中途未停顿，未执行点动试吊规定；起重工未检查确认集装箱箱体下角件与平车锁头勾连情况，盲目连续发出点动指令，未执行点动检查确认规定，卸载至第9辆平车及第2个集装箱时，将集装箱和车体一并吊起，造成该车脱轨，构成铁路交通一般D类(D2)事故。

单元2 铁路集装箱运输车辆

知识目标

了解铁路集装箱运输车辆的类型，了解各种车辆的特点及技术性能；了解多种集装箱的锁闭装置的特点及性能。

能力目标

能够正确选择适用的车辆类型，掌握集装箱锁闭装置的使用。

知识学习

集装箱车辆是集装箱运输的载体。集装箱车辆与普通货车不同，长度上要与箱型匹配，载质量上要与箱重匹配。铁路集装箱运输所使用的车辆，包括敞车、普通平车、铁路集装箱专用车和铁路集装箱共用车。

一、敞车

在我国铁路集装箱运输发展的初期，多采用敞车来装运集装箱。由于敞车侧板较高，装卸作业时需要提升，影响装卸作业效率；另外，在装卸过程中集装箱容易碰到敞车的侧板和端板，造成箱体和车体的损坏。在运行过程中，由于集装箱在车内没有加固，可能会使箱体窜动，损坏箱体和车体，同时还会造成货物总重心的偏移。由于敞车在装运集装箱时存在上述问题，我国相继研发出以下各种适合装运集装箱的专用车。

二、普通平车

普通平车是铁路通用货车，除了可以运送钢材、木材、其他机械设备外，还可以运送集装箱，如N_{17}型、N_{70}型集装箱专用车等。

三、铁路集装箱专用车

在铁路集装箱运输发展初期，通常是采用敞车、普通平车在内的通用货车装运集装箱，辅以适当加固。随着铁路集装箱运输的发展，特别是集装箱的大型化和标准化，传统的通用货车在结构、性能方面已不能满足集装箱运输的需要，故铁路集装箱专用车应运而生。

(一)铁路集装箱专用车的特点

1. 车底架为骨架式结构

集装箱的底角件是位于集装箱下部，凸出箱底结构的，它在货车上装载时是靠底部的4个角件支承全部重量。所以只需在铁路集装箱专用车装运的集装箱底角件处设置承载面，车底架的其他部件均可为结构部件。

2. 设有固定集装箱的装置

为了保证车辆运行时集装箱的稳定，防止集装箱在惯性力作用下发生水平移动或倾覆，需要对集装箱进行加固。通常采用专用的紧固装置(定位销或旋锁装置)把集装箱的底角件固定在铁路集装箱专用车上。

3. 承载面低

由于铁路集装箱专用车没有车地板，承载面比普通货车低。随着集装箱高度的不断增加，从8ft(1ft = 0.3048m)到8.5ft，再到9.5ft，装车后已经接近许多国家的铁路机车车辆限界，因此，必须降低集装箱专用车的承载面高度。其措施有两项：一是把车辆承载面设计成凹形的或落下孔式的(如双层集装箱专用车)；二是减小轮对半径。如法国生产的铁路集装箱专用车的轮对直径为840mm，承载面高度为940mm，低于其他西欧国家普通平车的车地板高度(1170mm)。英吉利海峡的海底隧道是按装运高度为8.5ft的集装箱设计的，9.5ft高的集装箱出现后，必须把铁路集装箱专用车的承载面高度降至600mm以下才能通过。为此，国际铁路联盟研制出一种轮对直径为470mm、承载面高度为600mm的铁路集装箱专用车，以便装运9.5ft高的集装箱专用车通过海底隧道。

（二）铁路集装箱专用车车型

1. X_{4K}型集装箱平车

X_{4K}型集装箱平车是在标准轨使用的，装运国际标准集装箱的专用车，可以同时装运3个20ft箱或1个40ft箱和1个20ft箱，也可以单独装运1个40ft、45ft、48ft、50ft或53ft集装箱。该车优化了断面结构和连接方式，有效地减轻了自重，提高了载重，增加了装箱数量，在相同站场条件下，可较大幅度提高运能，满足铁路货车提速、重载的发展需求。X_{4K}型集装箱平车如图2-13所示。

集装箱专用平车技术参数

图2-13　X_{4K}型集装箱平车

X_{4K}型集装箱平车主要由底架、集装箱锁闭装置、转向架、车钩缓冲装置和制动装置等组成。底架为高强度耐候钢焊接结构，主要由中梁、端梁、枕梁、横梁、大梁及端侧梁组成。底架上设有集装箱锁闭装置，两端为固定式锁头，中部为原位翻转式锁头，锁头结构对集装箱具有防倾覆和跳起功能。

2. X_{2K}型双层集装箱平车

我国于2003年研制了第一代双层集装箱专用平车。该车可以在我国标准轨距铁路上且建筑限界满足双层集装箱车运行的铁路上使用。该车可装运ISO 668:1995所规定的20ft、40ft国际标准集装箱和45ft、48ft、50ft、53ft等长大集装箱。装载双层集装箱时，下层装载2个20ft或1个40ft集装箱，上层装载2个20ft或1个40～53ft集装箱。X_{2K}型双层集装箱平车如图2-14所示。

图2-14　X_{2K}型双层集装箱平车

（1）X_{2K}型双层集装箱平车的主要特点

①与单层集装箱平车相比，双层集装箱平车在800m编组长度内的装箱能力可提高409%以上，并能减少列车编组数量，减轻列车自重，具有较高的经济性。

②车体采用凹底结构，集装箱承载面高度降低到了290mm，最大限度地利用了下部限界。

③所有承载零部件(包括型钢及板材)均采用了高强度耐候性钢材,使车辆自重在22t以下,车辆载重达到了78t。

④集装箱承载点处的结构采用了抗疲劳设计,提高了车体的可靠性。

⑤采用了空气动力性能较好的侧墙设计方案,有效地降低了恒风作用载荷和列车交会时的空气冲击载荷,提高了车辆运行的稳定性和安全性。

⑥采用了E级钢17号联锁式车钩和MT-2型缓冲器,降低了车辆纵向冲击荷载,保证了上层集装箱的运输安全。

⑦采用了25t轴重的转K6或转K5型转向架,车辆商业运行速度可达120km/h。

(2) X_{2K}(X_{2H})型双层集装箱平车构造

该车车体为全钢焊接结构,主要由端部底架、中部底架及侧墙等组成凹底形式的结构,主要型钢及板材均采用屈服强度为450MPa的高强度耐候钢。

端部底架由牵引梁、枕梁、前端梁、后端梁等组成。牵引梁采用310乙字钢。后从板座与枕中隔板采用整体B级钢铸造结构,并与牵引梁组焊接在一起。上心盘、冲击座与牵引梁铆接。枕梁、前后端梁为板材组焊件。中部底架由下边梁、横梁等组成。下边梁采用特殊的型钢组焊结构,承载集装箱角件处设置锻钢弯角。横梁为冷弯槽型钢加盖板组焊而成。侧墙由上边梁、侧梁、侧柱和侧板等组成。上边梁为冷弯矩形管,侧梁、侧柱为冷弯槽型钢,侧墙顶上安装有集装箱导向止挡装置。下层集装箱与车体间采用固定式锁头定位方式,锁头设置在车体凹底处。上、下层之间的箱锁装置为双头旋转式安全锁闭装置。

四、铁路集装箱共用车

铁路集装箱共用车(以下简称共用车)是在通用平车和集装箱平车的基础上发展而成的新型车辆。为了提高铁路运输效率,减小车辆运用中的排空率,我国在1998年研制开发了XN_{17A}型共用车,该车同时兼有普通平车和集装箱专用平车两种功能,达到了普通平车运输集装箱的要求。为了进一步增加集装箱数量和载重,提高轴重利用率,我国在1999年研制开发了NX_{17B}型共用车,在2001年对该车的底板结构、锁闭装置进行了改进设计,装用转K2、K4型转向架研制出了NX_{17BK}和NX_{17BH}型共用车。为实施原铁道部"以扩能为中心,推行重载运输,提高铁路运输能力"的战略目标,根据既有铁路线路、桥梁的实际承载能力,我国在2005年研制出了NX_{70}(NX_{70H})型共用车,并开始批量生产。

1. NX_{17}型系列平车

NX_{17}型系列平车也称NX_{17}型系列平车—集装箱共用车,图2-15是在我国标准轨距上运行的兼有普通平车和集装箱专用平车双重功能且载重为60t的四轴两用平车,该车采用转8G型转向架,最高速度可达100km/h。其自重约22.1t,载重60t。在普通平车使用工况时,能装运原木、机械、车辆、钢材、桥梁、构件、成箱货物及军用设备等;在集装箱平车使用工况时,能装载铁路标准10t集装箱以及20ft、40ft国际标准集装箱。NX_{17}型系列平车是将NX_{17A}型平车两侧的网纹铁地板取消,并将木地板延伸至侧梁上;集装箱锁闭及门挡装置方面,我国标准集装箱用外翻式锁头、国际标准集装箱用原位翻转式锁头及防止箱门非正常开启的活动门挡组成。

图 2-15　NX_{17}型系列平车—集装箱共用车

2. NX_{70}型集装箱专用平车

NX_{70}型集装箱专用平车是可装运单箱总重为 35t 的两个 20ft 集装箱或一个 40ft 集装箱的铁路平车。车辆采用转 K6 型转向架，最高速度为 120km/h，试验最高速度为 131km/h。NX_{70}型集装箱专用平车如图 2-16 所示。

NX_{70}型集装箱专用平车实现了集装箱专用平车载重由 60t 级向 70t 级的升级换代，主要由底架、锁闭装置、制动装置、车钩缓冲装置及转向架等组成。底架为全钢焊接结构，主要材质为 Q450NQR1 高强度耐候钢。装有固定式锁闭装置（端部）、推拉翻转式活动锁锁闭装置（中部）、F-TR 锁、转 K6 型转向架、120 型控制阀、KZW-A 型空重车自动调整装置及脱轨自动制动装置、NSW 型手制动机、E 级钢 17 型车钩及 MT-2 型或 HM-1 型缓冲器。

图 2-16　NX_{70}型集装箱专用平车

3. BX_{1K}型冷藏集装箱专用平车

BX_{1K}型冷藏集装箱专用平车，如图 2-39 所示，于 2015 年 11 月由中铁特货运输有限责任公司与二七车辆有限公司充分利用现有装备资源和技术，创新研制开发出由 BX1K 型集装箱专用平车与 B_{23}型机械保温车（下文简称机保车）组成的冷藏集装箱运输车组，如图 2-17 所示。

a)车端电线连接口

b)机械冷藏集装箱插头

c)车端连接电力干线

图 2-17　BX_{1K}型冷藏集装箱专用平车局部特写

五、集装箱锁闭装置

集装箱是靠锁闭装置固定在集装箱平车上的,这对保证集装箱的运输安全、提高集装箱装卸效率、减小装卸成本具有十分重要的作用。集装箱锁闭装置是世界性的技术难题。全球每年发生几十起集装箱从船上翻落下来的事故,英国和中国铁路也都曾发生过空集装箱从列车上翻落下来的事故,美国铁路每年都发生多起卸箱时集装箱不能从锁闭装置中顺利出箱的故障。将集装箱锁固在车上,在需要时具有避让功能的装置叫集装箱锁闭装置。其中,直接与集装箱角件发生作用,承担集装箱的各种荷载的零部件叫集装箱锁,将集装箱锁固定起来并可使锁在非工况时进行避让的零部件叫锁座。

集装箱锁闭装置在运用中主要表现为两个技术特性:一是提高运输途中,对集装箱的锁固性;二是保证装卸过程中,集装箱进出锁头的顺畅性。锁固性要求加大集装箱出锁的阻力,保证集装箱在车辆振动惯性力、横向风力、交会冲击力等各种力的作用下的运输安全性。而顺畅性则要求减小集装箱进、出锁的阻力:在装箱时,依靠集装箱的重量顺利进入,没有任何卡滞;在卸箱时,集装箱顺利脱出,不会将车体带起。

一般来说,车体端头的集装箱锁因无须避让,采用固定式锁闭装置,而中央的集装箱锁因40ft箱的运输需要而采用活动式锁闭装置。

以 X_{6K} 型集装箱专用平车为例,底架上有4个固定锁,位于车体4角,用于装载1个40ft集装箱;底架中央设有4个原位翻转式箱锁,与固定锁一起,用于装载2个20ft集装箱。

车体两端中部有2个门挡,用于防止集装箱箱门的非正常开启;车体1、4位角有2个扶手,供调车员使用。具体情况如图2-18所示。

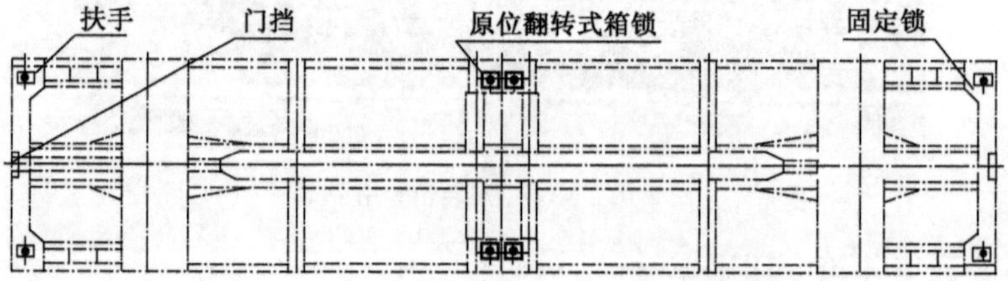

图2-18　X_{6K} 型集装箱专用平车锁闭装置示意图

目前,常用的集装箱固定锁有3种类型:凸台锁、F-TR锁及全自动锁。F-TR锁是目前的主要发展方向,国内现有的凸台锁也将逐渐被F-TR锁取代。

1. F-TR锁闭装置

锁闭装置的功能与集装箱锁的原理有关,也影响着集装箱锁的作用发挥。F-TR锁闭装置的设计要充分发挥F-TR锁良好的锁固性和顺畅性。

F-TR锁锁头 F-TR锁共有4个面在集装箱起箱、落箱时发生作用。F-TR锁外形图如图2-19所示。

为方便集装箱角件进出锁头,F-TR锁锁头在车上的安装方向是每端同向,两端反向。同一箱位的4个F-TR锁锁头布置示意图如图2-20所示。

图2-19　F-TR锁外形图

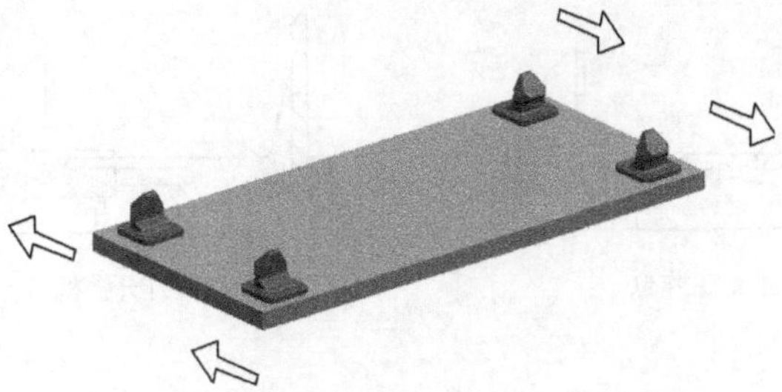
图2-20　同一箱位的4个F-TR锁锁头布置示意图

(1)F-TR锁固定式锁闭装置

我国铁路原有的直台锁、凸台锁和手动旋锁和自动旋锁均采用了将集装箱锁直接焊固在车体上的方法。但对于F-TR锁,因其锁头尺寸较大,且集装箱角件是与锁头表面进行相互挤压滑移进出集装箱锁的,因此,将F-TR锁直接焊固在车体上是不适宜的。为此,F-TR锁的固定式锁闭装置在设计时采用了框架式锁座对F-TR锁进行固定,F-TR锁的每个自由度全部受到约束。但框架式锁座与F-TR锁每边留有微小间隙,以保证F-TR锁与集装箱角件作用时有适当的调整空间,可充分发挥F-TR锁的功能。

框架式锁座有整体式锁座和分体式锁座两种类型。整体式锁座为整体结构,锁套在锁座中,对锁有更好的保护,安全性更高,但更换锁时需切除锁座一边,该整体式锁座在X_{70}型集装箱专用平车上采用。分体式锁座有一面开口,开口处用挡板来固定锁,方便锁更换。但挡板一旦丢失,锁也就丢失了。该分体式锁座在X_{6K}型集装箱专用平车上采用。

(2)F-TR锁活动式锁闭装置

我国铁路原来采用的活动式锁闭装置,因对锁的功能要求不高,其自由度无须全部约束,直台锁、凸台锁上采用了翻板式锁闭装置,手动旋锁上采用了升降式锁闭装置,凸台锁上采用了翻转式锁闭装置。

对于F-TR锁,因其锁芯头部是偏心结构,在集装箱角件作用下,其锁头所受到的作用力均为偏心力。为确保集装箱在装卸、运输过程中的安全可靠性,F-TR锁工作位时的6个自由度必须全部约束。因此,我国在X_{6K}、X_{70}型集装箱专用平上设计了推拉翻转式锁闭装置,在X_{6B}、X_{6C}、X_{1k}型集装箱专用平上设计了推拉平移式锁闭装置。

①推拉翻转式锁闭装置操作说明

将推拉翻转式锁闭装置由工作位变为非工作位时,先打开挡板,将锁头平移至内侧后,将锁头转动180°,将朝下的锁头回移至原位,翻下挡板即可。

吊装40ft集装箱时,应保证中央原位翻转式箱锁处于非工作位,角件孔对准锁头落下。

吊装20ft集装箱时,应保证中央原位翻转式箱锁处于工作位,角件孔对准锁头落下。

推拉翻转式锁闭装置操作过程如图2-21所示。

②推拉平移式锁闭装置

推拉平移式锁闭装置由锁座、F-TR锁、挡板、转轴等组成。如图2-22所示。

其挡板绕转轴转动,但最大只能开至45°,使挡板不因人工误操作而影响其功能的正常发挥。锁头与锁座、挡板间留有微小间隙,保证F-TR锁与集装箱角件作用时有适当的调整空间,可充分发挥F-TR锁的功能。需要转换工作位时,只需将挡板打开,将F-TR锁平移至

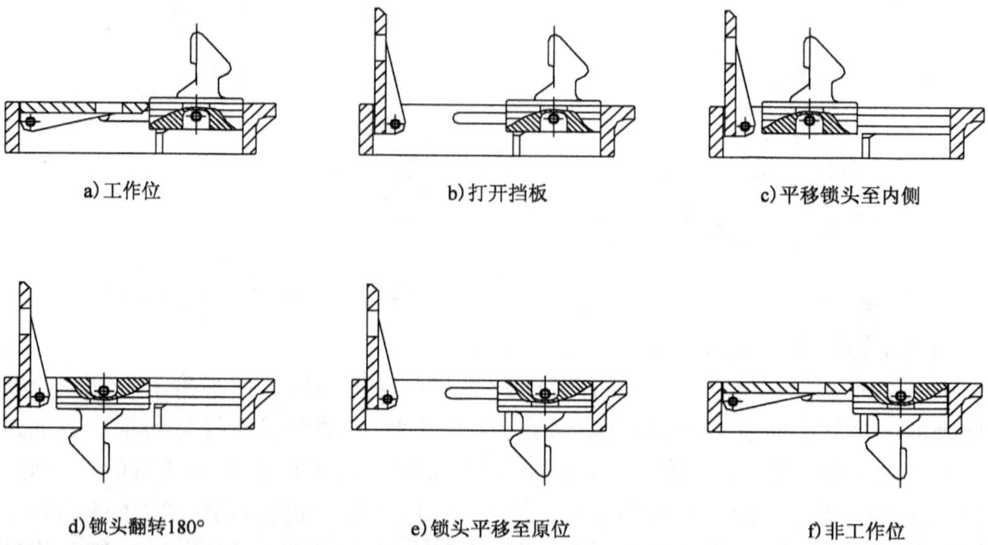

图 2-21　推拉翻转式锁闭装置操作示意图

外侧后落下挡板即可。

2. 全自动锁

在装载集装箱前，锁头（旋芯）与锁座呈一定夹角，且不能将锁头（旋芯）用手转动至与锁座平齐。正确操作如图 2-23 所示。

图 2-22　推拉平移式锁闭装置

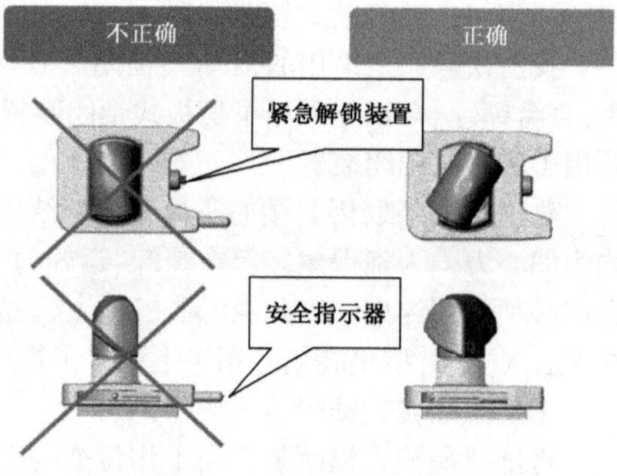

图 2-23　全自动锁操作示意图

装箱后，应检查安全指示器。正常状态下，安全指示器不能伸出锁座，若伸出锁座，则表明旋锁出现故障，需进行检查、修理。

起箱时，当一头角件已脱出全自动锁，另一头角件被卡住，而导致旋锁不能自动打开时，不可强行起吊集装箱。此时，需要放下集装箱，人工打开紧急解锁装置，向外拉开紧急解锁装置中的安全销，并将集装箱角件内的锁头（旋芯）转动至与锁座平行后（可通过查看安全指示器是否探出确定），重新取箱。

重新装箱前，需将旋锁恢复到正常状态，人工转动锁头（旋芯）至正确位置，可通过查看安全指示器是否入位确定。

装卸集装箱时,集装箱应平起平落,不得撞击锁头。集装箱运输过程中禁止松开紧急解锁装置中的安全销。

单元3　铁路集装箱办理站

知识目标

了解铁路集装箱办理站的必备条件、分类、铁路集装箱办理站箱区和箱位的设置方式。

能力目标

能够区分不同等级集装箱办理站,理解三级集装箱办理站在货物运输中的组织关系、铁路集装箱堆场线路与箱区的布置方式。

知识学习

一、铁路集装箱办理站应具备的条件

集装箱货物运输在铁路集装箱办理站办理。铁路集装箱办理站应具备下列条件。

(1)有与运量相适应的,集合集装箱堆存、装卸的场地。

(2)装卸线数量和长度能满足生产需要。

(3)具备集装箱计量称重及安全检测条件。

(4)配备集装箱装卸机械,起重能力满足所装卸集装箱总重的要求。20ft、40ft 集装箱吊具上额定起重量不小于35t,满足宽体箱发展的需要。装卸机械应具备称重、装载均衡状态检测功能。

(5)具备良好的硬件、软件和计算机网络环境,能够应用铁路集装箱运输管理信息系统。

(6)办理特种货物箱和专用箱时,还需配备相应的生产和安全设备设施(如站台、装卸、充装、抽卸和充电等设施设备)。

二、铁路集装箱办理站的分类

(一)铁路集装箱办理站的分类

根据在路网中的作用、办理规模、作业性质及功能定位的不同,铁路集装箱办理站可分为铁路集装箱中心站、铁路集装箱专业办理站和铁路集装箱一般办理站。

1. 铁路集装箱中心站

铁路集装箱中心站一般位于省会城市、铁路主要枢纽或大型港口,日办理能力在1000TEU 左右,年办理能力为 50×10^4TEU 及其以上,配备技术先进和专业化的集装箱仓储、装卸、搬运、检修、维护设备,办理集装箱、行包行邮等快捷货物列车整列到发和整列装卸作业,具备货物集散、中转及运输作业功能,是全国铁路集装箱运输枢纽。目前中国铁路总公

司规划建设18个铁路集装箱中心站，分别位于哈尔滨、沈阳、大连、北京、天津、郑州、西安、武汉、青岛、上海、宁波、广州、深圳、成都、重庆、兰州、乌鲁木齐、昆明。目前已投入运营的11个铁路集装箱中心站位于大连、天津、郑州、西安、武汉、青岛、上海、成都、重庆、昆明、乌鲁木齐。铁路集装箱中心站按照所处的地理位置可分为港口型集装箱中心站和内陆型集装箱中心站。

内陆型集装箱中心站货源地和货物流向较为分散，主要为大型城市物流基地和生产企业服务，兼顾吸引城市和周边地区的集装箱货流，其选址宜靠近物流基地或主要工业区，并与铁路主要干线和通达的公路网相连接，如已经建成运营的昆明、成都、重庆、郑州、武汉、西安铁路集装箱中心站。内陆型集装箱中心站主要办理本地区及周边城市吸引区域的集装箱始发、终到作业，当内陆型集装箱中心站位于铁路主要交通枢纽城市时，也可根据需要办理集装箱中转作业。

港口型集装箱中心站货源较为集中，主要为港口集装箱提供集疏运服务，其选址应靠近港口，并尽可能通过铁路专用线深入集装箱码头后方堆场，使港口大宗集装箱直接进入铁路运输系统，缩短集装箱的运送距离、倒运次数，降低集装箱运输成本。同时，港口集装箱中心站也要考虑所在城市及周边地区的集装箱运量。港口集装箱中心站一般位于路网尽端，不承担铁路集装箱中转作业，如已经建成、已运营的大连铁路集装箱中心站。

2. 铁路集装箱专办站

铁路集装箱专办站是区域性的集装箱运输枢纽，一般位于省会城市、港口城市、口岸城市及主要内陆城市，在路网中的地位低于铁路集装箱中心站，要求年运量为5×10^4TEU及其以上，并配备必要的仓储、装卸、搬运、检修、维护设备。集装箱专办站主要承担集装箱货物列车整列到发和整列装卸作业，承担区域内货物的集散、中转及运输作业。

按所处地理位置不同，铁路集装箱专办站可分为内陆型集装箱专办站和港口型集装箱专办站。

内陆型集装箱专办站一般办理本地和周边内陆地区集装箱的始发、终到作业，主要为物流基地和大型企业服务，兼顾吸引城市和周边地区其他集装箱箱流，集装箱货源地相对分散；港口型集装箱专办站一般为港口服务，承担集装箱船的集疏运作业，兼顾吸引所在城市内工业企业、物流园区及周边地区集装箱货流，集装箱货源地相对较集中。港口型集装箱专办站一般处于路网尽端，不承担铁路中转作业。

3. 铁路集装箱一般办理站

铁路集装箱一般办理站是小型铁路集装箱作业站，一般位于铁路干、支线或中小型港口以及内陆城市，办理量和在路网中的地位低于铁路集装箱中心站和集装箱专业办理站。铁路集装箱一般办理站要求配备简单的集装箱装卸、搬运、检修、清洗和站内信息传输系统和设备，办理集装箱货车到发、装卸、多式联运及门到门运输服务，承担区域内货物的集散作业。铁路集装箱一般办理站多为综合性的货运站。

(二)三级集装箱办理站运输组织关系

集装箱中心站、集装箱专业办理站(以下简称“集装箱办理站”)和集装箱一般办理站共同构成整个集装箱运输网络。

集装箱中心站分布在全国18个经济发达、集装箱运量大的铁路枢纽和大型港口城市，相比集装箱专办站和一般办理站,集装箱中心站在集装箱运输网络中发挥着更大的作用,对于促进不同经济区域内的货物流通和国民经济发展具有重要意义。集装箱中心站设备先进、功能齐全、办理能力大,且大都紧邻大型工业企业或港口,箱源充足,集装箱中心站之间可以通过铁路主要干线通道组织集装箱班列或专列运输,承担不同城市区域间集装箱的运输和区域内的集疏运任务。

集装箱专办站在路网中的地位和作用略低于或小于集装箱中心站。但是路网整体布局却对集装箱专办站提出了其他的要求:集装箱专办站要能够与集装箱中心站和其他专办站之间开行集装箱班列或专列。集装箱专办站是铁路集装箱运输网络的重要节点,集装箱专办站和集装箱中心站将承担全路近90%的集装箱运输量。

集装箱一般办理站主要办理集装箱列车到发、装卸、"门到门"运输和多式联运服务。与集装箱中心站和专办站相比,集装箱一般办理站运量较小,一般只配备简单的集装箱装卸、搬运、检修、清洗和站内信息传输系统和设备。集装箱一般办理站主要通过开行小运转或普通货物列车为区域内的集装箱中心站和专办站提供集疏运服务,大量的运输作业则由集装箱中心站和集装箱专办站完成。因此,集装箱专办站必须对周边区域具有一定的辐射作用,能够带动和满足周边一般办理站的运输集散需求。

三、车站开通和停办集装箱运输的相关规定

车站(或铁路专用线、专用铁路)开办集装箱运输业务,由铁路局确认满足规定条件后,将以下内容报铁路总公司公布:车站名称、铁路专用线或专用铁路名称、起重能力、办理箱型、危险货物运输办理情况、是否为国家铁路或国家控股标准箱办理站。

车站(或铁路专用线、专用铁路)停办集装箱运输业务(或因站场施工等需临时停办集装箱运输业务),由铁路局将以下内容报铁路总公司运输局公布:车站名称、铁路专用线或专用铁路名称、停办箱型、停办原因,其中停办集装箱运输业务,除上述内容外,还需报停办日期范围。

四、铁路集装箱办理站箱区和箱位

集装箱堆场是集装箱办理站的重要组成部分,是组织集装箱运输的基层生产单位。为适应集装箱存放、装卸和搬运作业的需要,集装箱堆场的地面要硬化,集装箱的箱位地面应力求在同一个水平面上。集装箱的作业场地,包括装卸、搬运机械的通路,应能够支承装卸、搬运机械的轮压荷载,集装箱存放场地面应能够支承集装箱的最大荷载。集装箱堆场的布置必须与装卸作业方式相适应。确定装卸机械类型和台数后,可根据作业方式对线路、道路、箱区、箱位和停车场等进行统筹布置。

(一)集装箱堆场布置的基本要求

(1)集装箱堆场的布局应充分利用场地面积,尽可能地缩短移动式机械的行程,并且使其能够迅速地挑选集装箱。

(2)装卸线路和场内道路的布置应能保证场内各种作业的方便性和安全性,装卸和搬运时采光和瞭望条件要好。

(3)道路的布置应使机动车辆都能单方向行驶。

(4)集装箱各作业区的划分应使各项作业互不干扰。

(5)箱位应按每辆货车装载的箱数分组,成列、成行放置,以便于配车和装车作业。集装箱的放置方向应便于起重机的起吊作业。

(6)门式起重机的走行轨道应按埋轨式设计,以便叉车或其他机动车辆跨轨作业。

(7)集装箱办公室的设置地点应便于货运、装卸人员和货主办理货物承运和交付作业。

(8)为了及时维修技术状态不良的集装箱,应设置集装箱维修工厂(或车间),并配备必要的维修设备。

(二)铁路集装箱堆场线路与箱区的布置

铁路集装箱堆场线路与箱区的布置方式不同,其作业效率和管理方法也不同。在满足集装箱快装快卸、方便各项作业的条件下,应力求布置紧凑、合理。集装箱货区布置如图2-24所示。

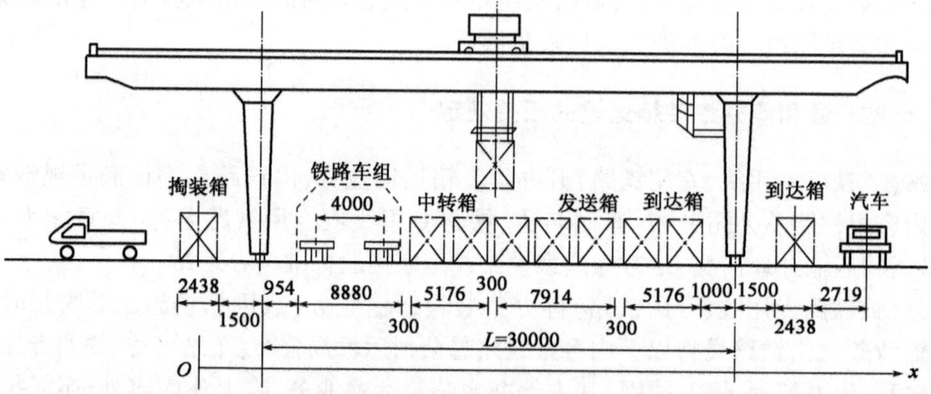

图2-24 集装箱货区布置(尺寸单位:mm)

集装箱堆场线路与箱区的布置方式主要有6种,如图2-25所示。在这6种布置方式中,图2-25a)箱区较为集中,管理方便;便于叉车辅助作业;箱位比较多,既便于门到门运输,又便于装卸作业;集装箱中转作业方便;汽车作业时互不干扰;重车行程短。我国的铁路集装箱堆场大多采用这种布置方式。

图2-25b)与图2-25a)相似,更便于到、发分区,起重机小车行程较短,箱位比较多。其缺点是箱区不集中,叉车辅助作业与装卸线交叉较多。

图2-25c)便于汽车、货车直接换装作业,适于门到门运输中直接换装作业比重大的车站;起重机行程短,司机室视野开阔,但箱位较少。

图2-25d)箱位最少,卸车时起重机小车行程较长,汽车通路设在起重机跨度内,起重机作业与汽车作业交叉多,安全性较差。其优点是箱区在装卸线的一侧,有利于叉车辅助作业,又因起重机跨度内中部设有汽车通路,便于到、发分区作业。

图2-25e)箱位较少,卸车时起重机小车行程较长,汽车通路与起重机作业交叉,安全性差。其优点是箱区集中,便于管理,又同在装卸线一侧,有利于叉车辅助作业。

图2-25f)箱位较少,掏装箱作业能力小。其优点是利于到、发分区,起重小车行程较短,适于门到门运输直接换装作业比重大的车站。

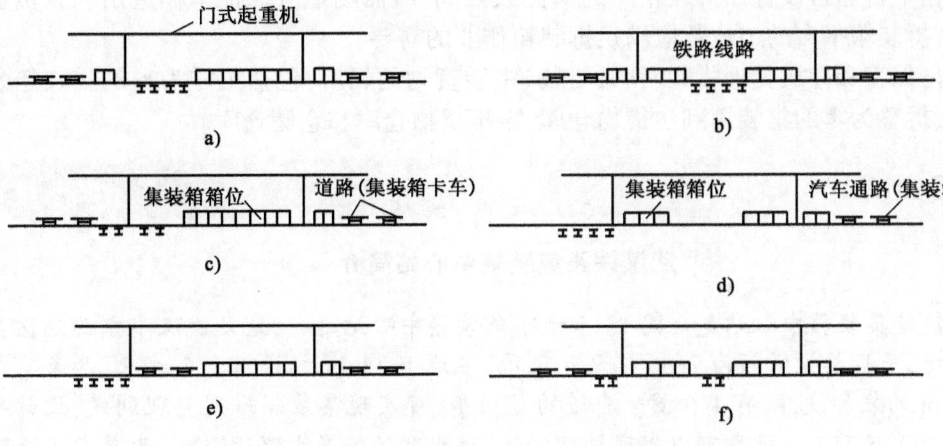

图2-25 集装箱场线路与箱区的布置形式

(三)集装箱堆场箱区的划分及布置

在集装箱堆场内,可根据需要设置发送箱区、到达箱区、拼装箱区、掏装箱区、中转箱区、备用箱区、空箱区、待修箱(定修箱和临修箱)区、专用箱区等。设置箱区时应满足发送箱、到达箱、中转箱、周转箱和维修箱等的不同的要求,并尽可能缩短运送距离,避免交叉作业,便于准确、便捷地取放所需集装箱,便于管理。箱区在集装箱堆场内的布置应遵循以下原则:

(1)中转箱区应布置在便于直接换装集装箱的交通便利处。

(2)拼装箱区和掏装箱区应尽量设置在仓库附近,尽量减少各环节的作业干扰和中间运输量。

(3)周转和维修箱区尽量布置在作业区外围,靠近维修车间一侧,便于集装箱的取送和维修,并减少集装箱周转和维修对正常作业区的干扰。

(4)合理布置箱位,既要考虑充分利用堆场面积,又要留足运输通道和装卸机械作业区及箱与箱之间的距离,使集装箱装卸、搬运作业安全、方便。

(5)合理利用与选择集装箱装卸机械和起重运输设备,除保证机械进出场区畅通所需足够的作业半径外,应尽量缩短其行程,提高设备利用效率。

(6)堆场应有一定坡度,以利排水,但要力求平坦,以利堆码稳妥。

(7)堆场场地必须坚固、耐用,应根据堆码层数进行设计与处理。

(8)大型集装箱堆场可在集装箱装卸作业区外,另设专门的掏装箱区及堆箱场地。

(四)拆装箱库和作业区

拆装箱库和作业区是指对拼装箱进行拆箱和装箱的作业场所,也是拼装箱零担货物的集散地。其对应作业内容主要是把适箱货物拼装入集装箱,或从集装箱中取出货物,进行货物的分类、保管和发送。拆装箱库和作业区包括货物仓库、拆装箱作业区、装卸站台和一些辅助生产用房。设置拆装箱库和作业区时应满足下列功能要求。

(1)设置拆装箱平台,留有足够的拼装箱场地以便于进行拆、装箱作业。

(2)能满足机械装卸作业所需工作场地的要求,以免各作业之间相互干扰。

(3)留有适当的理货空间,以便于货物的集结和疏运。

拆装箱平台通常设置在拆装箱库的两侧或四周,所需场地应保证车辆进出和人员操作互不干扰,拆装箱平台的工位数应满足拆装箱作业的需要。

仓库是保管和存放受理货物、到站货物、中转货物的场所,包括集零为整的集装箱发送货物仓库、拆整为零的集装箱到达货物仓库、零担货物仓库和仓储仓库。

拓展知识

武汉铁路集装箱中心站简介

武汉铁路集装箱中心站是全国18个铁路集装箱中心站之一,地处武汉市东西湖区吴家山慈惠农场,项目总投资额为7.06亿元人民币,占地1.346km^2,设有1个线束,两条有效长度为1050m的装卸线,配有4台国际先进的龙门吊,可实现集装箱班列整理到发,设计年办理集装箱160万TEU。该站可以实现铁空联运、铁水联运等多式联运,进一步奠定了武汉作为全国铁路枢纽和物流中心城市的地位。

该集装箱中心站建设工程于2008年9月20日开工,2010年8月25日通过验收。2010年9月5日10时32分,风笛一声长鸣,载有112个标准集装箱的“内22082次”集装箱专列从武汉吴家山集装箱中心站缓缓开出。这标志着全国18个铁路集装箱中心站之一的武汉铁路集装箱中心站正式投入运营。

武汉铁路集装箱中心站采用了世界先进的站场信息系统,配备了国际先进的智能设备,为提高龙门吊作业效率、保证运营安全奠定了基础。它作为武汉地区最先进的运输基础设施之一,将与阳逻港、杨泗港实现无缝对接,形成便捷、快速的铁水联运体系。

拓展知识

广州铁路集装箱中心站(广州中心站)简介

2021年12月31日上午,随着一声长笛鸣响,一列满载100个标准集装箱出口货物的中欧班列首次从广州铁路集装箱中心站(以下简称“广州中心站”)缓缓驶出,将经由阿拉山口口岸出境,奔向万里之外的波兰马拉舍维奇,此趟班列的发运标志着广州中心站正式投入使用。

铁路集装箱中心站是指有先进的技术装备和仓储设施,能够整列编解、装卸、日处理1000TEU,具备物流配套服务和洗箱、修箱条件,并具有进出口报关、报验等口岸综合功能的集装箱铁路集散地和班列到发地。我国铁路部门《中长期铁路网规划》提出结合全国港口发展和功能布局,在北京、上海、广州等省会城市及港口城市布局并建设18个集装箱中心站和40个左右靠近省会城市、大型港口和主要内陆口岸的集装箱办理站。

拓展知识

黎湛线X9547次列车火灾铁路交通一般事故

某日16:53,X9547次列车运行至中国铁路南宁局集团有限公司(以下简称南宁局集团公司)黎湛线遂溪站时,发现机后第13位车辆NX705467604装载的集装箱(箱号:TBJU7327897)顶部冒白烟。17:08,列车到达塘口站5道停车检查处置。20:14车站将该车辆调入湛江港(集团)股份有限公司(以下简称湛江港集团公司)港东站1道处置,打开冒烟集装箱箱门,箱内出现明火。9月7日2:55处置完毕,构成铁路交通一般事故。

实训项目 铁路集装箱运输设备认知

1. 根据表2-1中的不同集装箱车型,填写相关参数。

不同集装箱车型的相关参数　　表2-1

车　型	载　重	车底架长度	适用箱型	锁闭装置
X_{6A}				
X_{1K}				
X_{3K}				
X_{4K}				
X_{6K}				
X_{2K}				
NX_{X17}				

2. 通过查阅资料,比较不同类型铁路集装箱锁闭装置的优点和缺点,填入表2-2中,并将不同类型F-TR锁适用的集装箱专用车和共用车车型填入表2-3中。

不同类型铁路集装箱锁闭装置的优点和缺点　　表2-2

锁闭装置类型	优　点	缺　点
凸台锁		
全自动旋转锁		
F-TR锁		

不同类型**F-TR**锁适用的集装箱专用车和共用车车型　　表2-3

F-TR锁类型	适用的集装箱专用车和共用车车型
推拉平移式F-TR锁	
推拉翻转式F-TR锁	

3. 通过查阅资料,列举目前已开通的铁路集装箱中心站,并指出哪些铁路集装箱中心站开通了中欧班列,各分别开通的中欧班列线路数量。

复习思考题

一、选择题

1. 轨道式门式起重机起重能力最大可达(　　)t。

A. 55　　B. 60　　C. 65　　D. 50

2. X4k 型集装箱能同时装运(　　)个 20ft 箱。

A. 2 个　　B. 3 个　　C. 4 个　　D. 6 个

3. (　　)是在货物需要集装时,所使用的装卸容器和集装工具的总称。

A. 容器　　B. 器具　　C. 集装容器　　D. 集装器具

5. 在一般铁路集装箱场,宜采用的主型装卸机械是(　　)

A. 叉车　　B. 埋轨式门式起重机

C. 装卸桥　　D. 汽车起重机

二、判断题

1. 集装箱叉车按货叉位置分为正面叉车和侧式叉车。(　　)

2. F-TR 锁锁头在车上的安装方向是每端同向,两端也同向。(　　)

3. 集装箱跨运车的起重能力一般不超过 45t。(　　)

三、问答题

1. 集装箱的搬运机械都有哪些?

2. 轮胎式门式起重机和轨道式门式起重机各自的优点是什么?

3. 有悬臂的门式起重机的优点是什么?

4. 双臂架集装箱正面吊运机相比单臂架集装箱正面吊运机优点是什么?

5. 集装箱专用车有哪几种类型?

6. 集装箱固定锁有哪几种类型?

7. 装卸集装箱时有哪些注意事项?

8. 铁路集装箱办理站的种类有哪些?

9. 三级铁路集装箱办理站之间是如何进行运输组织的?

10. 集装箱堆场哪有几种布置方式?

11. 集装箱堆场箱区有哪几种?

12. 集装箱拆装箱库包含哪些区域?

模块3　铁路集装箱运输组织

单元1　集装箱运输办理条件

知识目标

掌握铁路集装箱运输办理条件。

能力目标

能根据集装箱运输办理条件判断集装箱运输需求能否受理。

知识学习

一、必须在规定的集装箱办理站之间运输集装箱

集装箱办理站(包括专用铁路、铁路专用线)由铁路总公司在《铁路货物运价里程表》中公布。在公布的集装箱办理站中,有的办理通用集装箱业务,而有的仅办理一种或几种通用、专用或特种集装箱业务。托运人只能在办理该箱型的集装箱办理站申请运输集装箱。集装箱办理站站名如表3-1所示(部分站名)。

集装箱办理站站名表(部分站名)　　表3-1

路局	序号	车站	专用线	通用集装箱			专用或特种集装箱						
				1t	20ft	40ft	折叠箱	干散箱	汽车箱	板架箱	水泥箱	弧形罐	水煤浆
武	1	白浪								●		●	
武	2	丹水池	中储发		●	●							
武	3	舵落口		●					●	●			
			武汉诚		●	●							
武	4	部营	东风汽						●	●			
武	5	谷城									●		
武	6	汉西			●	●							
武	7	汉阳	武汉建					●					
			中国木					●					
武	8	花果	东风汽								●		
武	9	花艳			●	●							

注:"●"表示可以办理。

未经铁路总公司公布的集装箱办理站,禁止办理集装箱运输业务。集装箱办理站承运集装箱前,应认真审核发、到站办理限制。

二、必须使用符合规定的集装箱

经铁路运输的集装箱必须符合国家标准。铁路运输的集装箱按箱主不同分为铁路集装箱(以下简称"铁路箱")和自备集装箱(以下简称"自备箱")。铁路箱式承运人提供的集装箱。自备箱是托运人自有或租用的集装箱。非标准铁路箱(简称"非标箱")由铁路总公司公布运输条件后,方可上路运输。非标准自备箱办理海铁联运、国际联运(发站或到站为港口、铁路口岸站)以及管内运输的,由发送铁路局确定运输条件,确保满足运输安全要求后方可上路运输;其他"非标箱"需由发送铁路局提出运输条件,报总公司运输局公布后方可上路运输。

铁路局不得确定以下自备箱的运输条件:不符合《国际集装箱安全公约》(CSC)的集装箱;角件与货车集装箱锁闭装置、装卸机械集装箱吊具不匹配的集装箱;标记总重小于30.48t的集装箱。

集装箱必须按规定进行定期检验,保证质量满足铁路运输安全要求。集装箱从出厂到第一次检验的间隔期不得超过5年,以后检验的间隔期不得超过2.5年。

三、必须是适合铁路集装箱运输的货物

适合铁路集装箱运输的适箱货物主要有交电类、仪器仪表类、小型机械类、玻璃陶瓷类、工艺品类、文教体育用品类、医药类、烟酒食品类、日用品类、化工类、针纺织品类、小五金类以及其他适合用集装箱装运的货物等共13类。

集装箱所装货物应符合所用箱型适箱货物的要求,不得装运易腐蚀、损坏箱体的货物。性质互抵的货物不得混装于同一集装箱内。

块煤之外的其他煤和铁矿石品类的货物不得使用集装箱运输,重箱卸船后不掏箱直接经铁路运输的除外。

在一定季节和区域内不易腐烂、变质、冻损的易腐货物,经托运人和承运人协商一致后,在保证不影响货物质量的前提下,可使用通用集装箱装运。

集装箱所装货物应符合所用箱型适箱货物的要求,不得腐蚀、损坏箱体,能够保证运输安全。铁路通用箱不得装运煤、焦炭等易污染箱体的货物。如水泥、炭黑、化肥、盐、油脂、生毛皮、牲骨、没有树垫的油漆等,由于易污染箱体,故不能用铁路通用集装箱装运。生铁块,废钢铁、无包装的铸件和金属块等损坏箱体,也不能用铁路通用集装箱装运。

四、按一批办理的条件

集装箱运输,每批必须是标记总重相同的同一箱型。铁路箱和自备箱不得按一批办理。

五、集装箱重量的限制

办理10t及其以下集装箱的车站,应配置30t汽车衡或相适应的衡器。办理20ft及其以上大型集装箱的车站,应配置80t汽车衡或相适应的衡器。

车站应对发送集装箱的箱体状况进行检查,逐箱确定集装箱重量。

托运的集装箱，单箱总重不得超过其标记总重；且不得超过发站和到站的集装箱起重能力，在车上直接装卸货物的特种集装箱、专用箱等除外。对超过载重量的集装箱，经车站纠正后方可运输，并按规定核收复查作业费。

注意：对标记总重超过24t的20ft通用集装箱，在40ft集装箱办理站间运输，装运适箱货物时，最大总重可达到30t；在标记"★"限制的20ft集装箱办理站发到的集装箱，最大总重为18.5t；在其他20ft集装箱办理站，最大总重为24t。

六、其他办理条件

集装箱军事运输按有关规定办理。

用集装箱装运危险货物时，要严格执行《铁路危险货物运输管理暂行规定》等铁路危险货物运输规定。

单元2　集装箱运输作业流程

知识目标

掌握集装箱作业流程及基本作业要求。

能力目标

能对集装箱运输制订装载方案。

知识学习

一、发送作业

发送作业流程如图3-1所示。

（一）托运人集装箱运输需求提报

铁路总公司敞开受理铁路集装箱（简称"铁路箱"）使用需求，建立健全铁路箱资源配置制度，保证客户服务质量。铁路箱面向所有客户公开预订。集装箱订箱与日运输需求通过"95306"中国铁路电子商务系统提报，按以下方式办理。

1.铁路箱需求提报

（1）托运人预订铁路空集装箱（以下简称"空箱"）

客户通过电商系统进行"空箱预订提报"，系统自动审核集装箱办理限制、箱型箱类、箱数、专用线办理限制等，预订成功后生成预订号。

（2）车站安排空箱

车站在铁路集装箱运输管理信息中心通过预订号、到站和提箱日期查询空箱预订信息，并安排站内可用铁路空箱。

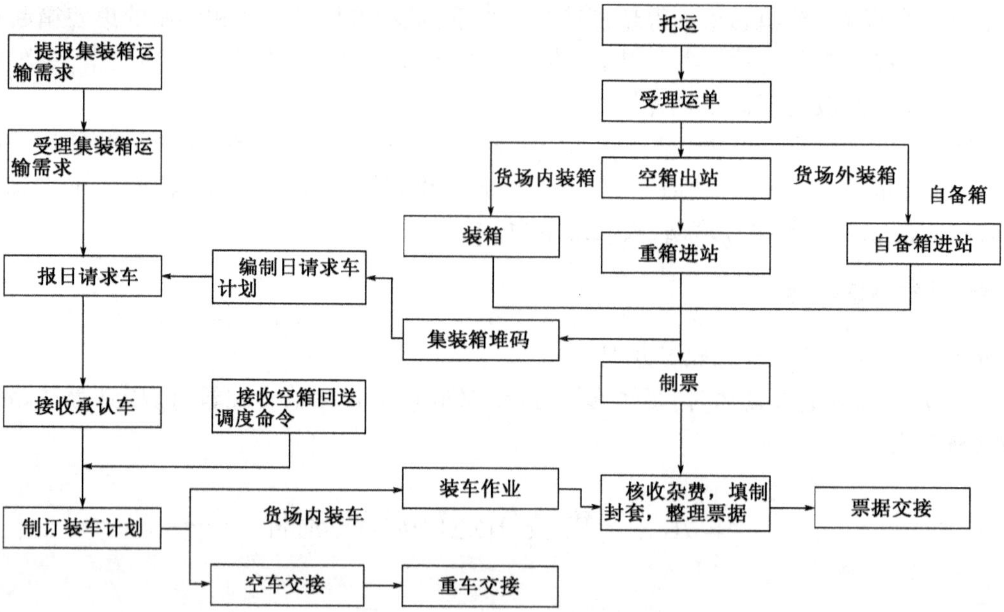

图 3-1　集装箱发送作业流程

(3)客户补填运单需求联

客户在电商系统选择车站已安排的铁路空箱,补充托运人、收货人、增值税、付费方式、保价等信息,选择领货方式和服务方式,填记托运人记事。可同时提报日运输需求,系统生成电子运单需求联。

(4)批量入箱

批量入箱在电商系统、箱管系统按通用铁路箱正常流程预订、安排铁路空箱和补填运单需求联。同时在电商系统提报整车批量运输需求。

客户在电商系统注册时,应提供必要的证明材料,明确托运经办人,托运经办人变化时应及时更改托运经办人信息。

托运人已申领数字证书的,提报需求时(含直接填写集装箱运单并订车的)需使用数字证书签署确认。托运人选择电子运单的,必须先申领数字证书,并使用本人数字证书进行签名。

托运人选择电子运单的,提报需求时使用数字证书进行签名,后续不再对运单制单信息进行签名;承运人根据配车、装车、运费核算等实际情况进行运单制单,制单完毕后使用数字证书进行签名,托运人如对运单有关信息有异议,应及时联系车站处理。

运单电子签名后无需打印,如有需要,客户可自助查询、打印电子运单有关信息,但打印的纸质文件不具备合同效力。

2. 自备箱及铁路箱等其他箱型箱类提报需求

(1)办理托运

客户在电商系统录入需求,系统自动审核集装箱办理限制、箱型箱类、箱数、专用线办理限制等,填记托运人及收货人、增值税、付费方式、保价等信息,选择领货方式和服务方式,填记托运人记事。可同时提报日运输需求,系统生成电子运单需求联和需求号。

集装箱所装货物名称为混装货物(货物品名超过1个)时,客户还需在电商系统提出物品清单(一箱一单)。

拓展知识

铁路货运电子商务系统企业客户登录操作流程

第一步:打开浏览器,输入网址 http:/ec.95306.cn,进入铁路95306界面。

第二步:点击右上角黄色“登录”。

第三步:已有电商系统的客户,只需要输入之前使用的电商账号和密码即可完成登录。

第四步:登录后是管理员账号,点击右上角企业用户名称,下拉菜单里“个人资料”进行管理员信息完善,带*符号的必填。

第五步:进入用户合并操作界面,合并用户到管理员,完成历史用户及业务数据迁移。

(2)车站受理

铁路总公司通过网络、电话、营业场所及上门服务等渠道敞开受理客户需求。各受理渠道在营业时间内应保持畅通。车站在电商系统进行实货核实并受理电子运单(货物运单)需求联、审核发到站办理限制、起重能力、专用线办理范围、危险货物办理限制、临时停限装、特定运输条件、接取送达等信息;审核证明文件、特价运输证明书等原件并采集影音资料;添加承运人记事和加盖运输戳记;填记装载方案号码、费用浮动项目号。接取送达服务需要议价时,要与到站客户协商确认。车站应落实货物运输实名制。托运人为个人的,查验托运人身份证原件,留存复印件;托运人为单位的,查验营业执照、经办人身份证原件,留存营业执照、经办人身份证复印件及注明经办人信息、联系方式、联系地址及所用印章的证明材料。

车站受理时,应按既有规定选择“标准记事”中列明的记事,标准记事中有对应戳记的在电子运单需求联中显示戳记。“承运人记事”除显示于标准记事外,也可根据实际情况,录入自由记事。

电子运单(见表3-2)需求联通过车站受理后,托运人不能再修改。

(二)提取空箱

1.托运人提取空箱出站

车站在铁路集装箱运输管理信息系统(简称“集装箱系统”)安排铁路空箱,填制铁路箱出站单安排出站。托运人可在电商系统打印提箱单,凭提箱单或需求号(运单需求联)到车站领取铁路空箱。车站核对提箱单或需求号(运单需求联),托运人和车站双方现场检查箱体质量,核实箱号,开具铁路箱出站单(可在集装箱系统打印),托运人凭铁路箱出站单出站。

托运人运输货物时应使用状态良好的集装箱。托运人在使用铁路箱时,车站应提供状态良好的铁路箱。双方现场检查箱体质量,检查的主要内容有以下几点。

(1)箱顶是否透亮。

(2)箱壁是否有破孔。

电 子 运 单 表 3-2

××铁路局
货物运单

需求号:201708HY6666660001 (整车、集装箱、批量、零散)

托运人	发站(局)		专用线				货车			
	名称				经办人		货位			
					手机号码		车种车号			
	□上门取货	取货地址			联系电话		取货里程(km)			
收货人	到站(局)		专用线				运到期限		标重(kg)	
	名称				经办人		施封号			
					手机号码		篷布号			
	□上门送货	送货地址			联系电话		送货里程(km)			
付费方式	□现金□支票□银行卡□预付款□汇总支付		领货方式	□电子领货 □纸质领货			装车方		施封方	

货物名称	件数	包装	货物价格(元)	重量(kg)	箱型箱类	箱号	集装箱施封号	承运人确定重量(kg)	体积(m³)	运价号	计费重量(kg)
合计											

		费目	金额(元)	税额(元)	费目	金额(元)	税额(元)
选择服务	□上门装车						
	□上门卸车						
	□保价运输 □装卸加固材料 □仓储 □冷藏(保湿)						
	其他服务						
增值税发票类型 □普通票 □专用票	受票方名称: 纳税人识别号: 地址、电话: 开户行及账号:						
		费用合计	大写:				

托人记事: 签章:	承运人记事 卸货时间 月 日 时 到站收费票据号码 通知时间 月 日 时 领货人身份证号码 货运员 车站日期

收货人签章 车站接(交)货人签章 制单人 制单日期

第×联××联

(3)箱门能否严密关闭。

(4)箱门锁件是否完好。

托运人在使用前必须检查箱体状况,发现箱体状况不良时应及时提出,由车站予以更换。

铁路箱出站单甲联、乙联(见表 3-3、表 3-4)是出站和箱体交接的凭证。车站在交接集装箱时,要核对箱体和铭牌号码,必要时核对箱内号码,对于各处号码不一致的集装箱,不得继续使用。铁路箱由车站报铁路局货运管理部门;铁路局货运管理部门通知集装箱公司处理,并将有关情况报铁路总公司。

铁路箱出站单甲联 表 3-3

______站存查 甲联

A000001

出站填记(空 重)					
托运/收货人				调度命令号	
到站/货票号		箱型箱号		接收站	
箱体状况	割伤 C. 擦伤 B. 破洞 H. 凹损 D. 破损 BR. 部件缺失 M. 污箱 DR.			领箱人	

出站填记(空 重)							
搬出汽车号		破损记录号		车站经办人:		出站日期	
进站填记(空 重)							
箱体状况	割伤 C.　擦伤 B.　破洞 H.　凹损 D. 破损 BR.　部件缺失 M.　污箱 DR.					还箱人	
搬入汽车号		破损记录号		车站经办人:		进站日期	

门卫验放：　　　　（章）

领箱人须知

1. 如本单记载与实际不符,应在出站前要求更正。
2. 应及时将铁路箱送回,超过规定时间须支付集装箱延期使用费。
3. 保证箱体完好,发生破损需赔偿。
4. 本单乙联随箱同行,还箱时将乙联交回。
5. 还箱收据盖戳后,保存60日。

说明:1. 铁路箱空箱出站时,将收货人、货票号抹消;重箱出站时,将托运人、到站抹消。

2. 甲、乙联可用不同颜色印制。

3. 各站可根据管理需要,增加联数。

规格:A5竖印

铁路箱出站单乙联

表3-4

＿＿＿站随箱联　　　　乙联

A000001

出站填记(空 重)							
托运/收货人						调度命令号	
到站/货票号		箱型箱号				接收站	
箱体状况	割伤 C.　擦伤 B.　破洞 H.　凹损 D. 破损 BR.　部件缺失 M.　污箱 DR.					领箱人	
搬出汽车号		破损记录号		车站经办人:		出站日期	
进站填记(空 重)							
箱体状况	割伤 C.　擦伤 B.　破洞 H.　凹损 D. 破损 BR.　部件缺失 M.　污箱 DR.					还箱人	
搬入汽车号		破损记录号		车站经办人:		进站日期	

门卫验放：　　　　（章）

还箱据

本单记载的铁路箱已交回车站,收据请保存60日。

收　车站经办人:　　　　车站日期戳记:

A000001

规格:A5竖印

若托运人领取铁路箱出站，车站则应与托运人签订铁路箱出站使用协议并收取保证金；铁路局可结合实际免收保证金。

2. 托运人委托车站取送集装箱

托运人（收货人）可自行安排汽车取送集装箱，也可委托车站取送，车站均应为其提供便利条件。

（三）装箱与施封

1. 集装箱装箱

托运人可自行装箱，也可委托承运人装箱。装箱时应码放稳固，装载均衡，不超载、不集重、不偏重、不偏载、不撞砸箱体，采取防止货物移动、滚动或开门时倒塌的措施，保证箱内货物和集装箱运输安全。

集装箱货物（脚手架脚铁）装箱方案

货物的装箱工作若由托运人负责，箱内货物的数量和重量则由托运人负责；站内装箱应保证在指定进货日期当日装完，超过期限核收集装箱延期使用费。

货场内装箱时，货运员应认真核对货物的品名、重量与电子运单需求联记载的内容是否一致，并按国家标准和有关技术规范检查包装，到场监装。

集装箱货物（钢套管）装箱方案

专用线集装箱装箱工作由托运人和专用线产权单位共同负责。驻专用线货运员必须逐项核对实际品名、件数、重量是否与电子运单需求联相符，现场监督托运人施封。

拓展知识

箱内货物未均衡放置或装载加固不良货物发生窜动造成车辆偏载重（图 3-2）。

卡控措施：一是做好验箱工作，通过现场开箱检查或图片资料审核货物是否均衡码放；二是 20ft 及以上集装箱实行按方案装箱制度，货物严格按照批复的装载加固方案装箱。

a)　　b)　　c)

图 3-2　集装箱箱内货物装载不当

将集装箱送入指定箱区箱位按批堆码，货签向外，留有通道。需要隔离的，应按规定隔离。集装箱与装卸线或站台边缘的距离至少是 1.5m。堆放集装箱的场地应保持硬面平整，排水良好，按箱型、空重分区，空重分区标识明显；发送重箱、到达重箱、空箱、掏装箱和修理箱等应分区堆放。集装箱空重状态转换时，及时调整箱区、箱位，做到空重、到发不混堆。

2. 集装箱施封

集装箱施封由托运人负责。集装箱在承运人的运输责任期内，箱体没有发生变形或损坏，箱号、施封号码和运单记载一致，施封有效时，箱内货物由托运人负责。

施封时应注意以下事项：

(1)通用集装箱重箱必须施封，施封时左右箱门锁舌和把手需入座，在右侧箱门把手锁件施封孔施封1枚，用10号镀锌铁线将箱门把手锁件拧固住并剪断把手锁件余尾，其他类型集装箱根据实际情况采取适合的施封方法。

(2)铁路电子施封锁

铁路电子施封锁实施远程监控和集装箱全程追踪，能提供实时的货物位置信息，于2017年开始在中欧班列上投入使用。可分为有源电子施封锁和无源电子施封锁。其结构分别如图3-3、图3-4所示。有源电子防盗锁适用于需要施封的各类车辆和集装箱，不适用于罐车。无源电子防盗锁适用于需要侧门施封的各类车辆，不适用于罐车和集装箱。

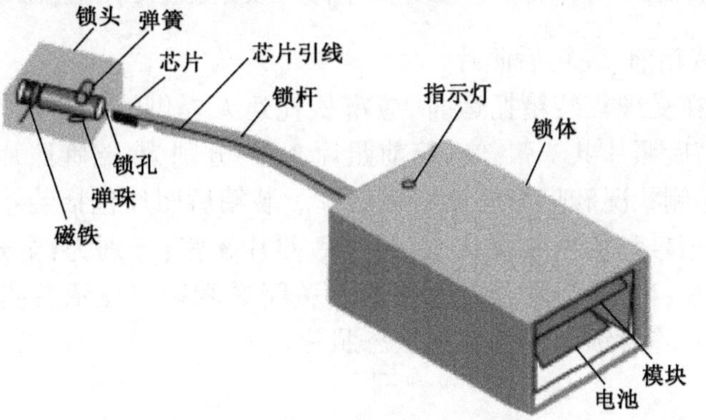

图3-3 铁路无源电子施封锁

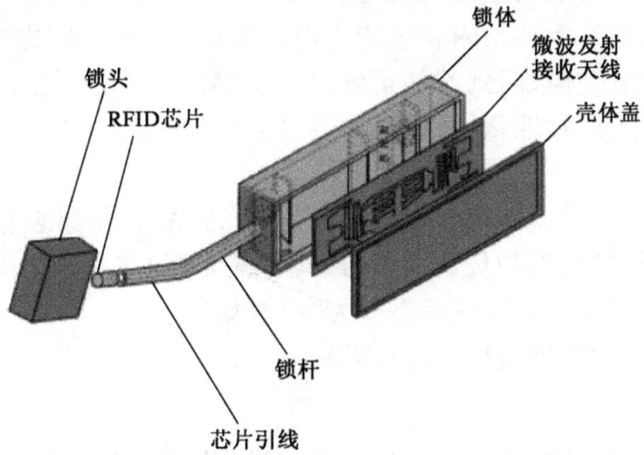

图3-4 铁路有源电子施封锁

(3)拖运的空箱可不施封，托运人需关紧箱门并用10号镀锌铁线拧固。

各型集装箱用FS型施封锁施封(图3-5)。FS型施封锁由锁头、锁芯、锁套3部分组成，锁头和锁芯用钢丝绳相连，锁闭后呈直杆状。

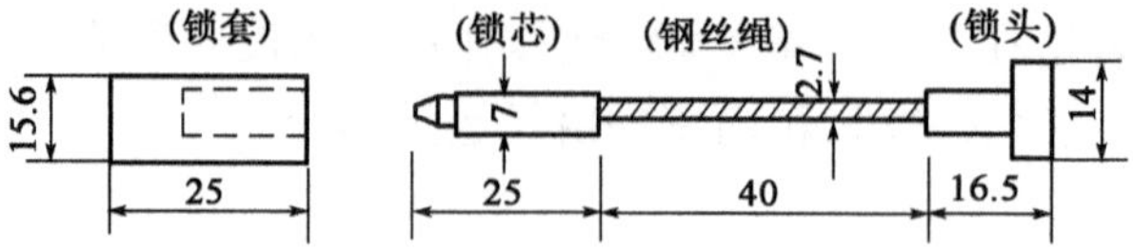

a)FS(单数)型

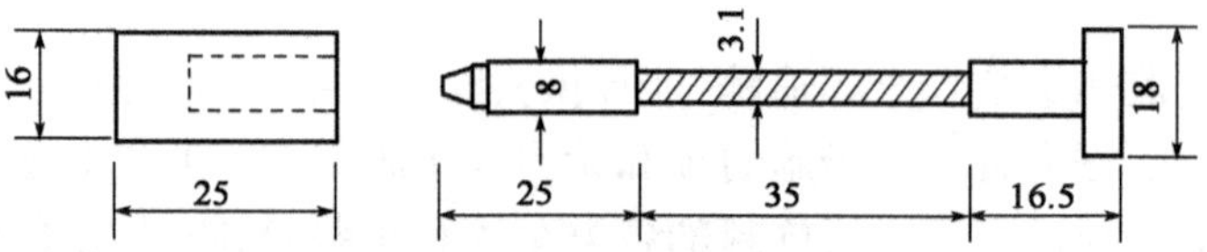

b)FS(双数)型(20ft、40ft箱)

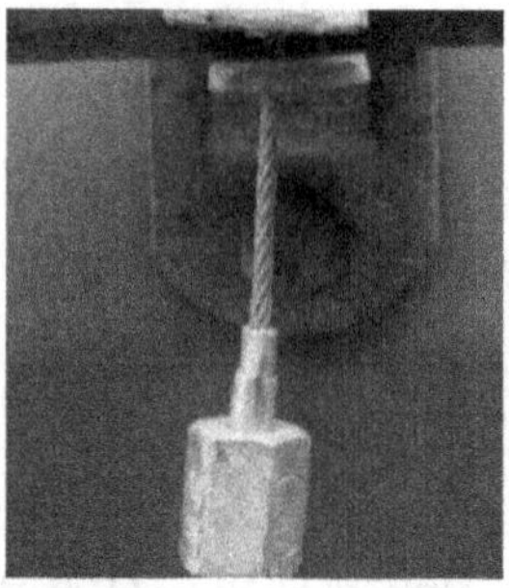

c)实物图

图 3-5 集装箱 FS 型施封锁尺寸示意图及实物图(尺寸单位:mm)

(4)集装箱在装箱前、装箱后照片

集装箱办理站在受理集装箱托运时,应审核托运人提供的装箱前、装箱后照片,并予以留存。装箱前、装箱后照片共 7 张。装箱前照片 3 张,分别为:铭牌照片、显示箱号的箱地板照片、显示侧壁板外侧状况和信息的侧壁板照片。装箱后照片包括装箱中照片 1 张,装箱至一半能够显示箱内箱号和货物装载状态;装车后照片 3 张,分别为:全开门显示集装箱门端货物的装载状态照片;半开门、敞开左侧箱门并关闭右侧箱门显示右侧箱门信息的照片;全开门、显示箱门锁闭、施封锁和铁线拧固状态照片。

(四)重箱进站

托运人装箱完毕后,可自行交付车站承运,也可在电商系统提出门到站服务要求,由车站委托物流企业上门提取重箱,车站向托运人核收接取送达费。铁路箱凭铁路箱出站单和纸质需求联进站,自备集装箱或站内装箱的货物凭纸质运单需求联进站。

若托运人在电商系统提报门到站的运输需求,则物流配送系统接收电商系统的物流需求信息,物流企业组织上门接取货物,将货物接取至装车地点后,与车站交接货物,运单需求联状态变为"已接取"。

铁路箱凭铁路箱出站单或需求号(运单需求联)进站,自备集装箱凭需求号(运单需求联)进站。办理站内装箱时,客户凭需求号(或运单需求联)进货,车站核对货物与电子运单需求联信息,集装箱电子运单需求联状态变为"已进站"。

发送的集装箱应于约定进站日期当日进站完毕。

(五)检斤检货

集装箱进站或站内装箱时车站应检斤检货,核对物品清单。车站在箱管系统通过需求号或箱号调取电子运单需求联进行检斤验货,补充货物重量、箱货总重、箱区箱位、施封号等信息。对于批量入箱的,勾选"批量入箱"。

集装箱货物按箱验收,检斤率要求达到 100%。承运人有权对集装箱货物品名、重量、数量、包装、装载状况进行检查。需要开箱检查货物时,在发站应通知托运人到场。开箱检查确认后由托运人施封，再送入指定箱区、箱位。

车站与托运人或收货人交接集装箱时，施封的凭箱号、封印和箱体外状，不施封的凭箱号和箱体外状交接。发站在接收集装箱时，经检查发现箱号或封印内容与运单记载不符或未按规定关闭箱门、拧固、施封时，应将其交由托运人改善后接收。箱体损坏危及货物和运输安全的不得接收。

集装箱送入指定箱区箱位按批堆码，货签向外，留有通道。需要隔离的，应按规定隔离。集装箱与装卸线或站台边缘的距离必须符合规定。

码放集装箱时，必须关闭箱门，码放整齐，箱门朝向宜保持一致；多层码放时，要将角件对齐，不得超过限制堆码层数。

（六）装车作业

装车前，若发现货车损坏不能使用，填制"不良货车通知单"，递送车站签收人员，在现车系统标记"不良货车"标识；若发现系统显示车号与实际现车不一致，通知行车部门处理；若发现空车带有电子票据，由车站按票车不符流程处理。集装箱可使用敞车、平车、集装箱专用车或集装箱共用车装运。但铁路48ft集装箱仅限使用车底架长度超过15m的集装箱两用车装运。

进入青藏线格拉段（不含格尔木站），重箱禁止使用敞车装运，空集装箱（板架式集装箱除外）禁止使用未安装F-TR型锁的集装箱专用平车装运。

1. 装车前作业

集装箱在装车前，需将车地板清扫干净。认真检查，确认箱体、车体上无杂物。使用集装箱专用平车或共用平车时，装车前需确认锁头齐全、状态良好。

车站在集装箱系统中录入装车作业信息，生成货车装载清单，装车完毕后，运单状态变为"已装车"。装车前，发现货车损坏不能使用时，填制"不良货车通知单"，递送车站签收，在现车系统标记"不良货车"标识；发现系统显示车号与实际现车不一致时，通知行车部门处理，发现空车带有电子票据时，由车站按票车不符流程处理。

专用线装车的，车站通过集装箱系统或电商系统补充装车信息，生成货车装载清单，在货运站系统填记货车调到、调回时间，办理货车进出线交接。集装箱货车装载清单如表3-5所示。

集装箱货车装载清单　　表3-5

装车站：　　　　年　月　日

到站		车种车号			标记载重(t)		备注	
货票号	发站	到站	品名	重量(t)	托运人	箱号	施封号码	记事

计划员：　　　　装车货运员：　　　　装车工组：

2. 集装箱装载加固要求

未安装F-TR型锁的集装箱专用车或共用平车装运空箱时，必须使用4股以上8号镀锌铁丝网捆绑。其中,使用共用平车时,应将集装箱底部角件与车辆捆绑牢固;使用专用平车时,将相邻两箱底部角件捆绑在一起,仅装运一箱时,需将集装箱底部角件与车辆底架捆绑牢固。

使用铁路货车装运集装箱时,全车集装箱总重不得超过货车标记载重,且应符合货车装载技术条件要求,保证货车不出现超载、偏载、偏重等问题。集装箱不得与其他货物装入同一辆货车内。

集装箱宜使用集装箱专用平车或共用平车装运。使用敞车装运重箱时,应采取防止偏载的措施,运行速度应符合有关规定。折叠式台架箱、板架式汽车箱按其运输条件执行。

集装箱装车时,应核对箱号,检查箱体和施封情况。使用特种货物箱和专用箱时,还要检查外部配件。

装卸和搬运集装箱应使用集装箱装卸搬运机械,稳起轻放,防止集装箱和货车受到刷蹭、冲撞。

3. 装载技术要求

集装箱办理站装车时,应对票、箱、车进行核对检查,配载集装箱时,两个重箱的重量差不得大于5t,防止发生空、重箱错配装车,造成装车后途中发生偏重。

端部有门的20ft通用集装箱装车时,无论使用何种车辆,箱门均需朝向本车内相邻集装箱。20ft集装箱禁止每车一空一重或单箱重箱装载。

平车装运集装箱时,装卸人员与货运人员共同确认锁头是否安全入位,箱门处门挡是否立起。

敞车装运集装箱时,要确保集装箱装在车体中间,对两侧及两端空余距离是否一致进行测量确认,采取防移动措施,以免损坏车体和箱体。

X_{3K}型集装箱专用平车、X_{4K}型集装箱专用平车及X_{6K}型集装箱平车的装载技术要求,按照总公司相关装载技术条件执行。

集装箱办理站应严格把控装车作业 。一是确认集装箱内货物装载及加固状态是否良好,箱顶有无杂物;二是检查安全防护是否到位;三是检查所用车辆是否符合使用标准;四是检查集装箱配装是否符合要求;五是检查集装箱专用车和共用平车是否落锁、敞车装载时集装箱是否居中。

4. 装车后的处理

集装箱封套必须按规定填记,以区分通用箱、特种箱、专用箱、企业自备箱,在货运票据封套右上角加盖集装箱类型戳记,并填记箱号,在"货物品名"栏内按《铁路货车统计规则》规定填记"箱主、型号、重(空)、箱数",在"货物实际重量"栏内填记全车集装箱总重。

车站在集装箱系统对完成装车、制票后具备取送车条件的车辆(包括使用运单、货车装载清单、特殊货车及运送用具回送清单、货运记录等货运票据的车辆)进行"可取车"通知操作,现车系统自动获取票据信息。

在集装箱系统发出"可取车"通知后(专用线路企交接后),发现货与车不符时,不得作废运单、货车装载清单或回送清单,在确认货车在本站情况下,由车站按票车不符流程处理。

(七)核算制票与承运

货运人员在电子货运票据管理系统检索"已检斤验货"的集装箱电子运单需求联,调取相关信息，根据电子运单需求联中承运人记事内容录入相应的信息。

信息核对完整后，计算运输费用，生成带号码的货物运单，打印货物运单的发站存查联、托运人存查联、收款人报告联、到站存查联、领货凭证联（客户需纸质领货凭证时），作为运输合同正本和副本。发站存查联、托运人存查联、纸质领货凭证背面应有托、收货人须知及货物托运安全承诺书（危险货物和按普通货物办理的危险货物应使用危险货物背书）。剧毒品（铁路危险货物品名表“特殊规定”栏第67条特殊规定的）运输使用黄色纸张打印运单。电子运单状态变为“已制票”。

计费承运前，如发现运单承运人填记信息不准确、不完整，应在集装箱系统进行取消操作，重新进行装车作业。

“已制票”的运单，如发现计费错误等，不得修改，只能作废并重新计费后打印。

作废的运单，应对所有打印的联次加盖作废章，未打印的运单作废后，应选择有作废标识的运单，打印发站存查联和收款人报告联。

在打印出的运单各联上应加盖车站日期戳记。到站存查联和领货凭证上不加盖骑缝戳记。托运人在发站存查联正反面（背面在安全承诺书处）签章。发站留存发站存查联，托运人存查联和领货凭证交托运人，收款人报告联上报铁路局，到站存查联随车传递至到站。

集装箱运输的货物，由发站接收完毕，发站在货物运单上加盖车站日期戳时起负责运输托运人要求托运的货物，即为承运。托运人应在发站承运货物当日支付货物运输费用。对18:00以后承运的货物，车站应在货票承运日期戳记下注明“翌”字，其运输费用，可以由托运人在次日支付。

托运人凭运单托运人存查联开具增值税发票，车站在税控系统中核对票据信息后，开具增值税发票，并在运单托运人存查联上加盖“已开具发票”戳记。托运人签字确认后，将增值税发票、运单托运人存查联退还托运人。运单与增值税发票的稽核工作可通过货票系统稽核功能给予实施。

二、始发及途中作业

1. 取送车作业

现车系统接到集装箱系统推送的“可取车”信息后，车站组织取车作业。

2. 途中集装箱交接检查

途中集装箱交接检查重点为集装箱及其装载集装箱的货车。对有源电子防盗锁，沿途车站可通过系统监控电子防盗锁状态，状态正常的无须进行人工交接检查。列车在发站出发后，监控人员收到报警信息后，应及时将破锁时间、地点、车号、品名、锁号等信息电报通知列车运行前方下一货检站处理。

集装箱运输途中检查常见问题及处理

三、到达作业

到达作业流程如图3-6所示。

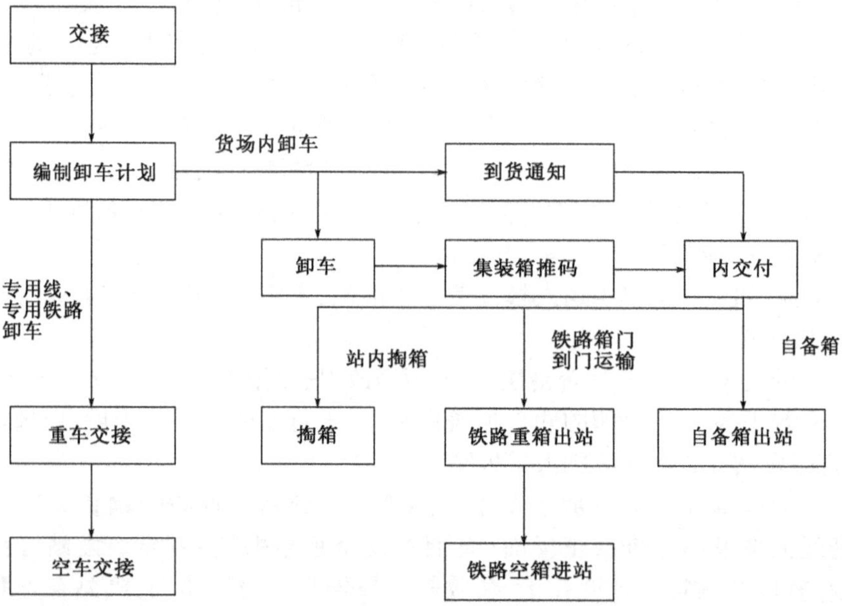

图 3-6　到达作业流程图

(一)卸车

卸车前,若发现系统显示的车号与实际现车不一致,通知行车部门处理;若发现系统显示重车实际为空车的不得卸车,由车站按票车不符流程处理;若发现现车系统推送的票据号码同票据库货车绑定票据不一致,通知行车及相关部门处理;若发现系统显示集装箱箱号同实际箱号不符,联系发站处理。

货运场站卸车时在集装箱系统调取票据信息,核实后组织卸车。卸车完毕运单状态变为“已卸车”。专用线卸车时由车站通过集装箱系统或电商系统录入卸车信息,在货运站系统确认卸车开始、结束时间,填记货车调到、调回时间,办理货车进出线交接。

卸车注意事项有以下几项。

(1)集装箱卸车时,应核对箱号,检查箱体和施封情况。对于使用特种货物箱和专用箱的,还要检查外部配件。

(2)卸车完毕,货运员应在票据上记明箱位,登记“集装箱到发登记簿”(见表3-6),向内勤货运员办理票据的交接,向货运调度员报告卸车结束时间。

集装箱到发登记簿　　表 3-6

箱号	到达									发出								停时计算									记事
	卸车日期	车种车号	发站	货票号	收货人	货位号	卸车货运员	交付日期	交付货运员	承运日期	到站	货票号	施封号码	托运人	装车日期	车种车号	装车货运员	卸车		转出		转入		装车		停留时间	
																		日期	时间	日期	时间	日期	时间	日期	时间		

(3)到站卸车时,车站应在集装箱系统调取回送清单进行卸车操作,并打印一份留存。发现集装箱施封锁丢失、封印内容不符、施封失效时,应立即清点箱内货物并编制货运记录;卸车作业时,发现铁路箱箱体破损,装卸人员需立即通知货运员。货运员按照箱体损坏程度如实编制“铁路箱破损记录”(见表3-7),作为扣修和责任划分的凭证和赔偿依据。车站在集装箱系统对卸车完毕的车辆,进行“可取车”通知,现车系统自动获取票车解绑信息。

铁路箱破损记录　　表3-7

NO.00001

箱型________　箱号________

1. 发站________　发局________　托运人________
2. 到站________　到局________　收货人________
3. 货票号________　____年____月____日承运
4. 车种车号________
5. 发现集装箱损坏地点________
6. 将损坏部位按下面符号所示内容填在视图上。

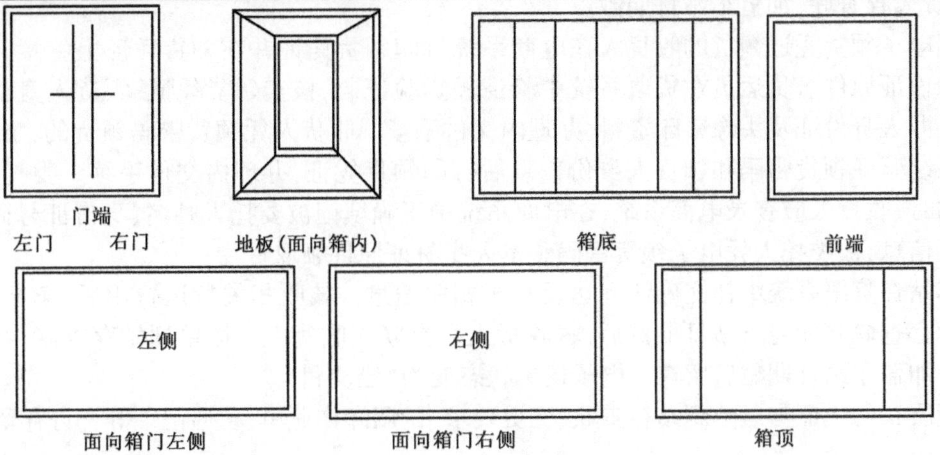

状态代号:割伤[C]. 擦伤[B]. 破洞[H]. 凹损[D]. 破损[BR]. 部件缺失[M]. 污箱[DR].

7. 损坏原因和程度________
8. 责任者(签章)________
9. 装卸或货运主任(签章)________
10. 填写单位:________(章)　填写人:________
11. ____年____月____日

说明:1. 本记录一式三份,一份由编制记录站存查,一份交责任人,一份随箱运送。
2. 本记录留存1年。

(二)内交付

车站应向运单记载的收货人交付集装箱。对于在铁路专用线、专用铁路装卸车的集装箱交接办法,由车站与铁路专用线、专用铁路的使用单位商定。专用线可凭企业出具的委托领货手续,办理交付。

收货人线上设置领货委托的,车站对照电子领货委托书核实领货人姓名、身份证号码、运单号码等委托信息,采集领货人员身份证及头像影像资料,办理内交付手续。

到达的集装箱,应于承运人发出领货通知的次日起算,2日内领取集装箱货物,并于领取货物的当日内按规定核收仓储费。

车站应向运单记载的(托)收货人交付集装箱。对于在铁路专用线、专用铁路装卸车的集装箱交接办法,由车站与铁路专用线、专用铁路的使用单位商定。

收货人在接收集装箱时,应按运单核对箱号,检查施封状态、封印内容和箱体外状。发现集装箱不符或有异状时,应在接收当时向车站提出,车站按规定及时处理。

收货人凭纸质领货凭证领货时,收货人为个人时,还需提供收货人身份证;收货人为单位时,还需提供委托书和经办人身份证。车站在货票系统中调取运单信息,核实领货凭证、领货人身份等,采集收货人(经办人)身份证及头像影印资料、办理内交付手续。委托他人领取货物时应同时核实领货凭证、收货人身份证复印件、被委托人身份证原件和委托书。纸质领货凭证无法提供或丢失时,可凭有经济担保能力的企业出具的担保书办理内交付手续。

专用线可凭企业出具的委托领货手续,办理交付。

车站在货票系统中补充确认到达及卸车相关信息,核收相关费用后,打印运单到站存查联、收货人存查联,加盖车站日期戳。

用电子领货凭证领货的收货人在电商系统打印领货凭证并在领货凭证上签章,并同时出示身份证原件。货运员在货票系统中验证领货验证码,核实领货凭证、领货人身份信息,采集经办人身份证及头像影印资料,办理内交付手续。收货人凭领货密码领货的,货运员在货票系统验证领货密码和领货人身份信息后打印领货凭证,办理内交付手续。委托他人领取货物时,收货人应登录电商系统,在电商系统中正确填记被委托人姓名、身份证号码、手机号码等信息,被委托人凭电子领货密码和本人身份证原件领取货物。

车站在货票系统中补充确认到达及卸车相关信息。核收相关货运费用后,车站打印运单到货存查联并加盖车站日期戳后,将收货人存查联交收货人。运单到站存查联由收货人签章并加盖车站日期戳后留存。电子运单状态变为"已交付"。

纸质领货凭证与运单到站存查联、变更要求书、调卸作业单、普通记录等合订存留。

(三)外交付

货运场站卸车时,车站在集装箱系统对"已内交付"的运单进行外交付操作,凭加盖车站日期戳的运单收货人存查联点交货物。收货人凭加盖车站日期戳的运单收货人存查联领取集装箱货物。收货人在接收集装箱时,应按运单核对箱号,检查施封状态、封印内容和箱体外状。发现集装箱不符或有异状时,应在接收当时向车站提出。

货物交接完毕,外勤货运人员加盖"货物交讫"戳记。分批领取货物时,应在运单收货人存查联上逐批记载领取货物的品名、件数、重量、时间等信息,交接完毕后,加盖"货物交讫"戳记。

(四)铁路箱出站

铁路箱出站时,货运人员在箱管系统中打印铁路箱出站单,收货人凭铁路箱出站单出站。收货人可自行掏箱,也可委托承运人掏箱。铁路箱在站内掏箱的货物或自备箱,凭运单收货人存查联出站。

(五)空箱进站

铁路箱掏空后,应清扫干净,将箱门关闭严密,撤除无关标记,有污染的须洗刷除污。

车站应对交回的空箱进行检查，发现未清扫或未洗刷的集装箱，应在清扫或洗刷干净后接收。

托运人将集装箱送回车站时，车站应检查箱体状况，收妥集装箱并结清费用后，在乙联上加盖车站日期戳记和经办人章，将收据交给还箱人。

(六)送达集装箱

客户在发站提出站到门需求，货物到站后，接取送达系统接收货票系统、电商系统推送的物流需求信息，铁路局、物流企业与到站货运人员办理货物交接，组织配送。

交接货物时，收货人凭纸质凭证领货的，配送人员携带杂费收据、运单到站存查联和收货人存查联，核实收货人身份，收回领货凭证；收货人凭电子领货凭证领货的，配送人员携带杂费收据、运单到站存查联和收货人存查联，通过手持设备验证领货密码，核实收货人身份。收货人在运单到站存查联上签章后，配送人员将收货人存查联和杂费收据交给收货人，将到站存查联连同费用交给货运人员。配送人员与收货人办理货物交接，完成后使用手机APP将货物运输状态变更为“已送达”。

客户在到站提出站到门需求，货运人员办理交付手续，在货票系统核收相关费用，物流企业与到站货运人员办理货物交接，组织配送，与收货人办理货物交接，完成后使用“手机APP”将货物运输状态变更为“已送达”。

(七)铁路箱回送

铁路箱凭特殊货车及运送用具回送清单回送。凭回送清单回送时，车站应根据调度命令分别在货运站、集装箱装箱系统填制回送清单，回送清单填制后，发站打印一份留存。

到站卸车时，车站应分别在货运站、集装箱系统调取回送清单进行卸车作业，发站打印一份留存。

【例3-1】 某站使用集装箱装货，吊具良好。如图3-7所示，请指违章之处并提出整改措施。

图3-7 集装箱吊装

【分析】 主要问题：箱内货物装载不均衡，产生箱内货物偏重。违反了《铁路集装箱运输规则》“装箱时应码放稳固，装载均衡，不超载、不集重、不偏重、不偏载、不撞砸箱体，采取防止货物移动、滚动或开门时倒塌的措施，保证箱内货物和集装箱运输安全”的规定。

整改措施:将集装箱卸下,整理均衡后方可发送。

【例 3-2】 某站使用 NX_{17} 型平车装运 2 个 20ft 重集装箱,如图 3-8 所示,存在什么问题?

图 3-8 例 3-2

【分析】 (1)端板放下未捆绑。违反《铁路货物装载加固规规》"使用有端、侧板的平车装载长度或宽度超出车地板的货物,可将端、侧板放下,同时用镀锌铁线与车体捆绑牢固或用锁铁卡紧。"的规定。

(2)所装的 20ft 集装箱箱门朝向了车端。违反《铁路集装箱运输规则》"端部有门的 20ft 集装箱使用平车装运时,箱门应朝向相邻集装箱"的规定。

【例 3-3】 某日,A 站承运到 B 站 20ft 集装箱一组,品名:大米,箱号:TBJU5183467、TBJU5113203,票据记载 840 件,货重 42t,保价 10 万元。6 月 21 日装车,途中在 C 站积压 11 天,该批货物运到期限为 18 天,于 7 月 20 日到达 B 站,站车交接检查未发现异常,箱体及封印完好。交付时货运员发现 324 件大米发生霉变,货物损失 3.85 万元,收货人拒领。

请依据给定条件分析(其他条件自行设定):

(1)承运人是否有责任?说明依据。

(2)B 站该如何处理?

【例 3-4】 某日,甲局集团公司 A 站装运的 40ft 集装箱运行至 B 站,车站人员发现集装箱底部有液体渗漏,影响本列。经调查,集装箱内装载货物为邻苯二甲酸二辛酯(非危险货物),使用圆铁桶包装(单件重量 180kg),共装载两层,上层货物使用钢丝绳十字交叉加固防止货物位移,因钢丝绳松动未起到固定作用,运输途中货物发生位移倾倒,桶壁与下层铁桶桶沿摩擦导致桶壁开裂,造成液体货物渗漏。

【例 3-5】 某年 10 月 14 日,甲局集团公司 A 站装运的通二空 2,运行至乙局集团公司 B 站超偏载检测报警,严重偏重 16.1t。经调查,该集装箱 10 月 9 日到达 A 站,箱内装载碳块,当日重箱拉出货场后,箱内货物未掏出。10 月 11 日返回货场,货运人员未检查,臆测返场集装箱已掏空,盲目操作集装箱管理信息系统。10 月 12 日该箱作为回空箱装车。装车前货运人员未检查该箱空重状态,也未对该箱打印磅单,而且该批回空箱 53 箱,实际只打印了 43 箱磅单,货运人员未检查磅单是否齐全,没有发现该车装车磅单缺失的情况,装卸人员未起到互控作用,未核对正面吊电子磅单重量与装卸派班单中集装箱空重信息是否一致,将重箱当作空箱装入货车. 造成集装箱空重混装。

单元3 危险货物集装箱运输

知识目标

掌握危险货物集装箱(简称“危货箱”)运输基本条件、可办理的危货箱品类、托运受理事项。

能力目标

了解危险货物集装箱运输组织。

知识学习

危险货物集装箱运输是货运工作的一项重大改革,是危险货物运输的发展方向。用集装箱运输危险货物,能减少作业环节、改善工作条件、加快货物的接取送达、提高工作效率,避免了人工直接搬运危险货物所带来的不安全因素,有利于提高危险货物运输的整体管理水平。

一、运输基本条件

铁路危险货物集装箱(以下简称“危货箱”)运输除应执行铁路集装箱及其装卸场所、设施的一般规定外,还应符合《铁路危险货物运输管理规则》的相关要求。

二、危货箱仅办理《铁路危险货物品名表》中下列品类:

1. 铁路通用箱
(1)二级易燃固体(41501-41559)。
(2)二级氧化性物质(51501A-51530)。
(3)二级酸性腐蚀性物质(81501-81535,8161A-81647)。
(4)二级碱性腐蚀性物质(82501-82524)。
(5)二级其他腐蚀性物质(83501-83514)。
2. 自备危货箱
(1)铁路通用箱中所列品名。
(2)二级有毒物质(有毒品61501-61940)。
(3)危货箱装运上述(1)、(2)以外的危险货物以及使用罐式集装箱装运危险货物时,由所属铁路局组织研究提出安全运输条件建议(罐式集装箱还应提出框架静强度及冲击试验合格报告),报铁路总公司。铁路总公司组织专家进行技术审查,通过技术审查后公布安全运输条件。

三、危货箱编号

危货箱在投入使用前,铁路局应在《铁路危险货物集装箱编号登记表》对危货箱进行登记并编号,编号如“哈TWX0001”“京TWX0001”“上TWX0001”。

四、托运受理

(1)危货箱同一车限装同一品名、同一铁路危货箱编号的危险货物,包装应与《铁路危险货物运输管理规则》要求一致。装箱时应采取安全防护措施,防止货物在运输中倒塌、窜动和撒漏。

(2)托运人托运危货箱时,应在货物运单"托运人记载事项"栏内填写箱内所装危险货物信息化品名和铁路危货箱编号。

(3)运输时只允许办理一站直达并符合办理限制要求。

(4)车站办理危货箱时,应对货物品名、包装、标志、标记等进行核查,禁止匿报、谎报危险货物或在危货箱中夹带违禁物品。

(5)托运人应根据危险货物类别在箱体上拴挂相应包装标志。拴挂位置:箱门把手处(罐式集装箱拴挂在装卸料设施适当位置)各1枚,箱角吊装孔各1枚,共计6枚,需拴挂牢固,防止脱落。标志采用塑料双面彩色印刷,规格为:100mm × 100mm。

五、保管

危货箱的堆码存放应符合《铁路危险货物配放表》的有关规定。

六、装卸作业

危货箱装卸作业前,货运员应向装卸工组说明货物性质及作业安全事项,作业时应做到轻起轻放,不得冲撞、拖拉、刮碰货物。

严禁在站内办理危货箱的装箱、掏箱作业。

七、到达作业

收货人应负责危货箱的洗刷除污,并负责撤除集装箱上拴挂的危险货物标志。到站无洗刷能力时,可委托铁路部门洗刷危货箱,费用由收货人承担。洗刷除污相关要求比照《铁路危险货物运输管理规则》(以下简称《危规》)中的有关条款办理。

八、罐式箱运输

办理罐式箱运输时,托运人、收货人、发到站、专用线、货物品名等信息应与办理限制相符。罐式集装箱仅限使用集装箱专用平车(含两用平车)运输。

单元4　双层集装箱运输

知识目标

掌握双层集装箱运输基本条件、装载方案、装卸事项。

能力目标

能实际完成双层集装箱运输装载加固工作。

知识学习

一、铁路双层集装箱运输基本条件

(1)双层集装箱运输铁路建筑限界需符合《铁路技术管理规程》规定。新建电气化铁路接触网导线的最低高度为6330mm,既有线改造时,困难地段接触网导线最低高度达不到6330mm的,需经铁道部批准。

(2)双层集装箱运输,使用国际标准20ft、40ft集装箱及宽度、高度、结构、载重和强度等符合国际标准的48ft集装箱。20ft集装箱高度不超过2591mm,40ft集装箱高度不超过2896mm。

(3)双层集装箱运输仅限使用X_{2K}和X_{2H}型专用平车班列运输,列车运行速度不得超过120km/h。

(4)每车集装箱和货物总重不得超过78t,重车重心高不得超过2400mm,集装箱和货物总重心纵、横向偏离程度不得超过《铁路货物装载加固规则》的规定。

(5)装车后不得超过《铁路技术管理规程》规定的双层集装箱装载限界。

(6)双层集装箱专用车车辆限界符合《标准轨距铁路机车车辆限界》(GB 146.1—83),装车后距轨面最大装载高度不得超过5850mm,高5850~1590mm处半宽各1300mm(1590mm以下为车辆部分)。

二、双层集装箱的装卸

(1)装车站应具备20ft、40ft、48ft集装箱的计量称重条件,并对每箱计量称重。

(2)双层集装箱运输限使用集装箱正面吊运机或有防摇装置的门式起重机等集装箱专用机械进行装卸作业,以防止损坏车辆、箱体和锁具。

(3)车站要指定专业技术人员根据箱型和重量等确定装车方案,并严格按其方案装车,保证不超载、不偏载、不偏重。计量称重、方案制订、装车和加固等要建立签认制度,责任落实到人。

(4)箱内货物要码放稳固、装载均匀。装箱后箱门应关闭良好,锁杆入位并旋紧。箱门关闭不良的集装箱不得进行双层集装箱运输。

(5)装车方案制订原则

①双层运输时,下层限装2个高度相同的20ft箱,上层限装1个40ft箱或48ft箱。上层箱的总重不得超过下层箱总重。

②单层运输时,可装2个20ft箱或1个40ft箱。

③2个20ft箱的重量差不得超过10t。

④重箱在下,轻箱在上。上层箱的总重不得超过下层箱总重。

⑤上下两层集装箱使用专用锁具连接。装卸部门装车前认真检查锁具质量;装车后需将锁具置于锁闭状态,并保证运输途中锁具不会自动开启;锁具有固定式旋杆时,要用8号或10号镀锌铁丝将锁具与集装箱角件捆绑牢固;到站卸车时,要将每车的4个锁具全部开

启后方可卸车。

⑥装车后，装车站要认真检查集装箱在车内的装载状态和锁具定位情况，并做好记录。

三、双层集装箱运输管理

(1)双层集装箱班列在公布的发到站间按指定径路运输。

(2)双层集装箱班列不按超限办理，每次开行前不另发超限电报。

(3)双层集装箱专用平车不得经驼峰解编，不得溜放。

四、双层集装箱运输安全管理

(1)铁路局要指定专人随时掌握接触网导高变化情况，确保运输安全。

(2)双层集装箱运输途中交接检查按《铁路货物运输管理规则》办理。发现箱门开启、上下层箱错位等危及行车安全的情况时，要立即甩车处理。

(3)双层集装箱专用锁具由集装箱公司提供。

单元5　集装箱运输信息统计

知识目标

掌握集装箱平均停时、集装箱保有量的计算。

能力目标

能对集装箱承运、装卸车等信息进行统计。

知识学习

一、20ft 35t 铁路敞顶集装箱概述

1. 20ft 35t 敞顶集装箱的定义

20ft 35t 敞顶集装箱是指宽度为2550mm、总重为35t，采用加宽角件，符合国铁集团技术标准《系列2 集装箱 20ft 35t 敞顶集装箱》(Q/CR625—2017)的集装箱。

35t敞顶集装箱是国铁集团为进一步推进铁路供给侧改革、深化现代物流建设、探索集装箱货物新品类，推出的新型集装箱。此集装箱既可装运散堆装货物，又可装运成件包装货物，是一种新型、方便、快捷、环保的集装化现代运载工具。

2. 20ft 35t 敞顶集装箱的分类

20ft 35t 敞顶集装箱按箱主分为国铁箱、局属箱和自备箱。国铁箱是指总公司组织购置、向托运人提供的敞顶箱。局属箱是指铁路局集团公司购置、向托运人提供的敞顶箱。国铁箱、局属箱按铁路箱管理。自备箱是指托运人购置的敞顶箱。

二、集装箱运输信息管理

集装箱运输使用统一的票据、报表和电子单证，实现作业信息的实时采集与综合利用，逐步实现与港口、口岸、客户等的电子数据交换和信息共享。

铁路集装箱运输管理信息系统对集装箱实行精确的号码制管理，动态跟踪每个集装箱的位置和状态，实现各作业环节信息共享和作业流程贯通。

车站应于作业完成后1h内，将装卸车、进出站、交付、出入境、下水、修理、报废、备用、新箱投入等信息录入铁路集装箱运输管理信息系统。

铁路局应加强监督检查，保证集装箱运输信息采集和上报完整、准确、及时，做好大点箱日常清查核实工作，保证集装箱资产安全。

车站应每日18:00做出“集装箱运用报告”，逐级上报集装箱调度。铁路集装箱运输管理信息系统可自动生成“集装箱运用报告”（见表3-8）。

____年____月____日集装箱运用报告　　表3-8

箱别	昨日结存数	到达						发出					报废箱剔除	现在数合计	运用箱				非运用箱			
		重箱	空箱					重箱	空箱						合计	待发重箱	待交重箱	空箱	合计	修理箱	待报废箱	备用箱
			合计	外局	本局	新箱投入	修理箱		合计	外局	本局	修理箱										
	1	2	3	4	5	6	7	8	9	10	11	12	13	14	15	16	17	18	19	20	21	22

去向																													
哈局			沈局			京局			太局			呼局			郑局			武局			西局			济局			上局		
重箱	空箱		重箱	空箱		重箱	空箱		重箱	空箱		重箱	空箱		空箱	空箱		重箱	空箱		重箱	空箱		重箱	空箱		重箱	空箱	
	空	修		空	修		空	修		空	修		空	修		空	修		空	修		空	修		空	修		空	修
23			24			25			26			27			28			29			30			31			32		

去向																								铁路箱出入境						
南局			广局			宁局			成局			昆局			兰局			乌局			青局			入境			出境			境外箱合计
重箱	空箱		重箱	空箱		重箱	空箱		重箱	空箱		重箱	空箱		重箱	空箱		重箱	空箱		重箱	空箱		小计	重箱	空箱	小计	重箱	空箱	
	空	修		空	修		空	修		空	修		空	修		空	修		空	修		空	修							
33			34			35			36			37			38			39			40			41			42			43

总停时	平均停时	交付箱				发送箱				发送吨	中转箱				备注
		合计	铁路箱	自备箱		合计	铁路箱	自备箱			昨日结存数	到达	发出	现在数	
				重箱	空箱			重箱	空箱						
44	45	46	47	48	49	50	51	52	53	54	55	56	57	58	59

集装箱运用报告填制说明：

(1)集装箱运用报告的数据应取自现场的作业单和台账。在使用计算机管理时,应由计算机自动生成成本报告。

(2)本报告中箱别栏按通用箱、特种货物箱和专用箱分别统计,通用箱分为:1t 箱、10t 箱、20ft 通用箱、40ft 通用箱、48ft 通用箱。特种货物箱和专用箱分为:20ft 干散货箱、20ft 折叠式台架箱、20ft 罐式箱、汽车箱等。

(3)1 ~45 项只统计在车站到发的铁路箱,不统计中转和自备箱。46 ~58 项中包括铁路箱和自备箱。

(4)铁路箱卸车作业完毕,重箱计入到达重箱栏“2”,外局到达空箱数计入到达项空箱外局栏“4”,本局到达空箱数计入到达项空箱本局栏“5”;装车作业完毕,重箱数计入发出项重箱栏“8”,发往外局空箱数计入发出项空箱外局栏“10”,发往本局空箱数计入发出项空箱本局栏“11”。车站间以非铁路运输方式调动的铁路箱数,按重、空箱分别计入发出或到达项对应栏。

(5)按调度命令回送的修理箱数计入到达空箱修理箱栏“7”,发出的修理箱计入发出项空箱修理箱栏“12”;按调度命令投入运用的新箱数,接收站计入到达空箱新箱投入栏“6”。

(6)已下达调度命令的报废箱计入报废箱剔除栏“13”。

(7)现在数合计“14”为当日 18:00 在车站货场、铁路专用线、专用铁路、箱修点、出站尚未返回车站的运用箱数和非运用箱数,但不包括在车站进行中转作业的铁路箱。

(8)运用箱待发重箱“16”指已承运尚未发出的重箱,待交重箱“17”指到达后尚未交付的重箱,空箱“18”指实际处于空态的、正在装货尚未装完的、出站尚未返回车站的铁路箱。

(9)按规定扣修的铁路箱数计入非运用箱项修理箱栏“20”,其中包括在站待送修的铁路箱和车站已送入箱点的铁路箱。

(10)符合报废标准但尚未下达报废命令的铁路箱数计入非运用箱项待报废箱栏“21”。

(11)按调度命令备用的铁路箱数计入运用箱项备用箱栏“22”。

(12)发出集装箱的去向按局别分别在 23 ~40 栏中表示,重箱数计入到达局的重箱栏,空箱数计入到达局的空箱空栏,修理箱数计入到达局的空箱项修栏。

(13)出入境的铁路箱由口岸站统计,入境重箱数计入铁路箱出入境项入境“41”重箱栏,入境空箱数计入铁路箱出入境项入境“41”空箱栏,出境重箱数计入铁路箱出入境项出境“42”重箱栏,出境空箱数计入铁路箱出入境项出境“42”空箱栏。

(14)当日发出集装箱的全部停留时间计入总停时栏“44”。

(15)平均停时(“45”)按下式计算:

$$\text{平均停时(日)}=\frac{\text{总停时(小时)}}{\text{(发出铁路重箱}+\text{发出铁路运用空箱数)}\times 24\text{(小时)}}$$

即:45 项 =44 项 ÷[(8 项 +10 项 +11 项) ×24]

结果保留 1 位小数(小数点后第 2 位四舍五入,下同)。

(16)交付完毕的铁路箱计入交付箱项铁路箱栏“47”。自备箱交付完毕重箱数计入交付箱项自备箱重箱栏“48”,空箱数计入交付箱项自备箱空箱栏“49”。

(17)承运完毕的集装箱数计入发送箱项合计栏“50”。其中铁路重箱发送箱数计入发送箱项铁路箱栏“51”,自备箱重箱发送数计入发送箱项自备重箱栏“52”,自备箱空箱发送数计入发送箱项自备箱空箱栏“53”。

(18)发送箱对应的合计货物发送吨数计入发送吨栏“54”。

(19)各项关系如下:

14项=1项+2项+3项-8项-9项-13项;

3项=4项+5项+6项+7项;

9项=10项+11项+12项;

14项=15项+19项;

15项=16项+17项+18项;

19项=20项+21项+22项;

8项=23~40项之和;

10项=23~40项空箱项空栏数之和-本局发出空箱项空栏数;

11项=本局发出空箱数;

12项=23~40项空箱项修栏数之和;

16项=昨16项+52项-8项;

17项=昨17项+2项-47项;

18项=昨18项+47项-51项+4项+5项+6项-10项-11项+昨19项-19项;

43项=昨43项+42项-41项;

41项=41项重、空箱之和;

42项=42项重、空箱之和;

46项=47项+48项+49项;

50项=51项+52项+53项;

58项=55项+56项-57项;

55项=昨58项。

三、集装箱运输的主要指标

(一)数量指标

集装箱运输数量指标包括:集装箱发送箱(TEU)、到达箱(TEU)、集装箱发送吨、到达吨、集装箱运输收入。

(二)质量指标

集装箱运输质量指标包括:集装箱在站平均停留时间、集装箱保有量、集装箱周转时间。

1.集装箱在站平均停留时间(日)

集装箱停留时间,指自到达时起至发出时止,集装箱在车站的全部停留时间,但不包括其中转入非运用的停留时间。其计算公式为:

$$平均停时(日)=\frac{总停时}{(发出重箱数+发出运用空箱数)\times 24(小时)}$$

【例3-6】 吴家山站20ft铁路箱总停时为56432小时,发送铁路箱1465个、自备箱80个,排空铁路箱40个,回空自备箱35个。计算其平均停时(日)。

$$平均停时=\frac{56432}{(1465+40)\times 24}=1.56(日)$$

2. 集装箱保有量(TEU)

集装箱保有量是集装箱运输组织中的一项重要指标,它反映出集装箱是否处于正常运输状态,各铁路局保有一定数量的集装箱是完成集装箱运输任务的前提,由铁路总公司确定各铁路局的铁路集装箱保有量。集装箱保有量单位为TEU。

集装箱保有量根据现有集装箱数量、在站平均停时、运量等,按下式确认:

$$铁路箱保有量=铁路箱日均发送箱数\times 平均停时$$

【例3-7】 吴家山站3月发送20ft铁路箱重箱1242个,自备箱42个,排空20ft铁路箱263个,平均停时为1.56(日),计算集装箱保有量(TEU)。

$$集装箱保有量=\frac{1242+263}{31}\times 1.56=76\ (\mathrm{TEU})$$

【例3-8】 某日,甲局集团公司A站接轨专用铁路装运的特二空2,因专用铁路正面吊司机忘却其中一个重敞顶箱,重箱空排,且该车经B站时,视频监控人员未检查发现,造成车辆严重偏重。

3. 集装箱周转时间(日)

集装箱周转时间是指集装箱从第一次装箱完了时起,至下一次装箱完了时止,所平均消耗的时间。它是衡量集装箱利用效率的指标,集装箱周转时间越短,表示集装箱周转越快、运用效率越高。

四、铁路集装箱管理

(1)根据装载货物性质和物流市场需求,发展通用箱、特种货物箱、专用箱,以及满足铁路、公路等运输需求的内陆箱,形成完善的集装箱装备系列。

(2)购置铁路箱,须经铁路总公司批准后方可实施。铁路箱的号码由铁路总公司统一公布。

(3)集装箱公司对铁路箱的新造质量和维修质量负责,对铁路箱实行定期检验或实施连续检验计划。铁路局对集装箱的运用质量负责,承担箱体质量检查和损坏箱扣修的责任。

(4)车站凭铁路总公司集装箱调度命令接收新造铁路箱,逐箱核对后,在“铁路箱投入交接单”上签认。

(5)集装箱公司应保证维修资金投入,及时维修损坏箱,加快维修作业,压缩修理时间。铁路箱平均修理时间不得超过3日。

(6)对报废的铁路箱,集装箱公司涂掉标记、摘除铭牌后,将箱型、箱号报铁路总公司集装箱调度,铁路总公司集装箱调度下达调度命令剔除。

(7)铁路箱修理点由集装箱公司与铁路局协商一致后,报铁路总公司公布。箱修点必须具备铁路箱报废功能。

(8)铁路箱扣修由车站负责,通用箱执行铁道行业标准,特种货物箱、专用箱按其运输条件执行。

(9)铁路箱需修理时,由车站填写“铁路箱修理通知书”送修,需要回送其他车站修理时,凭集装箱调度命令,在"特殊货车及运送用具回送清单"内填记"修理箱"字样,到站填写"铁路箱修理通知书"送修。

(10)车站使用"铁路箱报废交接单",与箱修点办理待报废箱交接。

(11)为及时维修损坏箱、减少回空,集装箱公司和铁路局可共同制定操作规定,在未设铁路箱修理点的车站开展上站修。

(12)铁路箱发生损坏、丢失时,车站编制"铁路箱破损记录"作为责任划分和赔偿依据,责任者在"铁路箱破损记录"上签认并负责赔偿。丢失或因损坏报废时,按市场重置价格赔偿。损坏时,按实际发生费用(包括修理费、修理回送费、延期使用费及吊装搬运费等)赔偿。

(13)铁路箱损坏责任按下列原则划分。

①卸车之前发生损坏时,除能判明责任者外,责任列车站装卸单位。

②装卸车作业发生损坏,责任列装卸单位。

③站内外存放的铁路箱发生损坏,除能判明责任者外,责任列存放单位。

④进站的铁路箱在站外发生损坏,责任列托运人、收货人或送箱人。

拓展知识

拼箱运输

1. 拼箱运输的含义

拼箱运输,是指将原通过铁路或其他运输方式发运的货物,按照同一到站,组织拼装20ft或40ft通用集装箱,实行"门到门""站到站""门到站""站到门"的铁路集装箱运输。

开展范围:拼箱运输中铁路段运输在铁路总公司公布的全路20ft和40ft通用集装箱办理站及专用线间办理发到业务。

2. 拼箱运输的条件

(1)拼箱运输的货物必须是适箱货物,货物的性质、重量、外形尺寸应适合集装箱装运。

(2)下列货物不能办理拼箱运输:

①违反国家法律、行政法规、运输限制的货物。

②易于污染、腐蚀其他货物及集装箱箱体的货物,如水泥、炭黑、化肥、盐、油脂、生毛皮、牲骨、没有衬垫的油漆等。

③易于损坏箱体的货物,如生铁块、废钢铁、无包装的金属铸件和金属块等。

④鲜活货物(经确定,在一定季节和一定区域内不易腐烂的货物除外)。

⑤危险货物(另有规定除外)。

⑥铁路总公司规定不得使用通用集装箱的其他货物。

3. 拼箱运输作业流程

(1)受理承运

①受理货物运单。

审查托运单填记内容，确认托运的货物是否符合运输条件。检查货物品名填记是否明确具体，托运的货物是否属于危险货物，有无一批办理及政令限制；需凭证明运输的货物，证明文件是否符合规定，是否在货物运单内注明；根据货物去向检查到站的营业办理限制、查看有无停装命令。

检查托运单各栏填写是否齐全、正确、清楚。托运人、收货人名称、地址、联系电话等内容填记是否详细、具体、清晰，更改处是否盖章；有无托运人签章。

②检查货物。

检查货物品名、件数、包装、重量、体积是否与托运单记载一致；货签标记是否齐全、正确，填记内容是否与托运单相符，拴挂、粘贴是否牢固。

③检查入库。

指导装卸工组将接收的货物按照到站送入指定货位，按规定码放。

④核算、收款、承运。

落实付款方式，根据费率和货物的计费重量、作业项目计算并核收运输费用，加盖承运日期戳和经办人章。

(2)拼箱装箱

①检查货物重量、体积是否与托运单记载一致，对照存查运单，清点件数，及时提报装箱计划，组织装箱。

②检查集装箱箱体，确认集装箱技术状态完好，箱内清洁无杂物，符合货物装载要求。

③向装卸工组介绍待装货物的货位、数量、去向、装载方法及装载时间要求，介绍重点货物，提出安全注意事项。

④指导装卸工组装箱，逐批抽查标记、货签、货物装载是否符合货物堆码标准，在箱内分批码放货物，货件大小轻重分布合理，掌握作业进度。

⑤检查箱内装载状态，保证货物分批码放，符合堆码标准，无倒塌、损坏、污染、脱落、偏载、漏装。

⑥填写装箱清单，绘制拼箱货物配装示意图。

⑦填写拼箱票据封套，整理、复核托运单、装箱清单和拼箱货物配装示意图，并将随货同行票据按箱装入票据封套内，加盖有关戳记，将票据封套粘贴于右侧箱门内侧上方；检查箱门施封是否良好、符合规定。

⑧登记票据交接簿。做好存查票据交接传递。

(3)进站装车

进站装车作业按照《铁路集装箱运输作业标准》执行。填制铁路运单，在发站办理托运手续、结算铁路运输费用，并将领货凭证寄交到站代理人。

(4)到站卸车

到站卸车作业按照《铁路集装箱运输作业标准》执行。在到站办理交付手续、进行重箱交接(检查箱体及施封是否完好)，发现问题及时向车站索要货运记录。

(5)掏箱入库

①检查货位情况。

②根据票据记载核对、确认箱号，破封开箱，取出票据封套，清点票据。

③向装卸工组介绍所卸货物的数量、指定货位及卸货时间要求，介绍重点货物，提出安全注意事项。

④指导装卸工组掏箱，纠正违章作业。掌握作业进度，逐批检查、清点、核对，在票据上注明货位号码。

⑤按规定会同有关人员监装货物，共同检查。

⑥整理清点破损货物，按规定做好登记处理。

⑦检查箱内有无残留货物；检查箱内是否清扫干净。

⑧整理票据，清点货物，做好交接签认。

(6)货物交付

①根据托运单记载的收货人联系方式及托运人选择的运输服务方式，联系收货人，催领或送货。

②查验领货凭证，确认收货人姓名和领货人证件。

③根据运单结算到付运杂费用，办理交付，双方签认。

④收货人拒领货物时，在规定时间内联系发货人，提出处理意见。

⑤对逾期货物和损失货物按照有关规定予以赔偿。

(7)拼箱运输其他注意事项

①为确保货物运输安全，铁路拼箱运输的货物应投保运输综合险(包括各种运输方式)。

②拼箱运输的集装箱，箱内货物每批应具有拼箱货物运单；每箱应具有装箱清单和拼箱货物配装示意图。

实训项目　铁路集装箱运输组织认知

1. 集装箱货物受理环节演练

某托运人到武汉舵落口站营业厅要求办理集装箱运输，货物品名为生毛皮，到站为石家庄站。由教师组织学生分小组进行，每组作为一个单位进行角色扮演，模拟内勤货运员等角色，进行集装箱货物受理环节演练。

2. 集装箱箱区领取铁路空箱演练

某托运人到集装箱箱区提取铁路空箱，箱区货运员与该托运人办理集装箱的交接手续，由教师组织学生进行角色扮演，模拟集装箱交接检查，填写集装箱出站单，并模拟在交接检查中发现集装箱破损，填写集装箱破损记录单。

3. 集装箱配载装车演练

某车站集装箱堆场有如下几种集装箱，均为同一到站，该站提供集装箱专用车 X_{4K}，请教师组织学生进行小组讨论，确定该专用车能否配载。若能配载，确定装车方案。

(1)4 个 20ft 空箱。

(2)1 个 20ft 重箱,3 个 20ft 空箱。

(3)1 个 20ft 重箱，总重为 18t；1 个 20ft 重箱，总重为 20t；2 个 20ft 空箱。

(4)1 个 20ft 空箱；1 个 40ft 中箱，总重为 27t。

(5)1 个 40ft 空箱；1 个 20ft 重箱，总重为 14t。

4. 集装箱装车过程演练

请教师组织学生进行角色扮演，模拟外勤货运员对集装箱装车过程。口述装车前"三检"及装车后"三检"。

复习思考题

一、选择题

1. 集装箱从出厂到第一次检验的间隔期不得超过（　　）年，以后检验的间隔期不得超过（　　）年。

A. 5、2　　B. 5、3

C. 5、2.5　　D. 6、2.5

2. 集装箱装运多种品名的货物不能在运单内逐一填记时，托运人应按箱提出（　　）。

A. 物品清单　　B. 货物运单　　C. 服务订单　　D. 装车清单

3. 集装箱施封由（　　）负责。

A. 托运人　　B. 承运人　　C. 经办人　　D. 装箱人

4. 配载集装箱时，两个重箱的重量差不得大于（　　）t，防止发生空、重箱错配装车，造成装车后途中发生偏重。

A. 5　　B. 6　　C. 10　　D. 12

5. 到达的集装箱，应于承运人发出领货通知的次日起算，（　　）日内领取集装箱货物。

A. 3　　B. 4　　C. 5　　D. 2

6. 下列各项货运作业中，不属于货物发送作业的有（　　）

A. 受理　　B. 装车

C. 货物运输变更　　D. 承运

二、判断题

1. 铁路箱和自备箱可以按一批办理。（　　）
2. 集装箱运输，每批必须是标记总重相同的同一箱型。（　　）
3. 经过检疫检验的动植物也可以同普通货物混装在同一箱内。（　　）
4. 铁路通用箱可以装运煤、焦炭等易污染箱体的货物。（　　）
5. 托运人可自行装箱，也可委托承运人装箱。（　　）
6. 集装箱卸车时，应核对箱号，检查箱体和施封情况。（　　）
7. 集装箱货物重量由承运人确定。（　　）
8. 集装箱的掏箱工作由承运人负责。（　　）
9. 托运的空集装箱必须施封。（　　）
10. 发站发现集装箱总重超过集装箱标记总重时，承运人对集装箱减载后运输。（　　）
11. 铁路危险货物集装箱可以在站内办理装箱、掏箱作业。（　　）
12. 发现自备集装箱丢失或损坏时，承运人应编制集装箱破损记录。（　　）

三、问答题

1. 简述铁路集装箱运输办理条件。

2. 简述集装箱重量限制内容。

3. 下列货物能否用铁路通用集装箱运输？

(1)日用百货；(2)服装；(3)生皮张；(4)电视机；(5)炭黑；(6)机械零件(零散、箱装)；(7)鲜苹果(鲜活货物)；(8)钢锭；(9)TNT 炸药。

4. 托运人在某集装箱办理站托运下列货物，请判断该站能否受理并说明理由。

(1)托运人按一批托运 7 个 20ft 集装箱。

(2)托运人按一批托运 1 个 20ft 自备集装箱和 1 个 20ft 铁路集装箱。

5. 简述铁路集装箱运输的作业流程。

6. 简述铁路集装箱运输的作业流程基本要求。

7. 简述危险货物集装箱运输基本条件。

8. 简述危险货物集装箱运输托运与受理注意事项。

9. 简述双层集装箱运输基本条件。

10. 简述双层集装箱装车方案。

11. 简述双层集装箱的装卸注意事项。

12. 某站 7 月份办理 20ft 集装箱运输。集装箱发送吨为 27000t，发送铁路箱重箱 1470 个，铁路箱排空箱 20 个，自备箱重箱 30 个，自备箱空箱 50 个；集装箱到达吨 31200t，交付铁路箱 1600 个，自备箱重箱 25 个，自备箱空箱 40 个。铁路箱累计在站停留时间为 67150 小时。试计算 7 月份全站集装箱平均停时(日)，集装箱保有量(TEU)。

13. 某站 6 月份集装箱统计数据如表 3-9 所示，请完成下表 6、14、15 栏的内容。

× × 站 6 月份集装箱运用报告　　表 3-9

箱型	发送							到达					累计停时(小时)	指标	
	发送总箱数	铁路箱重箱数	铁路箱空箱数	自备箱重箱数	自备箱空箱数	铁路箱折合箱数	发送吨数(t)	到达总箱数	交付铁路箱数	铁路箱空箱	交付自备箱数	交付自备箱空箱数		平均停时(日)	保有量(TEU)
	1	2	3	4	5	6	7	8	9	10	11	12	13	14	15
1t	560	480	10	50	20		400	580	400		80	20	31500	—	—
20ft	62	40	—	20	2	—	912	59	20	—	30	4	1944	—	—
40ft	33	20	—	10	3	—	756	35	13	—	15	4	1346	—	—

模块4　铁路集装箱运价计算

单元1　基本运费计算

知识目标

掌握铁路集装箱运费计算的规则及方法。

能力目标

能正确计算铁路集装箱货物运费。

知识学习

铁路集装箱运费是指铁路货物以集装箱为运输工具进行运输时所产生的费用。国内铁路集装箱运费的计算有两种方法：一种是常规计算法，由运费、杂费、装卸作业费和铁路局规定的其他费用组成；另一种是为适应集装箱运输需要而制定的集装箱门到门一口价计算方法。国际铁路集装箱联运运费根据《国际铁路货物联运协定》的规定计算（见表4-1）。

铁路货物运价率表　　　　表4-1

办理类别名称	运价号	基价1		基价2	
		单位	标准	单位	标准
集装箱	20ft箱	元/箱	440.00	元/(箱·km)	3.185
	40ft箱	元/箱	532.00	元/(箱·km)	3.357

注：2018年6月1日实行。

集装箱运费按箱计费，不再考虑箱内所装货物重量，但所装货物重量与集装箱自重之和不得超过集装箱总重。

一、集装箱运费

集装箱货物的运费按照使用的集装箱箱数和“铁路货物运价率表”中规定的集装箱运价率计算。集装箱运价率按照承运货物当日实行的运价率计算。

$$集装箱运费 = (基价1 + 基价2 \times 运价里程) \times 箱数$$

计算步骤为：

（1）依据《铁路货物运价率表》，确定集装箱基价1和基价2；

（2）依据《铁路货物运价里程表》确定发站至到站的运价里程；

(3)根据集装箱运费公式计算运费。

【例4-1】　汉西站发石家庄站教学仪器一批,用两个20ft 铁路通用集装箱装运,试计算运费?

【解】　汉西站至石家庄站运价里程为933km,箱数为2个,代入公式:

运费=(基价1+基价2×运价里程)×箱数=(440+3.185×933)×2=6823.2(元)

二、集装箱运费的加成和减成

(1)20ft 罐式、35t 通用集装箱、冷藏箱(使用BX型车为冷藏箱提供在途供电时)按《铁路货物运价率表》中规定的20ft 集装箱运价率加5%、20%、30%计算。

(2)40ft 罐式集装箱按《铁路货物运价率表》中规定的40ft 集装箱运价率加30%计算。

(3)装运一级毒性物质(剧毒品)的集装箱按《铁路货物运价率表》中规定的运价率加100%计算;装运爆炸品、易燃气体、非易燃无毒气体、毒性气体、一级易燃液体(代码表02石油类除外)、一级易燃固体、一级自然物品、一级遇水易燃物品、一级氧化性物质、有机过氧化物、二级毒性物质(有毒品)、感染性物质、放射性物质的集装箱按"铁路货物运价率表"中规定的运价率加50%计算。

(4)装运危险货物的集装箱按上述两款规定适用两种加成率时,只适用其中较大的一种加成率。

(5)自备集装箱空箱运价率按《铁路货物运价率表》中规定的重箱运价率的10%计算。

(6)承运人利用自备集装箱回空捎运货物,按集装箱重箱适用的运价率计费,在货物运单铁路记载事项栏内注明,免收回空运费。

【例4-2】　芦潮港站发往德州站2个20ft 罐式集装箱。其运费如何计算?

【解】　芦潮港站至德州站的运价里程为1369km。

运费=(440+3.185×1369)×(1+5%)×2≈10080.6(元)

【例4-3】　南京西站发保定站4个自备20ft 通用集装箱,到站后从保定站回送至南京西站。试分别计算南京西站核收的运费及保定站核收的回空费。

【解】　南京西站至保定站的运价里程为1154km。

南京西站发保定站运费:

运价号按20ft 重箱计费,计费重量2箱。

运费=(440+3.185×1154)×4≈16462.0(元)

保定站回送南京西站运费:

运价号按20ft 重箱10%计费,计费重量4箱。

运费=(440+3.185×1154)×10%×4≈1646.2(元)

单元2　杂费计算

知识目标

掌握铁路集装箱货运杂费计算的规则及方法。

能力目标

能正确计算铁路集装箱货运杂费。

知识学习

一、铁路建设基金

铁路建设基金。根据《铁路建设基金计算核收办法》规定,其计算公式为:

建设基金 = 费率 × 箱数 × 运价里程

铁路费建设基金费率表如表 4-2 所示。

铁路杂费收费项目和标准

铁路建设基金费率表 表 4-2

种类	箱型		计费单位	费率
集装箱	20ft 箱		元/(箱·km)	0.528
	40ft 箱		元/(箱·km)	1.122
	自备空箱	20ft 箱	元/(箱·km)	0.264
		40ft 箱	元/(箱·km)	0.561

二、集装箱使用费

(1)凡使用铁路集装箱运输货物,除核收运费外,还应按箱型、箱数和运价里程向托运人核收集装箱使用费。铁路集装箱使用费费率如表 4-3 所示。

铁路集装箱使用费费率表 表 4-3

项目	箱型	里程	单位	费率
集装箱使用费	20ft 箱	500km 以内	元/箱	130
		501 ~ 2000km 每增加 100km 加收	元/箱	13
		2001 ~ 3000km 每增加 100km 加收	元/箱	6.5
集装箱使用费	20ft 箱	3001km 以上计收	元/箱	390
	40ft 箱	500km 以内	元/箱	260
		501 ~ 2000km 每增加 100km	元/箱	26
		2001 ~ 3000km 每增加 100km	元/箱	13
		3001km 以上计收	元/箱	780

注:"增加"不足 100km 按 100km 计算。

(2)如使用铁路集装箱装运危险品货物,按集装箱使用费加 20% 核收。

三、集装箱装卸费

集装箱货物装卸费按《铁路货物装卸作业计费办法》的规定计费。

(一)集装箱装卸综合作业范围

1. 集装箱装卸车(门到门运输)

(1)发送综合作业:将空箱从货场空箱堆存地点装上汽车,返回的重箱从汽车上卸至装车货位,重箱装上火车。

(2)到达综合作业:将重箱从火车上卸至货场重箱货位,重箱装上汽车,返回的空箱从汽车上卸至货场空箱堆存地点。

2. 集装箱装卸车(站内装掏箱)

(1)发送综合作业:将空箱从货场空箱堆存地点搬运至装掏箱作业地点,重箱从装掏箱作业地点搬运至装车货位,重箱装上火车。

(2)到达综合作业:将重箱从火车上卸入货位,重箱从货位搬运至货场的装掏箱作业地点,空箱从装掏箱作业地点搬运至空箱堆存地点。

3. 集装箱装卸车(固定车体)

(1)发送综合作业:将货物从汽车上卸至货位,再从货位装上铁路列车(箱内)。

(2)到达综合作业:将货物从铁路列车上(箱内)卸至货位,再装上汽车。

4. 装掏箱

(1)装箱作业:将货物从汽车上卸下并装入箱内,或从仓库搬出装入箱内。

(2)掏箱作业:将货物从箱内掏出并装上汽车,或掏出箱,并将其搬入仓库内。

空集装箱装卸和中转、换装(含标准轨、米轨直通运输换装和进、出口集装箱的国境站换装)作业的装卸综合作业,作业范围均为一装(铁路列车或汽车)一卸(铁路列车或汽车)。

应要求转堆,在站内将货物从一堆放地点搬运至另一地点时,集装箱的搬运距离为50m。超过基本距离的,每超50m(或其未满)按超基距搬运加收费用。

空集装箱在货场内的搬移,不论距离长短均按基本距离计费。

(二)集装箱货物装卸作业费率

通用集装箱货物按《铁路通用集装箱货物装卸综合作业费率表》(见表4-4)规定的综合作业费率计费。

铁路通用集装箱货物装卸综合作业费率表 表4-4

箱　型	单　位	装卸综合作业费率	货场内装掏箱综合作业费率
20ft箱	元/箱	195	180
40ft箱	元/箱	292.5	300

集装箱在车站进行装卸作业,核收集装箱装卸综合作业费。在货场内由铁路进行装、掏箱作业(含货物装卸汽车),核收集装箱装卸综合作业费时加收集装箱装掏箱综合作业费;在货场内由托运人或收货人自行装、掏箱并装卸汽车,不加收集装箱装掏箱综合作业费。其他增加减少装卸单项作业的,集装箱装卸综合作业费不增不减。

固定车体通用集装箱货物按《铁路通用集装箱货物装卸综合作业费率表》规定的综合作业费率计费。

装运危险货物的集装箱、罐式集装箱按《铁路通用集装箱货物装卸综合作业费率表》规定的集装箱装卸综合作业费率加20%计费。20ft、35t敞顶集装箱装卸费(吊装、吊卸费)按20ft通用集装箱标准执行。

空箱(含铁路箱和自备箱)装卸和集装箱中转、换装(含标准轨、米轨直通运输换装和进、出口集装箱的国境站换装)作业,以及集装箱在货场内的搬运作业,均按表4-5规定的费率计费。

空集装箱装卸和中转、换装综合作业及集装箱货场内搬运费率表 表4-5

箱型	类别	单位	中转、换装综合费率	空箱装卸费率	货场内搬运	
					基本运距（50m内）	每超基距（1～50m）
20ft箱	重箱	元/箱	150.00	—	45.00	22.50
	空箱	元/箱	75.00	45.00	22.60	11.25
40ft箱	重箱	元/箱	225.00	—	67.50	33.75
	空箱	元/箱	112.50	56.25	33.75	16.88

四、集装箱取送车费

用铁路机车往专用线、货物支线（包括站外出岔）或专用铁路的站外交接地点调送车辆时，核收取送车费。计算取送车费的里程，应自车站中心线起算，到交接地点或专用线最长线路终端止，里程往返合计（不足1km的尾数进整为1km），取车不另收费。集装箱取送车费费率按表4-6计费。

集装箱取送车费费率表 表4-6

项　目	箱　型	单　位	费　率
集装箱取送车费	20ft箱	元/(箱·km)	9.00
	40ft箱	元/(箱·km)	12.00

五、集装箱延期使用费

托运人或收货人使用铁路箱超过下列期限，从超过之日起核收集装箱延期使用费：站内装箱时，应于承运人规定的进货日期当日装完。站内掏箱时，应于领取集装箱的当日内掏完；到达的集装箱应于承运人发出催领通知的次日起算，两日内领取集装箱；集装箱“门到门”运输“重去空回”或“空去重回”时，应于领取的次日将集装箱送回；“重去重回”时应于领取的3日内送回。集装箱延期使用费费率如表4-7所示。

集装箱延期使用费费率表 表4-7

项　目	箱　型	单　位	费　率
集装箱延期使用费	20ft箱	元/(箱·日)	60
	40ft箱	元/(箱·日)	90

六、集装箱仓储费

门到门运输时，货物仓储费在应收该费时间段的前3日，按表4-8规定费率的50%计费，自第4日起，允许铁路局根据各地的不同情况适当调整，上调幅度最大不得超过规定费率的100%，下调不限，并报铁路总公司备案。

货物承运前和交付后仍在车站仓储，或货物仅在车站仓储时，按实际仓储期间核收仓储费，货物仓储费在应收该费时间段，按表4-8规定的费率计费，允许铁路局根据各地的不同情况适当调整，上调幅度最大不得超过规定费率的100%，下调不限，并报铁路总公司备案。

集装箱仓储费费率表 表4-8

项目	箱型	单位	费率
集装箱存储费	20ft 箱	元/(箱·日)	75
	40ft 箱	元/(箱·日)	150

危险货物和易燃货物的仓储费率按普通货物费率加100%计算。对自备空箱堆存服务，核收仓储费时，各铁路局可在规定范围内自主确定实际执行费率。

七、集装箱货物运输变更费

托运人要求变更到站、变更收货人或发送前取消托运，由受理变更站核收货物运输变更手续费。集装箱货物运输变更费费率表如表4-9所示。

集装箱变更费费率表 表4-9

项目	箱型	单位	费率
变更到站、变更收货人	20ft 箱	元/批	300
	40ft 箱	元/批	300
发送前取消托运	20ft 箱	元/批	100
	40ft 箱	元/批	100

八、集装箱货物接取送达费

对货物从托运人约定交货地点至铁路车站公共装卸场所或货物从铁路车站公共装卸场所至收货人约定接货地点的短途运输，应核收接取送达费。

(1)计费里程：起码里程10km，之后里程按0、5取整，1、2去，8、9进，3、7、4、6作5。

(2)起码里程10km的费率：20ft 箱450元/箱、40ft 箱675元/箱。

(3)超过起码里程后每公里费率：20ft 箱24元/(箱·km)、40ft 箱36元/(箱·km)。

(4)每单位重量货物接取送达费 = 每单位重量货物起码里程费率 + (计费里程 - 起码里程) × 超过起码里程后每公里费率。

(5)铁路局可将接取送达费上调50%，下调不限。

九、集装箱清扫费

收货人自行掏箱时未将集装箱清扫干净的，向收货人按箱核收集装箱清扫费。集装箱清扫费费率如表4-10所示。

集装箱清扫费费率表 表4-10

项目	箱型	单位	费率
集装箱清扫费	20ft 箱	元/箱	5
	40ft 箱	元/箱	10

十、验关手续费

进、出口货物在国境站的验关手续费，集装箱每批33元。

【例4-4】 某托运人在吴家山集装箱中心站办理了1个40ft铁路通用集装箱托运调味品手续，到站为城厢站，货物保价金额为30000元，要求发站上门取集装箱，取货地址至吴家山站里程为10km，请计算吴家山站应向托运人核收的运、杂费。

【解】 运费：$(532+3.357\times1295)\times1=4879.3$（元）

印花税：$4879.3\times5/10000=2.4$（元）

铁路建设基金：$1295\times1.122\times1=1453.0$（元）

集装箱使用费：$(260+8\times26)\times1=468$（元）

保价费：$30000\times3‰=90$（元）

发站装卸费：$292.5\times1=292.5$（元）

接取送达费：$675\times1=675$（元）

【例4-5】 某托运人在武昌站专用线上发连云港站润滑油35t，保价160000元，使用2个20ft铁路罐式集装箱装运，专用线里程14km，请计算武昌站应向托运人核收的运杂费。

【解】 运费：$(440+3.185\times814)\times(1+5\%)\times2=6368.4$（元）

印花税：$6368.4\times5/10000=3.2$（元）

铁路建设基金：$814\times0.528\times2=859.58$（元）

集装箱使用费：$(130+4\times13)\times2=364$（元）

保价费：$160000\times4‰=640$（元）

发站装卸费：$195\times2=390$（元）

取送车费：$9\times28=252$（元）

单元3 铁路门到门运输一口价

知识目标

掌握铁路门到门运输一口价概念、包含费用及不包含费用；门到门运输一口价适用范围。

能力目标

能运用门到门运输一口价规则分析实际问题。

知识学习

为了方便客户，规范收费行为，拓展铁路货运市场，中国铁路总公司发布了关于印发《铁路门到门运输一口价实施办法（暂行）》的通知。

一、“铁路门到门运输一口价”（简称“门到门一口价”）

门到门一口价是指货物从托运人要求的上门取货地点装车开始，将货物接运至发站、运输至到站、送达卸货至收货人指定门到门收货地点止的运输服务全过程中发生的费用。包括与国家铁路办理直通合资、地方铁路的到收运费、发站装卸费等杂费和到站装卸费等杂费。

在路产专用线和开展专用线共用的企业专用线发到非专用线产权单位的货物,在专用线核收的费用也纳入门到门一口价范围。

二、"门到门一口价"包含的费用

门到门一口价包括门到门运输服务全过程中按规定收取的所有费用,其中有运费、铁路建设基金、特定线路运费、特定加价运费和发站实际发生的接取送达费、取送车费、装卸费、保价费、集装箱使用费、货车篷布使用费、D型长大货物车使用费、取送车费、翻卸车费、维修检修等杂费。其中,上门装卸货物、两端的接取送达、车站货场的装载加固材料、保价运输等服务由托运人自愿选择,按规定收取相应费用。

三、"门到门一口价"中不包括的费用

(1)铁路专用线、专用铁路(路产专用线和开展专用线共用的地方企业专用线发到的非专用线单位的货物除外)发到的货物在发送前、交付后的费用。

(2)途中和到站因托运人或收货人要求或责任发生的整理费、装掏箱作业费、仓储费、集装箱延期使用费、货车延期占用费、D型长大货物车延期使用费、篷布延期使用费、违约金、运杂费迟交金、清扫除污费等费用。

(3)出口货物运输在国境站产生的杂费。

(4)按规定由托运人或收货人组织装卸货物产生的费用,25ft、50ft汽车板架箱两端装卸费和自卸产生的费用。

(5)托运人或收货人要求运输变更产生的费用和退补款。

(6)到站卸车时,散装货物发生冻结或黏结、货物单件重量超过车站最大起重能力等情况,额外增加的装卸费。

(7)护路联防费等代收款。

以上(2)、(3)、(5)、(6)项费用于到站使用运费收据补收。

四、门到门一口价适用范围

除国际联运过境运输、军运后付、米轨运输外,其他货物运输均实行门到门一口价。车站应在营业场所公布本办法。

门到门一口价费用集装箱接收完毕,由发站使用货票向托运人一次性收取,货票中列出各项费用和金额。

五、门到门一口价装卸费的核收办法

1. 发站和到站的集装箱装卸费

空集装箱收费条件按一装或一卸计算。折叠式台架集装箱按整车木材装卸费计算。

2. 上门装、卸集装箱货物发生的装卸费。

集装箱货物上门装、卸费用按货场内装掏箱综合作业费率的一半计算。

六、门到门一口价杂费的核收

门到门一口价中，发站接取送达费、装卸费、装载加固材料费等杂费按实际发生额核收，到站装卸费和到站上门装卸费按各局确定的实际执行费率和计费重量计算核收。到站接取送达费的里程，托运人不能提供的，可先按起码里程核收，到站送货后再按实际里程补收差额。

同一个车站在发送端和到达端接取送达费应执行相同的费率标准。铁路局之间可协商确定到达端接取送达费的下浮幅度。

七、门到门运输一口价例外情况

在选择门到站运输或站到站运输时，托运人和收货人因购销合同约定的权利义务，在运单托运人记载事项栏载明时，可不收取到站发生的装卸费、取送车费和翻卸车维检费，在货票记事栏记载“托运人不支付到站杂费”。

八、门到门一口价退还费用条件

有下列情况，门到门一口价中的相应费用可在到站退还收货人。

(1)收货人在铁路货场自装卸的装卸费。

(2)到站因承运人原因未发生的接取送达费和上门装卸费。

(3)发站核收了翻卸车维检费，到站实际未发生时。

在到站办理退还的，按现行退款有关规定办理。

九、门到门运输一口价的其他规定

(1)门到门一口价浮动时按一口价中各项费用分别浮动后再加总。

(2)发送车站每日结账，按费用项目编制票据整理报告，门到门一口价收入按运输收入进款规定报缴。

拓展知识

铁路部门阶段性下浮货运杂费

为贯彻落实党中央、国务院统筹做好新冠肺炎疫情防控和经济社会发展的决策部署，国铁集团决定，自2020年3月6日起至6月30日，对部分铁路货运杂费实施阶段性减半核收政策，预计向企业和货主让利约3.8亿元，进一步降低企业物流成本，助力打赢疫情防控阻击战，促进经济社会发展。

国铁企业切实履行社会责任，在全面落实已出台的减税降费措施的同时，进一步加大支持力度，对铁路保价、集装箱延期使用、货车滞留等部分铁路货运杂费实施阶段性减半核收政策，有关降费信息将在铁路货运95306网站进行公告。

铁路部门实施阶段性下浮货运杂费、让利于企业和货主的措施，将有效对冲疫情对物流服务的影响，帮助企业渡过难关，尽快恢复正常生产。与此同时，铁路部门将继续加强货物运输组织,精准制定运输方案,为疫情防控物资、经济社会发展所需重点物资和企业复工复产原材料物资运输提供可靠保障。

实训项目 铁路集装箱运价计算

某托运人到舵落口站营业厅要求办理20个20ft集装箱运输到南京西站,门到门运输,货物名称为汽车,要求办理保价运输,保价金额800万,请教师组织学生模拟货运员的角色讨论以下问题:

(1)舵落口站、南京西站能否办理20ft集装箱运输?若能办理,应怎样向托运人解答?

(2)请思考如何回答托运人询问的以下问题:办理2个20ft集装箱运输正常核收的运杂费费别包括哪些?各为多少?合计为多少?

(3)货运员将正常核收的运杂费结果告知托运人后,托运人觉得跟公路运输相比不具备优势,这时,货运员应如何向托运人解答,并提供可行的方案?

(4)若货运员向托运人推介铁路集装箱门到门运输一口价,根据此案例,请解答铁路门到门集装箱运输一口价包含的费用有哪些?不包含的费用又有哪有?

(5)货运员将铁路集装箱门到门运输一口价的计算结果告知托运人,请思考托运人提出的以下问题。

①托运任的朋友于上月办理了同种数量、同种类型、同一发到站的集装箱运输,为什么所交纳的运杂费较少?

②前段时间托运人办理了从南京西站运到武汉舵落口站同种数量、同种类型的集装箱,为什么所交纳的运杂费比这次的应交金额还少?

复习思考题

一、选择题

1. 集装箱运费按(　　)计费。

A. 箱　　B. 集装箱自重

C. 货物重量　　D. 集装箱与货物总重

2. 铁路建设基金与下列哪一项无关(　　)

A. 费率　　B. 箱数

C. 运价里程　　D. 货物重量

3. 集装箱"重去重回"时应于领取的(　　)日内送回。

A. 2　　B. 3　　C. 4　　D. 5

二、判断题

1. 装运危险货物的集装箱按上述两款规定适用两种加成率时,只适用其中较大的一种加成率。(　　)

2. 站内装箱时,应于承运人规定的进货日期的次日装完。(　　)

3. 站内掏箱时,应于领取集装箱的当日内掏完。(　　)

4. 危险货物和易燃货物的仓储费率按普通货物费率加80%计算。(　　)

5. 承运人利用自备集装箱回空捎运货物，按集装箱重箱适用的运价率计费，在货物运单铁路记载事项栏内注明，免收回空运费。(　　)

三、问答题

1. 咸宁站发西安西站 3 个 20ft 集装箱，其运费如何计算？

2. 营口站发佳木斯站一批教学设备，使用 2 个 40ft 铁路集装箱装运，其运费如何计算？

3. 福州东站发怀化南站 5 个自备 20ft 集装箱，到站后怀化南站将其回送至福州东站。试分别计算福州东站核收的运费及怀化南站核收的回空费。

4. 某托运人在武昌站专用线上发韶关东站润滑油 70t，保价 27 万元，使用 3 个 20ft 铁路罐式集装箱装运，专用线里程 14km，请计算武昌站应核收的运杂费。

5. 简述门到门运输一口价包含的费用。

6. 简述门到门运输一口价不包含的费用。

7. 简述门到门一口价适用范围。

模块5　集装化运输

单元1　集装化运输概述

知识目标

掌握集装化运输的概念及集装化货流分类。

能力目标

能根据货物的状态、性质、包装状况和办理货物运输的类别进行集装化分类。

知识学习

一、集装化运输的定义与要求

1. 集装化运输的定义

凡使用集装用具或自货包装、捆扎等方法，把散装、小件包装、不易使用装卸机械作业的货物，按规定集装成特定的单元后运往到站的，皆为集装化运输。

集装化运输和集装箱运输一样，均为把包装运输件及散堆装货物进行集装，使之适应现代化的机械化装卸。集装化运输与集装箱运输不同之处在于集装化运输具有更大的灵活性，能组织不同形式和类型的货物集装件进行运输。

2. 集装化运输的要求

集装化运输是我国铁路货物运输改革的一项重要的技术内容，要开展货物集装化运输应满足下列要求：

(1)提高货物送达的社会效益。

(2)实现从托运人至收货人铁路运输全过程的装卸搬运和仓储作业机械化或自动化，并达到物流过程各个工序机械化或自动化设备的最佳衔接。

(3)最大限度地利用运输设备的载重能力或容积。

如在集装化之前，一辆载重为60t的棚车只能装载39t碳黑，在集装化之后，其载重量可提高到52t，空间利用率可提高33%，达到87%。

(4)保证物流过程中的货物运输单元——集装货件的完整性。

(5)减轻物流全过程作业人员的劳动强度。

(6)满足物流全过程的相关安全要求。

二、集装货件

使用集装器具、捆扎索夹具或捆札材料可将货物形成集装货件。集装货件通过铁路进行运输。集装货件应满足下列条件：

(1)体积应大于0.5m^3,或重量不小于500kg。棚车装运的集装货件,每件重量不得超过1000kg,长度不得超过1.5m,体积不得超过2m^3。

(2)适合铁路运输的机械化装卸、搬运及仓储等技术作业,如集装货件在运输过程中有条件组织不同运载工具之间进行直接换装作业。

(3)满足堆码要求,如集装货件便于多层堆码。

(4)满足铁路运输的有关安全要求。

(5)保证铁路运输过程中集装货件完整和牢固。

(6)具有相关标准要求的标志。

(7)有利于运输设备的满载装运。

三、集装化货流分类

适于集装化运输的货流,可根据货物状态、性质、包装状况和办理货物运输的种别进行如下分类：

1.按货物的物理状态分类

适于集装化运输的货物按其物理状态可分为固态、液态和气态货物,而固态货物又可分为粉末状、颗粒状、锭块状、环圆状、管柱状和板片状货物等。

(1)固态货物

①粉末状货物。这类货物呈不同细度的粉末状。过去常用纸袋、布袋和麻袋包装,近年来多用复合纸袋、合成纤维编织袋和薄膜塑料袋等包装。粉末状货物在运输过程中包装易破损、货物易散漏,作业中粉尘飞扬,污染运载车辆、仓库和作业环境,影响作业人员身心健康。同时,这类货物在高湿环境中,易吸湿而受潮,凝结成块状而降低质量或使用价值。属于这类货物的有水泥、炭黑、陶土、膨润土、滑石粉等。

②颗粒状货物。这类货物常用麻袋、布袋、编织袋和草袋装载,每袋重量为50~100kg。在装卸、搬运作业过程中,若包装破损,则货物易散漏,既会使货物遭受损失,又会使货场脏乱,也会影响货物本身的质量。属于这类货物的有谷物、原盐、石英砂等。

③锭块状货物。这类货物的共同特点是体积小而密度大,通常不用包装,也不加捆扎,是可以直接裸装运输的货物。这类货物靠人力装卸不但劳动强度大而且劳动效率低,特别是需要清点件数的铝、锌、铅等金属锭、各种建筑用的砖、瓦、石料、片石、小型混凝土制件、耐火材料等块状货物,其实际工作中难以清点清楚。再如如果使用集装器具或捆扎材料加以集装化,则将发生截然不同的效果。

④环圆状货物。这类货物外形呈环形、圆盘形,包括各种规格的轮胎、线材、盘圆等。其特点是货件圆滑、装载状态不稳定,易于滚动和窜动,如果使用捆扎材料加以捆扎,使多个货件形成集装件,既能增加货物密度,又能使其码放稳定,强化作业安全性。

⑤管柱状货物。这类货物包括各种钢管、铸铁管、有色金属管、塑料管、橡胶管;各种轧制钢材、圆钢、钢筋;原木、毛竹以及电杆等长形混凝土预制构件等。这类货物具有长、大、重的特点,如果按照传统的人力作业不仅费工、费时、占用较大的作业场地,而且作业很不安全,极易发生工伤事故,如用集装器具或捆扎方法形成集装件,就会产生较好的技术经济效果。

⑥板片状货物。这类货物包括各种规格的平板玻璃、石棉瓦、塑料瓦、胶合板、纤维板、平板纸以及各种金属薄板等。这类货物中有很多属于易碎品,怕振动冲击,部分怕戳穿,部分对湿度很敏感,遇湿受潮会变质、生锈、腐烂等。板片状货物实行集装化运输,不仅能提高作业效率,而且有利于保护货物的质量。

(2)液态货物

这类货物一般都装入不同形状的桶、罐、坛、瓶内进行运输。在这类货物中,有生活用品,也有工农业生产所需要的硫酸、盐酸、硝酸、溶剂、试剂以及液化气体等,这其中有的是普通货物,有的是易燃、易爆、易腐蚀、有毒害的危险品,包装用的罐、坛、瓶,部分是用陶瓷、玻璃制的易碎品,所以又增加了危险性,而集装化运输在很大程度上降低了危险性。

(3)气态货物

这类货物一般都盛装入具有一定强度的耐压容器中运输。这类货物有氧气、氮气、二氧化碳、氯气等,这些气体有的有剧毒,需要防止从气瓶中泄漏,一般都怕热源、怕碰撞。集装化运输能防止货件之间的撞击,能提高作业的安全性。

2.按货物的理化性质分类

适于集装化运输的货物按理化性质,可分为普通货物、鲜活货物和危险货物。

(1)普通货物

普通货物指可以按一般运输条件办理运输的货物。这类货物在集装化货流中占有的品类最多、数量最大、比例最高,包括各种原材料、半成品、成品、日常生活用品、食品以及各种农副土特产品等。在运输条件上没有特殊的要求,适于组成各种集装货件,便于按集装化运输方式组织运输。

(2)鲜活货物

鲜活货物在运输中,根据不同的温湿度条件,分别按通风、保温和冷藏等不同运输条件办理。

目前鲜活货物的集装化运输,主要使用各种结构的集装笼,这些集装笼可以按通风条件装运水果、蔬菜和鸡蛋等,能取得较好的经济效益,可以提高“门到门”运输比例,省去很多中间环节,保证鲜活货物的新鲜度,深受欢迎。如果今后有条件研制出具有保温和冷藏性能的集装器具,就可以办理冷冻食品、肉类、禽类和水产品的集装化运输,为鲜活货物的产、供、运、销创造方便的条件。

(3)危险货物

危险货物指具有燃烧、爆炸、腐蚀、毒害和放射射线等特性的物品。其中各种压缩气体、液化气体使用耐压气瓶装运;腐蚀性很强的硝酸、发烟硝酸、硫酸、发烟硫酸、氯磺酸、三氧化磷等,一般装入耐压、耐酸的陶瓷坛、瓶中,然后密封坛口,再用透笼木箱装运。这类货物进行集装化运输时,各种气瓶采用捆扎技术方法形成集装件,每件为10瓶;对于陶瓷坛、瓶则可装入集装笼形成集装件。这样既能保护货物安全,又能简化作业和提高装卸作业效率。

3. 按包装状态分类

适于集装化运输的货物，按包装状态可分为裸装货物、销售包装货物、运输包装货物和集合包装货物。

(1)裸装货物

裸装货物是指在短期内对货物不加任何包装时，货物本身具有耐湿热，不怕生物化学和振动冲击等环境条件的影响。这类货物种类多、数量大。例如，各类金属锭、各类钢材、原木、木材、毛竹，各种耐火材料以及建筑用的砖、瓦、石料、大理石装饰材料、平板玻璃、混凝土预制构件等。这类货物装卸作业时间长，容易使货物产生脏、乱、堵，是发展集装化运输的主要对象。我国铁路集装化运输，以此类货物为重点，在提高装卸作业效率、加速运输过程和节省包装材料等方面取得的效果是非常明显的。

(2)销售包装货物

销售包装是连同其内装物一起销售到消费者手中(也是产品的内包装)，除了在流通过程中具有一定盛装、保护作用外，主要是起美化、宣传和促进产品销售的作用。销售包装所盛装的货物均为最终产品，经济价值高，易受自然条件的影响，而且单位包装的重量轻、体积小，包装材料比较单薄，包装结构强度不大，不甚牢固。因此，不宜长途运输和多次装卸，搬运。属于这类包装盛装的货物有各种日用工业品、轻纺工业品、家用电器、饮食品，中西成药等。这类货物最适于集装箱运输，也适于用集装器具组装成集装货件。实践证明，销售包装货物经集装箱、集装器具集装以后运输，不仅能有效地保护货物，提高作业效率，而且还能节省包装材料、降低运输成本。

(3)运输包装货物

运输包装是以货物的运输、储存为主要目的的一种包装。这类包装具有保护货物、方便运储、装卸、搬运、加速交接、验收等作用。但是运输包装仍然是以人力作业为基础的包装形式，其重量也不过50kg或100kg，体积也不大，因此，不适于现代大型装卸机械作业的要求，以运输包装为载体的货物有日用工业品、轻纺工业品、食品、家用电器、中西成药、仪器仪表、小型机电、小五金、器皿以及配件、零部件等。

(4)集合包装货物

集合包装是指运输包装在重量或体积上的进一步优化组合，是以装卸机械为作业动力基础的包装形式，是集装箱和集装化在包装领域内的别称。集合包装在运输过程中的主要特点是，适于大宗货物运输，装卸作业简便，缩短作业时间，减轻作业强度，作业效率高，适于多层堆码，有利于运输安全和实现"门到门"运输。实践证明，集装箱和集装化运输是铁路货物运输改革的最佳途径，是解决运能和运量矛盾的一种有效形式。

单元2　集装化器具形式

知识目标

了解集装器具的功能；掌握集装器具的分类及类型。

能力目标

能根据货物性质选择合适的集装器具。

知识学习

集装器具是货物在集装时所使用的集装容器和集装工具的总称。也可以说,集装器具是货物运输实行集装化的物质基础和先决条件,没有集装器具就无法将货物有效地集装成为集装货件。

一、集装器具的功能

在集装化运输中,集装器具具有多种功能。

1. 容纳或盛装功能

不同结构形式集装器可以容纳比传统运输更多、更重的货物,形成一定规格、一定重量或一定体积的集装货件。

2. 保护功能

集装器具的构成材料及其结构强度,能够在流通过程中保护货物的质量安全和数量完整。集装货件在流通过程中、不仅能承受振动、冲击等外力的作用,而且还要遭受流通环境中的温湿度、紫外线、氧气、有害气体以及生物等因素的影响和侵害。因此,必须采用科学的、具有一定防护性能的集装器具,来增加保护性能,抵御各种外界因素,防止集装件及其内装货物遭受损伤、失散或溢出,避免发生物理、化学变化。

3. 便利功能

在流通过程中,集装货件要经历堆码、交接、搬运、装卸、运输等各个环节,通过集装器具集装后,具有相同重量、体积和形态,有利于充分利用库存空间和运载工具的装载能力,便于机械化装卸和搬运,便于清点、交接和验收,可以极大地缩短流通过程中各个环节的作业时间,减轻劳动强度和提高作业效率。

4. 识别功能

由于集装器具的尺寸规格、形态结构、重量体积、涂打的各种标识标记以及色泽的一致性,因此有助于作业人员进行识别,从而在各个作业环节中有效防止误认和错认现象的发生。此外,集装器具还有节省包装材料、简化作业手续、防止盗窃、回空以及周转运用等功能。

二、集装器具的条件

组织集装货件的方法可分为两种不同的基本形式:一种是借助集装器具形成集装货件;另一种则是借助捆扎索夹具或捆札材料形成集装货件。当使用集装器具形成集装货件时,集装器具应符合下列条件:

(1)具有足够的强度、刚度。集装器具、捆扎索夹具、捆扎材料应具有足够的强度来保证集装货件牢固可靠,以防止危及行车、货物、运载车辆和运输环境条件的安全。

(2)结构、外观设计科学、简单、美观、便于操作。

(3)具有装卸搬运机械在作业时所需要的起吊装置或叉孔。起吊装置应位置明显并处于同一水平面上。

(4)能够保证货物、工作人员、设备的安全。

(5)有利于货物的集装化,使组成的集装货件便于码放而且稳定性好。

(6)反复使用的集装器具,设计制造时应考虑回空时能最大限度地利用运输设备的装运能力。

三、集装器具的相关标记

集装器具应根据集装方式及所集装货物的性质选择、涂打以下相关标记。

(1)配属单位、编号。

(2)回送站名。

(3)自重及最大总重(单位为kg,最大总重为集装器具自重与允许装载的货物最大重量之和)。

(4)外形尺寸(单位为mm)、容积(单位为m^3)。

(5)制造单位、制造日期。

(6)货物储运指示标志。

集装器具的全称应包含集装器具的结构名称。如平板玻璃集装架,全称应增加集装器具的结构,为平板玻璃套装式集装架。集装货物时应根据货物类型、包装情况以及运输和储存条件等采用一次性或反复使用型的集装器具。效益相近时应优先选用一次性使用型。

四、集装器具的分类

将货物组装成集装货件的容器或用具统称为集装器具。集装器具原则上由托运人、收货人自备。但铁路局也可准备一部分器具,采取出租等方式供托运人、收货人使用。铁路集装器具主要分以下几大类。

1. 集装专用箱

集装专用箱是专为集装某一种货物而设计制作的箱形容器。我国铁路局为满足零散快运集装化运输需求而推出了1.5t铁路小型集装箱(简称"小型箱")。小型箱是铁路专用集装化用具,仅用于装载零散货物,主要在零散货物快运中心站、作业站间运输。小型箱由铁路总公司统一购置,实行号码制管理(见图5-1)。编号由13位数字组成,前3位数字为100,代表总公司购置;第4、5位数字为01,代表小型箱;第6、7位数字代表投用年份后2位,第8至13位为顺序号。

2. 集装架

集装架是一种框架式集装器具,强度较高,特别适合于结构复杂、批量大的重型产品包装。在实际的货物流通过程中,如平板玻璃、耐火砖等不能采用托盘集装,通常采用钢材、木材或其他材料制作框架结构,用来固定和保护物品,并为产品集装后的起吊、叉举、堆码提供必要的辅助装置,这种框架结构称为集装架,可长期周转复用。集装架按结构可分为折叠式集装架和固定式集装架。折叠式集装架空载时可向内侧翻倒以减少占用空间。固定式集装架的壁板永久地固定在底座上,架的外形尺寸不可改变。

集装架可分为L形集装架和A形集装架。前者单一的壁板与底座固定在一起呈L形结构(见图5-2),而后者具有双面靠背、壁板与底座呈A形结构。

图5-1　小型集装箱

图5-2　L形集装架

3. 集装笼

集装笼是底座为整板或铺板面积占底座面积的74%以上,壁板为网、格结构的集装容器,通常为钢制的(见图5-3)。其规格形状可根据货物和车辆的要求进行制造。如运输砖瓦的笼形可低些;运输水果、杂货的笼形可大些。

集装笼按结构分为固定式、折叠式和拆解式集装笼。固定式集装笼壁板永久地固定在底座上、笼的外形尺寸不可改变。折叠式集装笼空载时可折叠存放以减少占用空间。拆解式集装笼壁板可拆、装。

按集装笼所装货物品类的不同,可分为矿建材料类、杂货类和鲜货类这三类集装笼。

(1)矿建材料集装笼

矿建材料集装笼主要是用来装运耐火材料、建筑砖瓦、大理石制板、小型水泥预制件、瓷器以及各类石制品等。

(2)杂货集装笼

杂货集装笼主要用来集装各种器材、零部件、工具、器具以及各种桶装、坛装、筐装货物。该类型集装笼在结构上除了底座、侧端面围栏,还设有顶盖和锁闭扣件装置。

(3)鲜货集装笼

鲜货集装笼主要装运瓜果、蔬菜、鲜蛋等易腐货物。鲜货集装笼在结构上应满足装载稳固、通风良好、防止丢失和回送方便等条件。

4. 集装袋

集装袋又称柔性集装袋,是集装单元器具的一种,采用高强度合成纤维或以其为基本材料制成(见图5-4)。配以起重机或叉车,就可以实现集装化运输。它适用于装运食品、粮食、医药、化工、矿产品等粉状、颗粒、块状物品的运输,如水泥、化肥、滑石粉、纯碱、石墨、粮食、盐、砂糖等。

集装袋结构简单、自重轻、能折叠、占用空间很少，易于回空、制造容易、价格低廉，可以反复使用或一次性使用。

集装袋按袋体形状有圆形、方形和圆锥形等多种。常用的集装袋中，以圆形集装袋最为广泛。

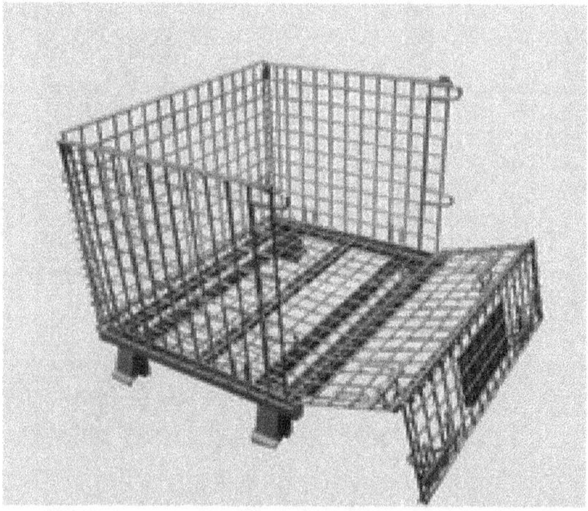

图5-3 集装笼

图5-4 集装袋

5. 集装网

集装网是用各种柔性材料纺织成的网形集装器具，适宜集装带有包装的粮食、化肥、食盐、滑石粉等袋装货物和不带包装的片石、石灰石、铁矿石等块状货物(见图5-5)。

6. 集装桶

集装桶又称集装罐，它的内容器采用高密度聚乙烯材料吹塑而成，外护套为镀锌钢管焊接的桶装容器(见图5-6)，可以多次重复使用，在灌装、储运和运输中具有优势。广泛用于装载石化、染料、农药、酿造、日化、饮料类液体，也可装运粉末或颗粒状货物。

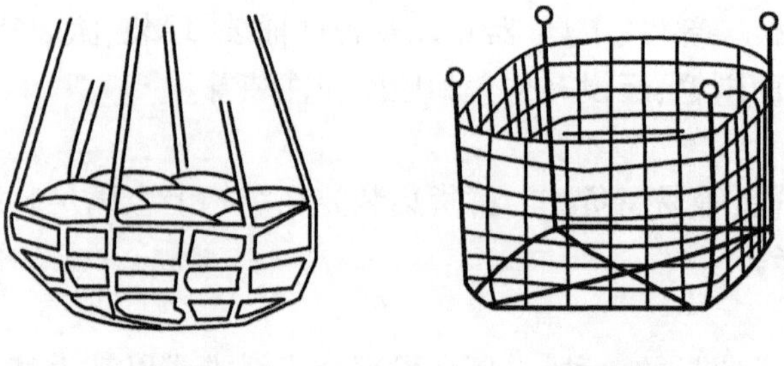

a)盘式 b)箱式

图5-5 集装网

图5-6 集装桶

7. 集装盘

集装盘是非标准尺寸和结构的形似托盘的集装器具,主要分为托盘式和滑板式结构,用于包装成件货物的集装运输。

托盘式集装盘,又称托盘,其适用范围广,是最早使用的一种集装器具。托盘具有载货平面,设有叉孔,叉孔方向有双向和四向进叉。双向进叉托盘,可从托盘相对的两个方向允许叉车的叉器插入托盘进行作业;四向进叉托盘,则可以从托盘的四个方向中任何一方向允许叉车叉器插进叉孔进行作业。

常用托盘除木制托盘外,还有钢制托盘、单面塑料托盘、双面塑料托盘、组合材质托盘、胶合板托盘、玻璃纤维托盘、纸制托盘和模压托盘等,如图5-7所示。

a)木制托盘　b)钢质托盘

c)单面塑料托盘　d)双面塑料托盘

图5-7　托盘

托盘按结构不同,可分为以下几种:

(1)双面托盘

双面托盘上下两层都铺有相同的铺板,两面均可承载货物,结构稳定、便于堆码、使用方便,是托盘的一种基本形式。

(2)单面托盘

单面托盘只有上铺板和三根纵梁联结面构成,只能在上铺板负载货物,结构简单、用料省、成本低,但结构不坚固、稳定性较差,可在其下层纵梁的两端各加设一条边板,且在纵梁的中部再加一条中板以加强托盘的强度和稳定性。

(3)翼形托盘

翼形托盘可将两个边纵梁向叉孔方向内移一定距离,从而使全部铺板的端部向外伸出。该托盘适应多种装卸机械作业,不仅适于叉车作业,也适于起重机的吊具作业。

(4)立柱式托盘

立柱式托盘四角设有立柱,可以防止码放货件时滑动,并保护货件不承受上层托盘货件的压力。立柱式托盘有固定式、可拆式和折骨式三种。

(5)箱型托盘

箱型托盘结合了平托盘与箱式框架两种结构。按其结构形式分为固定式、半开式、拆解式、折叠式和轮式等多种。该种托盘不仅可防止码放货件滑动倒塌、承受上部托盘荷载,而且能充分利用空间来提高装载量。对于外形不规则且不宜承受压力的货件,可利用拼装方法达到满载,对于某些机械产品以及果品、蔬菜等可实现无包装运输。其箱壁有板式、格式和网式 3 种形式。

8. 集装捆

集装捆是指用某一种材料将货物通过捆扎的方法,集装成一定规格的集装货件。如对钢管、钢板的打捆,对金属块、有色金属锭、氧气瓶的捆扎。集装捆是最简易的集装方法,用料少,效果好。主要用料是打包铁皮、编织打包带、绳索等。

9. 集装夹

集装夹又称夹具式集装架,由集装架发展变化而来,是集装架的一种特殊形式,是将条、块、棒、板等形状的货物组装成集装货件时常使用的板条、U 形钢棒、长条螺栓等用具的统称,适于集装面积较大或长度较长的货物,且对产品的保护作用强于捆扎包装。

10. 集装垫

集装垫是为便于装卸搬运作业时套绳进叉或施用卡夹具,而事先在无专门起吊装置或叉孔的货物处放置的随货物一起流通的块棒等形状的预垫物。集装垫主要用于无包装长形材料、杆材、管材类货物的集装运输。一般对长形货物如竹、木、钢管、塑料管、钢筋、角铁等,在装车时预先用钢丝绳或尼龙绳绞绕,绳的两端作为套扣,以便在卸车时可以整捆一次用机械起吊。托运人可自备集装垫,如装运竹、木时在货车地板或每层货物间放置集装垫,在敞车侧板与货物间放置立柱。

11. 集装支架

集装支架是将货组隔开并保持稳定状态的杆状物,用于支撑无包装、不能或难以直接堆码的货物以形成多层装载。

12. 铸件改形

铸件改形是在浇铸时将一些可铸性的货件,如铝锭、粗铜等,由小件改为大件,不需要任何容器或捆扎。

13. 拆解集装

拆解集装是把大件货物拆解为若干小件,或把外形不规则的货物拆解为集装单元,使货件密集齐整。

单元3　集装化运输组织

知识目标

掌握集装化运输办理条件；掌握集装化运输组织过程。

能力目标

能正确组织货物集装化运输。

知识学习

集装化运输能够有效地将散件货物化零为整，便于机械化装卸、搬运、储存等，从而达到提高物流效率的目的。

集装化运输涉及的货物品类包括矿粉、钢铁、有色金属锭、化肥、化工品、食品、木材、盐等。

集装化用具包含集装网、集装袋、集装捆、托盘、集装架等。

一、集装化运输的基本条件

（1）集装化运输的货物，以集装后组成的特定单元（盘、笼、箱、袋、网、捆等）为一件。每一件集装货件的体积应不小于0.5m^3，或重量不小于500kg。

（2）棚车装运的集装货件，每件重量不得超过1t，长度不得超过1.5m，体积不得超过2m^3，到站限制为叉车配属站。

（3）敞车装运的集装化货物，每件重量不得超过到站最大起重能力（征得到站同意时除外）。

（4）集装化货件应捆绑牢固，表面平整，适合多层码放；码放要整齐、严密，并按规定做好包装储运的标志。以绳索等预垫方式运输竹、木等货物时，必须满足卸车时机械作业的要求。

（5）集装货件与非集装货件不能按一批运输。一批运输的多件集装货件，以零担方式运输时，应采用同一集装方式。

二、铁路集装化运输办理限制

（1）凡具备采用集装化运输条件的货物，都必须采用集装化运输。除危险货物和易于污染、腐蚀、损坏集装器具的货物外，其他货物均可使用适合的集装器具进行装运。

（2）装运货物须按批计量称重。

（3）折叠箱最大可装载货物1t，全车装载折叠箱总重不能超过货车允许载重。

（4）集装袋、集装网、集装盘等装载总重不超过1t。

（5）按一批托运的货物应使用同种集装化用具，尾货不得与其他批货物拼装。多批货物装入同一集装化用具时，必须到站相同，货物性质、消防方法不相抵触。

(6)装入集装化用具的货物必须进行安全检查,装货后应确认货物装载稳固、满足装运条件,并填记“货物装车清单”,随车递送。

(7)集装器是由作业站组织装掏作业,门到门、门到站、站到门运输时仅限铁路局负责接取送达服务,除协议客户外,严禁在客户处存放。

三、集装化货物运输组织

1. 托运

发货人要求铁路运输整车集装货件时,应在运单“托运人记载事项”栏内注明“集装化”字样。运单中“件数”一栏应填写集装后的件数,“包装”一栏填写集装方式名称。

2. 受理和承运

车站对发货人申请的集装化运输需求,按有关规定审核后,进行实货核实,在电商系统确认后,进行运输需求受理。

3. 装货作业

作业前,确认集装器具状态良好,配件齐全,无破口、变形、断裂、开焊等。

装货前,确认集装器具清扫干净无残留货物,集装盘、折叠箱等无突出物。

使用小型箱装载货物,货物装箱后,使用集装箱施封锁进行施封,在箱门右上角插槽处按批安插或粘贴“货物标签”。

折叠箱箱体立起,固定插销入位,销柄贴紧箱壁装货时,充分利用集装器具容积,货物摆放整齐,袋口朝内(上)、标志朝上、大不压小、重不压轻、均衡稳固。

禁止在两层及以上集装器具进行掏装作业。

禁止在折叠箱上站立。

折叠箱装载液体货物时,内衬液袋应检测是否达到相关技术条件,避免途中渗漏;装载散堆装货物时,使用胶条封固箱内折叠部位。

集装网适于装载边长均大于300mm 的袋装成件货物。

装货后,在集装器具明显处(折叠箱在活动箱门右上角)按批拴挂或粘贴“货物标签”,一批多件,注明“第 X 件”。拴挂或粘贴前应清除集装化用具上的旧货物标签。

折叠箱使用 2 枚集装箱施封锁封固箱门。施封锁应确定单独号段,并建立请领、发放、使用、保管制度。

集装袋收紧内口,封固绳头,并盖章。

集装网须将吊绳收紧捆绑。

集装盘装运货物时使用打包带或缠绕膜进行整体捆绑。

4. 集装化货物的装车

装车前,应确认封口牢固,捆绑状态良好,折叠箱箱门关闭锁严,编号、施封号、货物标签与货物装车清单相关信息一致。

装车时,车内装载的货物应整齐紧密,均衡稳固,充分利用货车容积和装载能力,防止窜动、倒塌和超偏载,并为沿途车站装卸预留作业条件。

折叠箱、重箱在铁路货车内码放不超过 2 层,码放原则执行铁路总公司小型箱码放规定。与其他货物混装时,须放在底层,其顶面可码放重量不大于 1t 的其他货物。空箱折叠运输时码放不超过8层,其顶面不可码放其他货物。

5. 核算制票

集装器具所装货物按照所适用的运价政策执行,自重不纳入计费重量。

实行集装化运输的货物,其装卸费率仍按集装前的该类货物装卸费率执行。

6. 集装化货物的途中作业

集装货件在运输途中发生外部损坏、货件散落时,发现站应进行检查清理,编制货运记录,整理加固后继续运至到站。

7. 集装化货物的卸车

卸车后,由卸车站作业人员负责拆封,核对货物、货物运单、货物装车清单,确保货物与票据一致。发现货物发生损坏、丢失时,按《铁路货物损失处理规则(试行)》办理。

卸车作业发现集装器具破损时,装卸人员须立即向货运人员报告。货运人员按照损坏程度如实填记"折叠箱破损记录",作为扣修和责任划分的凭证和赔偿依据。

作业站应于集装器具到达次日起2日内组织掏空集装器具。

8. 集装货件的交付

集装化运输的货物,在清点件数时,一律按集装货件办理,不得拆散;到达的集装货件,到站应以单元整体(包括集装用具)一并交给收货人。收货人应以单元整体搬出货场。

集装器具所装货物交付按照有关交付程序办理。

9. 集装器具的回送

集装器具回送凭调度命令办理,填写"特殊货物及运送用具回送清单",回送站在"货物装车清单"中记明命令号、编号等信息。

四、集装器具在站、在途管理

集装器具在站应分类堆存,空重分开,排列整齐,横竖成行,码放稳固,留有通道;双层堆码时,应上下对齐,重不压空。

折叠箱箱门关闭,活动箱箱门朝外,上下角件对齐,场地紧张时,可采取双行靠背活动箱门朝外码放;空箱折叠堆存时编号朝外,便于检查清点和机械作业。重箱堆码不得超过2层,空箱堆码不得超过3层,折叠堆码不得超过10层。

空集装袋、集装网应折叠整齐,编号朝上,不得露天存放。集装盘、集装笼等堆叠整齐,便于清点。

拓展知识

铁路新气象:用液袋运输菜籽油

奥地利铁路货运集团和俄罗斯远东船务集团共同组织了从俄罗斯克拉斯诺亚尔斯克到中国南通的多式联运菜籽油运输专线。在整个运输旅途中,菜籽油被装载在集装箱内的液袋里。这是中欧班列新丝绸之路上,运输液体的一种新鲜尝试。

首批货物已于2020年2月起运,包含216t菜籽油,从俄罗斯克拉斯诺亚尔斯克运到中国南通。经过35天的运输,菜籽油于2020年3月17日到达目的地。

10个集装箱和装在液袋中的菜籽油首先通过铁路从克拉斯诺亚尔斯克的火车场站运输到俄罗斯符拉迪沃斯托克。然后，集装箱通过铁海联运抵达上海，最终通过内河航运用驳船将其运输到南通。

随着我国"一带一路"内陆通道的不断畅通，与欧亚国家的贸易也进一步增长，伴随着中欧班列的开行，液体集装袋作为一种新型的包装工具，其使用频率也越来越高。目前我国的集装箱液体集装袋最大储运量为24000L，基本用于20ft集装箱内。与罐车运输相比，集装箱液体集装袋运输具有成本低、装卸方便、免清洗等优点，因而发展迅速，已在食品、原油和化工制品等领域进行大量应用。我国铁路运输中每年的集装箱液体集装袋使用量近万个，在国内外铁路货运中发挥积极作用。

实训项目　集装化运输认知

1. 请根据表5-1中不同货物特点，填写其适用的集装化方式和选择依据。

不同货物的适用集装化方式和选择依据　　表5-1

货物名称	适用的集装化方式	选择依据
玻璃		
水泥		
建筑瓷砖		
沥青		
袋装粮食		
西瓜		
建筑涂料		
铝锭		
矿泉水		
钢管		
白砂糖		

2. 某托运人到A站托运矿粉，请教师组织学生模拟货运员的角色，思考如何回答托运人的以下问题。

(1)托运任能否办理整车运输？若可以，应提供何种类型的车辆装载？

(2)若托运人要求办理集装化运输，货运员应提供哪些合适的集装用具？

(3)若托运人要求办理从A站到B站的零散快运，车站能否受理？

(4)托运人选择集装化运输或非集装化运输方式，两种方案有何区别？

复习思考题

一、选择题

1. 集装货件应满足体积应大于(　　)m^3，或重量不小于(　　)kg。

A. 0.5 1 000　　B. 1 500　　C. 0.5 600　　D. 0.5 500

2. 我国为满足零散快运集装化运输需求而推出了(　　)t 铁路小型集装箱。

A. 1　　B. 1.5　　C. 2　　D. 2.5

3. 集装货件在运输途中发生外部损坏、货件散落时,(　　)应进行检查清理,编制货运记录。

A. 发站　　B. 到站　　C. 发现站　　D. 中途站

二、判断题

1. 适于集装化运输的货物按理化性质,可分为普通货物、鲜活货物和危险货物。(　　)

2. 棚车装运的集装货件,每件重量不得超过1t,长度不得超过1.5m,体积不得超过$2m^3$,到站限制为叉车配属站。(　　)

3. 集装货件与非集装货件能按一批运输。(　　)

4. 集装袋、集装网、集装盘等装载总重不超过1.5t。(　　)

5. 作业站应于集装器具到达次日起3 日内组织掏空集装器具。(　　)

6. 空集装袋、集装网应折叠整齐,编号朝上,露天存放。(　　)

三、问答题

1. 如何定义我国铁路货物集装化运输?

2. 集装化运输的货流根据货物状态、性质以及包装状况可分为哪几类?

3. 集装器具所具备的功能有哪些?

4. 简述袋式集装器具的特点。

5. 运输计划中实行哪"三优先"? 其根本目的是什么?

6. 概括铁路集装化运输的基本条件。

模块6　国际铁路货物联运

单元1　国际铁路货物联运概述

知识目标

了解国际铁路货物联运的定义和特点，国际铁路货物联运的起源及发展，我国国际铁路货物联运的现状。

能力目标

掌握国际铁路货物联运的定义和基本任务。

知识学习

一、国际铁路货物联运的定义和特点

《国际铁路货物联运协定》（以下简称《国际货协》）对国际铁路货物联运的定义是：在两个或两个以上国家铁路全程运输中，使用一份运送票据，并以参加运送国家铁路连带责任办理的运输方式，称为国际铁路货物联运。

国际铁路货物联运主要有以下几个特点：

（1）国际铁路货物联运是两个及两个以上国家之间实施的国际铁路运输。这就决定了国际铁路联运除了要遵守本国的运输和外贸规定外，还要遵循国际贸易的规定和到达国及经过国的运输和国际贸易规定。

（2）《国际货协》规定国际铁路货物联运使用铁路（即国际铁路直通货物联运）、铁路—轮渡直通货物联运运输方式。

（3）在国际铁路货物联运中，强调全程使用一份运送票据，即国际货协运单。

（4）参加运送的铁路承担连带责任。按国际货协运单承运货物的铁路，负责完成货物运送相应行程的运输，直到在到站交付货物为止。每一继续运送的铁路，自接收附有国际货协运单的货物时起，即认为参加了本次国际铁路货物联运，并承担由此而产生的责任和义务，即国际铁路货物联运的连带责任。

二、国际铁路联运的起源与发展

19世纪80年代，欧洲各国为促进铁路运输业的发展及其技术进步，改进运输部门的科

学研究工作，成立了国际铁路协会（简称“国际铁协”）。1890 年，欧洲各国铁路代表在瑞士举行的会议上，制定了《国际铁路货物运送规则》，自 1893 年 1 月 1 日开始施行。从此，国际铁路货物联运有了第一个比较完整的国际铁路规章。之后，《国际铁路货物运送规则》于 1924 年、1933 年经过两次修改，在 1934 年重新修订时被改称为《国际铁路货物运送公约》（简称《国际货约》），于 1938 年 10 月 1 日开始施行。当时参加《国际货约》的成员国主要以欧洲国家为主，共有 24 个成员国。

1948 年 12 月，在华沙举行的欧洲各国铁路代表大会，同意编制新的《国际铁路货物联运协定》（以下简称《国际货协》）和《国际铁路旅客联运协定》（以下简称《国际客协》）。之后在华沙（1950 年 12 月 22 日）、布拉格（1951 年 4 月 23 日）、布达佩斯（1951 年 7 月 10 日）等地举行的会议编制并商定了办理国际客货运输的第一批基本文件。

参加国际联运铁路一览表

1953 年 7 月，中国、朝鲜、蒙古国家铁路代表团参加了在莫斯科召开的《国际货协》和《国际客协》代表大会，并于 1954 年 1 月 1 日正式参加国际铁路联运，执行《国际货协》和《国际客协》规定。

1956 年 6 月 28 日，在索菲亚举行了《国际货协》各成员国主管部长会议，各成员国与会部长一致决定成立“铁路合作组织”（简称“铁组”），召开各成员国部长会议。这次会议被视为“铁组”历史上的第一届成员国部长会议。

截至 2017 年，据铁组统计资料：铁组成员国共 28 个，其中 25 个成员国执行《国际货协》规定。一般地，执行《国协货协》的成员国又被称为《国际货协》成员国，或参加《国际货协》的成员国。

三、国际铁路联运规章

在办理国际铁路货物联运时，应遵守《国际货协》以及铁组制订的其他规章规定。此外，为保证国际铁路联运货物运送安全和铁路口岸运输畅通，我国铁路和相关国家铁路根据各自铁路和口岸站的具体条件，还分别制定了一些单独规定和限制。

有关国际铁路货物联运的主要规章有以下几个：

（1）《国际铁路货物联运协定》。它是《国际货协》各成员国铁路部门办理国际铁路货物联运时所要遵守的主要运输法规。它规定了货物运送条件、运送组织、运送费用计算核收办法、成员国铁路承运人应承担的责任以及收、发货人之间的权利和义务，对参加运输的所有铁路部门和收、发货人都有约束力。

（2）《国际铁路货物联运协定办事细则》（简称《国际货协办事细则》）。它是《国际货协》各成员国承运人（铁路运输人员）执行《国际货协》、办理货运业务时铁路内部的办事程序、工作方法及调整路内关系的准则，只适用于成员国承运人（铁路运输人员）。

（3）《国际铁路货物联运统一过境运价规程》（简称《统一货价》）。它规定了成员国铁路部门办理货物运输手续、过境运送费用、杂费和其他费用的计算与核收方法，以及过境里程、货物运价等级、计费重量的确定办法等，对参加运输的铁路部门和收、发货人都有约束力。

（4）《国际联运货车使用规则》（简称《货车规则》）。它主要规定了《国际货协》各成员国参与联运车辆的技术条件，对各成员国铁路车辆部门和国境车站适用。

（5）《国际旅客联运和铁路货物联运清算规则协约和清算规则》（简称《清算规则》）。

它规定了《国际货协》各成员国铁路部门之间一切费用的清算办法,适用于成员国铁路财务清算部门和国境站。

(6)《国境铁路协定》。它是两个相邻国家铁路部门签订的,规定办理联运货物交接的国境站、车辆及货物的交接条件和方法、交换列车和机动车运行办法及服务方法等。根据该协定的规定,两邻国铁路定期(一般每年一次,在两国轮流举行)召开国境铁路会议,对执行协定中的有关问题进行协商,并签订《国境铁路会议议定书》。它对参与运输的铁路部门和收、发货人都有约束力。

(7)《国际铁路货物联运办法》。它由我国铁路总公司根据《国际货协》规章摘编而成,只在我国铁路部门(包括各铁路局、各发运车站、各边境口岸车站)办理国际铁路货物联运时使用,对国外铁路不适用。

(8)《通用货物品名表》。它是铁组根据海关合作委员会商品说明和编码通用手册编制,每项货物代码由6位数组成,前4位为相应的项号,后2位为该货物在本项中的编号,前4位与海关税则号码的前4位一致,是填写《国际货协》运单和计算货物运输等级的重要依据。

(9)《国际货协》附件中的各项规则。

附件1《货物运送规则》、附件2《危险货物运送规则》、附件3《货物装载和加固的技术条件》、附件4《作为运输工具的非承运人所属车辆的运送规则(自备车)》、附件5《信息指导手册》、附件6《国际货约、国际货协运单指导手册》。

在办理国际铁路货物联运时,上述国际联运规章、补充规定、《国际铁路货物联运办法》内未规定的事项,均适用我国国内铁路规章的规定。当上述国际联运规章与现行国内规章有冲突时,以国际联运规章为准。

四、国际铁路联运的范围

1.《国际货协》各成员国准许办理国际铁路货物联运的车站

目前,《国际货协》的成员国共有25个,由这些成员国构成了国际铁路货物联运的范围。一般情况下,参加《国际货协》的各成员国铁路(朝鲜、越南铁路除外)开办国内货运营业的所有车站,均可办理国际铁路货物联运。

2.《国际货协》成员国铁路与非《国际货协》成员国铁路间的货物运送

从《国际货协》成员国,经过另一个《国际货协》成员国,向非《国际货协》成员国运送货物,若不采用《国际货协》,则按各有关铁路现行的用于该种国际联运的过境运价规程所规定的办法和条件办理。即,发货人在发送路用《国际货协》运单办理至参加《国际货协》的最后一个过境铁路的出口国境站或进口国境站,由国境站站长或收、发货人委托的代理人办理转发运手续,然后将货物送至终点站。

随着运输代理业的快速发展,实际工作中,国境站站长不再负责办理转发运手续,转发运手续均由代理公司完成,代理公司还负责其他作业,如,接货、报关报验手续、接运车辆的提供、转运票据的填制和运费支付等。

此外,在办理此种国际铁路货物联运时,若发送路和到达路均为《国际货约》或《国际货协运单指导手册》的参加路,则该货物运送可采用《国际货约》《国际货协》运单办理,可避免在两种不同运输规定间办理转运手续,从而节省时间和费用。

拓展知识

铁路合作组织

铁路合作组织(简称铁组)是1956年6月28日成立的国际组织。铁组的宗旨是发展国际货物和旅客运输,建立欧亚地区统一的铁路运输空间,提高洲际铁路运输通道的竞争能力,以及促进铁路运输领域的技术进步和科技合作,具有国际协约性质的铁组章程是铁组存在和工作的基础。我国是最早加入铁路合作组织的国家之一。铁组工作语言是中文和俄文,在国际交往中可以使用英文和德文。

单元2　国际铁路货物联运的基本条件

知识目标

了解国际铁路货物联运的运输规则、办理范围、办理类型、办理限制及各口岸之间的特殊办理规定。

能力目标

掌握国际铁路货物联运办理的业务范围和办理限制。

知识学习

一、一批货物的概念和办理条件

一个发站按一份运单从一个发货人处承运,发往一个到站、一个收货人的货物,即为一批货物。一批货物可以是一车装运的货物、一个集装箱装运的货物或空集装箱,也可以是成组或整列装运的货物。

(1)下列货物按一批货物承运:

①装入一辆车(跨装车组)的货物,如托运的货物需要装入单独车辆,或者需要装入两辆或两辆以上连挂车辆(跨装车组)。

②装入多式运输单元、汽车运输工具的货物,或者空的多式运输单元、汽车运输工具。

③自轮运转货物(铁路机车车辆、铁路起重机、铁路养路机械和建筑机械等)。

(2)经发货人与承运人商定,可按一份运单从同一发站、同一发货人发往同一到站、同一收货人的货物,包括:

我国与邻国铁路的国境站

①使用两辆或两辆以上车辆(跨装车组除外)运送的同一品名的货物。

②超过一件的同一品名的自轮运转货物。

可按一份运单办理下列货物的运送：

①由同一发货人装载到一辆车并从同一发站发往同一到站、同一收货人,且在运送途中不进行换装和换轮作业的数个集装箱内的货物或空集装箱。

②经发货人和承运人商定,从同一发站、同一发货人发往同一到站、同一收货人的数个集装箱内的货物或空集装箱,无论所需车辆数量是多少。

二、货物运到期限

如发货人和承运人未另行商定,则按货物运送全程确定运到期限,且不得超过运到期限。

货物运到期限根据下列标准确定：

1. 货物发送作业期间

货物运到期限延长1昼夜。

2. 货物运输期间

(1)集装箱货物,每150km延长1昼夜。

(2)其他货物,每200km延长1昼夜。

3. 需延长的运到期限

货物运到期限在下列情况下延长2昼夜：

(1)每次将货物换装到其他轨距的车辆时。

(2)车辆、自轮运转货物每次更换另一轨距的转向架时。

(3)在国际铁路—轮渡直通联运中运送货物时。

4. 运到期限的其他规定

因自身技术特性需限速运行的货物、超限货物及采用单独机车牵引的专列运送的货物运到期限由承运人确定。

国际铁路—轮渡直通联运中运送的货物,其水运区段的运到期限由办理该区段运送的承运人确定。

对由于与承运人无关的原因在运送途中滞留的货物,应按滞留的全部时间相应延长运到期限。

如运送途中须将货物分开,则运到期限按随运单到达的那部分货物计算。

如货物在运到期限期满前到达到站,并且承运人通知收货人货物到达且可以交给收货人处理,即认为运到期限已履行。关于通知收货人的方法,按货物交付地现行的国家法律确定。

货物运到期限,自缔结运输合同的次日0:00起计算,至货物到达时止,且不足1昼夜按1昼夜计算。

三、货物运到逾期的赔偿额

若承运人未按照运到期限交付货物,则承运人应当以违约金形式支付货物运到逾期的赔款,货物运到逾期的违约金额度,根据逾期(天数)占总运到期限的比例确定,如表6-1所示。

货物运到逾期的违约金额度　　表 6-1

逾期总天数占总运到期限的比例	违约金占运费的比例
不超过 10%	6%
超过 10%，但不超过 30%	18%
超过 30%	30%

单元 3　国际铁路集装箱运输办理条件

一、集装箱货物办理一批的条件

在国际铁路集装箱联运中，对集装箱装运的货物，通常以一个集装箱为一批货物，办理一张运单。对组织集装箱班列而言，需办理的运送票据极为繁多。为简化国际铁路集装箱运输，《国际货协》特作了如下规定：

(1) 由同一发货人装载到一辆车并从同一发站发往同一到站、同一收货人且在运送途中不进行换装和换轮作业的数个集装箱内的货物或空集装箱。

(2) 经发货人和承运人商定，由同一发站、同一发货人发往同一到站、同一收货人的数个集装箱内的货物或空集装箱，无论所需车辆数量为多少。

以上规定使一票办理成组或整列集装箱运送成为可能，极大地减少了集装箱班列办理的运送票据的数量，为促进集装箱班列的开行创造了有利的条件。

二、集装箱货物的特定运送条件

(1) 运送货物所使用的集装箱应符合国际通用的标准和技术规章的要求。

(2) 经缔约承运人和交付货物的承运人商定，集装箱可运往不办理集装箱货运作业的车站。

(3) 不允许使用承运人提供的集装箱运送有臭味的货物和运送后必须对集装箱进行洗涮或消毒的货物。

(4) 无论集装箱由何方提供（发货人或承运人），发货人均应确认集装箱是否适于运送货物。例如，发货人提供的集装箱破损，但不影响货物完好和运输安全，则可以承运该类货物。在这种情况下，发货人应在运单“发货人声明”栏内注明破损的形状及尺寸。

(5) 集装箱内所装货物的重量和件数由发货人确定。集装箱内的货物重量和集装箱自重之和，不得超过集装箱上标记的集装箱总重。

(6) 在集装箱内放置和加固货物时，应保证货物完好及运输安全，并使货物在装载、运送和卸车时不致损坏集装箱，且集装箱箱门能够自由开启和关闭。

(7) 重集装箱（装运生活用品的集装箱除外）以及无押运人押运的空机械冷藏集装箱，应由发货人施封，在集装箱每一带有施封装置的构造孔口均应施加一个封印，此时，集装箱门洞上的封印应加挂在最后关闭的箱门的锁闭装置的左把手上。

(8) 承运人提供的集装箱在运送中破损时，承运人应将货物换装到另一集装箱内。如承运人没有适于换装货物的集装箱，或因货物特性不能由承运人进行换装，或破损集装箱是由发货人提供,则承运人应根据“运送发生阻碍时承运人的处理办法”的要求办理。

(9)如集装箱由发货人装车,则发货人应向承运人托运使用该车辆装运的所有集装箱。即发往同一到站、同一收货人的数个集装箱或一个集装箱,但这些集装箱的放置应保证车辆的技术能力(容许集装箱总重,或者容许的个别集装箱总重之和,或者车辆的载重量或容积)能得到充分利用。

单元4　国际铁路集装箱运输组织

知识目标

了解国际铁路集装箱运输组织特点,掌握货物的发送、国境站交接、到达交付的作业流程。

能力目标

掌握一批货物办理的限制、运单的填写、国境站交接单的填写,掌握货物的发送、国境站交接、到达交付的作业办理。

知识学习

一、国际铁路集装箱运输发送作业

(一)托运与受理

国境站进口(含过境)国际铁路联运货物,由国境站在电商系统提出阶段需求和日装车需求,日装车需求受理后,不产生电子运单需求联。国际联运出口货物,采用《国际货协》运单(以下简称“国际货协运单”)的,客户提报出口货物运输阶段需求后,根据预约号在电商系统填写并打印国际货协运单,系统自动生成国际货协运单号(批号)。

国际货协运单就是途经多个国家铁路需使用的单一运输单据。它是托运人与承运人的运输合同,是参与运输的多国铁路承运部门的运输责任契约。运单用纸的印制和运单的填写,应采用铁组工作语言(如中文、俄文)中的一种。

国际货协运单的组成如表6-2所示。

国际货协运单的组成　　表6-2

第×张	各张名称	各张领收人	各张用途
1	运单正本	收货人	随同货物至到站
2	运行报单	将货物交付收货人的承运人	随同货物至到站
3	货物交付单	将货物交付收货人的承运人	随同货物至到站
4	运单副本	发货人	运输合同缔结后,交给发货人
5	货物接收单	缔约承运人	缔约承运人留存

续上表

第×张	各张名称	各张领收人	各张用途
6	货物到达通知单	收货人	随同货物至到站
无号码	补充运行报单	承运人	交给货物运送途中的承运人（将货物交付收货人的承运人除外）

国际联运出口(含过境)运输,还需审核客户是否在电商系统中填制国际联运运单,客户提供的纸质国际联运运单是否在电商系统对应生成38位国际联运单号,纸质运单托运人填的各栏内容是否与电商系统中填记的内容一致。

其中,补充运行报单是承运人文件。当一批货物中的部分货物发送时间晚于随运单运送的货物主要部分时,承运人应办理补送运行报单,将该部分货物运至到站。补送运行报单由两张组成:1张"补送运行报单(由交付货物的承运人留存)"和1张没有编号的"补送运行报单(补充)"。补充运行报单的份数应同参加运送的承运人数量一致(但将货物交付收货人的承运人除外)。是否需要为缔约承运人编制补充运行报单,由缔约承运人决定。我国与俄罗斯之间国际联运货运单如表6-3~表6-6所示。

出口货物运输阶段需求受理后,客户可提出日运输需求。日运输需求受理后,货调系统自动生成并下达的日装车计划与国际联运运单共同作为货物承运和装车的依据。

对于进口货物,口岸站在电商系统提出阶段需求和日装车需求,电商系统受理联运装车日需求后,不生成电子运单需求联。国际联运出口(含过境)运输,还需审核客户是否在电商系统中填制国际联运运单,即客户提供的纸质国际联运运单是否有电商系统生成的8位国际联运运单号码,审核纸质运单托运人填记的各栏内容是否与电商系统中填记的内容是一致的。

(二)货物的装箱和施封

国际联运允许使用同一集装箱运送不同品名的易腐货物,但这些货物不应散发或吸附气味,其运送条件也应相同。

用集装箱装运易腐货物时,在运单发货人的声明栏内,发货人应根据集装箱的技术可能性注明运送全程所需的防护措施和保温措施。

货物装箱完毕,应使用封印或锁封装置施封。施封时应使用只在毁坏后方能启下的铅封,并应以不毁坏封印就不能触及货物的标准施封。封印上应有下列印记:①发送铁路简称,发站名称;②封印记号;③如果发货人对集装箱施封,则应标记发货人简称;④如果承运人对集装箱施封,则应标记承运人简称。

施封装置应有下列标志:①发送铁路简称;②封印记号。

施封装置上还可标记发站名称和发货人名称,必要时可采用发货人简称。

(三)集装箱货物交付承运人

从发货人处承运货物,由缔约承运人检查货物的装载和施封。

承运由发货人装车的敞顶集装箱货物时,承运人应检查车辆和集装箱的外部状态,包括检查是否有封印和封印是否完好,以及封印上的记号是否与运单上的记载相符。如车辆内的集装箱能被触及,则承运人应检查由发货人装车的集装箱的封印。承运人不检查货物件数、重量和状态。

运单第1、2、3、4、5、6张及运行报单(补充)正面

表6-3

1 运单正本—Оргинал накладной
(给收货人)—(Для получателя)

210×297

29 批号—Отправка No
13×45

45×12
国际货协运单—Накладная СМГС
缔约承运人—Договорный перевозчик

1 发货人—Отправитель　5×20
23×94
签字—Подпись

2 发站—Станция отправления　5×20
10×94

3 发货人声明—Заявления отравителя
44×94

4 收货人—Получатель　5×20
23×94

5 到站—Станция назначения　5×20
15×106

8 车辆由何方提供—Вагон предоставлен　/9 载重量—грузоподъё мность
10 轴数—Оси/11 自重—масса тары　/12 罐车类型—Тип цистерны

6 国境口岸站—Пограничные станции переходов
35×65

7 车辆—Вагон	8	9	10	11	12	换装车—После перегрузки 13 货物重量 Масса груза	14 件数 К-во мест
4×45							
4×45	4×8	4×10	4×8	4×15	4×10		
						4×24	4×16

15 货物名称—Наименование груза
65×95

16 包装种类 Род упаковки
65×20

17 件数 К-во мест
65×20

18 重量 Масса
65×20

19 封印—Пломбы
数量 К-во　记号—знаки
5×10　5×35

20 由何方装车—погружеио
7×45

21 确定重量的方法
Способ определения массы
13×45

10×95

22 承运人—Перевозчики
9×35

(区段自/至—Участки от/до)
9×50

车站代码 (Коды станций)
4.5×20

23 运送费用的支付—Уплата провозных платежей
35×95

24 发货人添附的文件—Документы,приложенные отправителем
34×95

25 与承运人无关的信息，供货合同号码
Информация,не предназначенная для перевозчика,No договора на поставку
20×105

26 缔结运输合同的日期
Дата заключения договора перевозки
35×47.5

27 到达日期—Дата прибытия
35×47.5

28 办理海关和其他行政手续的记载
Отметки для выполнения таможенных и другтих административных формальностей
35×105

运单第 1、2、4、5 张及运行报单(补充)背面 表 6-4

	计算运送费用的各项—Разделы по расчёту провозных платежей				向发货人计算的费用 Расчёты с отправителем		向收货人计算的费用 Расчёты с получателем	
А	37 区段—Участок 自—От 至—До	车站代码 Коды станций	38 里程 Расстояние	39 计费重量 Расчёгная масса	44 运价货币 Валюта тарифа	45 支付货币 Валюта платежа	46 运价货币 Валюта тарифа	47 支付货币 Валюта платежа
					48	49	50	51
	40 杂费 дополнительные сборы	= =	= =	= =	52	53	54	55
	41 运价—Тариф	42 货物代码—Код груза	43 兑换率—Куре пересчёта	共计 итого: ►	56	57	58	59
Б	37 区段—Участок 自—От 至—До	车站代码 Коды станций	38 里程 Расстояние	39 计费重量 Расчёгная масса	44 运价货币 Валюта тарифа	45 支付货币 Валюта платежа	46 运价货币 Валюта тарифа	47 支付货币 Валюта платежа
					48	49	50	51
	40 杂费 дополнительные сборы	= =	= =	= =	52	53	54	55
	41 运价—Тариф	42 货物代码—Код груза	43 兑换率—Куре пересчёта	共计 итого: ►	56	57	58	59
В	37 区段—Участок 自—От 至—До	车站代码 Коды станций	38 里程(公里) Расстояние, км	39 计费重量 Расчёгная масса	44 运价货币 Валюта тарифа	45 支付货币 Валюта платежа	46 运价货币 Валюта тарифа	47 支付货币 Валюта платежа
					48	49	50	51
	40 杂费 дополнительные сборы	= =	= =	= =	52	53	54	55
	41 运价—Тариф	42 货物代码—Код груза	43 兑换率—Куре пересчёта	共计 итого: ►	56	57	58	59
Г	37 区段—Участок 自—От 至—До	车站代码 Коды станций	38 里程(公里) Расстояние, км	39 计费重量 Расчёгная масса	44 运价货币 Валюта тарифа	45 支付货币 Валюта платежа	46 运价货币 Валюта тарифа	47 支付货币 Валюта платежа
					48	49	50	51
	40 杂费 дополнительные сборы	= =	= =	= =	52	53	54	55
	41 运价—Тариф	42 货物代码—Код груза	43 兑换率—Куре пересчёта	共计 итого: ►	56	57	58	59
Д	37 区段—Участок 自—От 至—До	车站代码 Коды станций	38 里程 Расстояние	39 计费重量 Расчёгная масса	44 运价货币 Валюта тарифа	45 支付货币 Валюта платежа	46 运价货币 Валюта тарифа	47 支付货币 Валюта платежа
					48	49	50	51
	40 杂费 дополнительные сборы	= =	= =	= =	52	53	54	55
	41 运价—Тариф	42 货物代码—Код груза	43 兑换率—Куре пересчёта	共计 итого: ►	56	57	58	59
Е	37 区段—Участок 自—От 至—До	车站代码 Коды станций	38 里程 Расстояние	39 计费重量 Расчёгная масса	44 运价货币 Валюта тарифа	45 支付货币 Валюта платежа	46 运价货币 Валюта тарифа	47 支付货币 Валюта платежа
					48	49	50	51
	40 杂费 дополнительные сборы	= =	= =	= =	52	53	54	55
	41 运价—Тариф	42 货物代码—Код груза	43 兑换率—Куре пересчёта	共计 итого: ►	56	57	58	59
64 计算和核收运送费用的记载—Отметки для исчисления и взимания провозных плагежей 43×128				总计 Всего: ►	60	61	62	63
					65 应向发货人补收的费用—Дополнительно взыскать с отправителя за			

运单第 3 张背面 表 6-5

<table>
<tr><td>30 承运人记载—Отметки о перевозчике

87×120</td><td>35 货物到达通知—Уведомление о прибытии груза

45×80</td></tr>
<tr><td>31 商务记录—Коммерческий акт 10×120</td><td rowspan="3">36 交付货物—Выдача груза

82×80

收货人签字—Подпись получателя</td></tr>
<tr><td>32 运到期限延长—Удлинение срока доставки 5×120</td></tr>
<tr><td>车站/Станция -------------- 车站/Станция --------------
滞留原因/Задержка из-за ------ 滞留原因/Задержка из-за ------
-------------------------- --------------------------
自/От ------ 时/час -------- 自/От ------ 时/час --------
至/До ------ 时/час -------- 至/До ------ 时/час --------</td></tr>
</table>

33.货物移交记载—Отметки о передаче груза 5×200

33.1 25×50	33.2 25×50	33.3 25×50	33.4 25×50
33.5 25×50	33.6 25×50	33.7 25×50	33.8 25×50
33.9 25×50	33.10 25×50	33.11 25×50	33.12 25×50

34 通过国境站的记载—Отметки о проследовании пограничных станций 5×200

34.1 25×50	34.2 25×50	34.3 25×50	34.4 25×50
34.5 25×50	34.6 25×50	34.7 25×50	34.8 25×50
34.9 25×50	34.10 25×50	34.11 25×50	34.12 25×50

运单第 6 页背面 表 6-6

<table>
<tr><td colspan="2">30 承运人记载—Отметки о перевозчике
87×120</td><td colspan="2" rowspan="4">127×80</td></tr>
<tr><td colspan="2">31 商务记录—Коммерческий акт 10×120</td></tr>
<tr><td colspan="2">32 运到期限延长—Удлинение срока доставки 5×120</td></tr>
<tr><td>车站/Станция -------------
滞留原因/Задержка из-за ----

自/От------时/час--------
至/До-------时/час--------</td><td>车站/Станция-------------
滞留原因/Задержка из-за-----

自/От-------时/час-
至/До-------时/час--------</td></tr>
<tr><td colspan="4">33 货物移交记载—Отметки о передаче груза 5×200</td></tr>
<tr><td>33.1
25×50</td><td>33.2
25×50</td><td>33.3
25×50</td><td>33.4
25×50</td></tr>
<tr><td>33.5
25×50</td><td>33.6
25×50</td><td>33.7
25×50</td><td>33.8
25×50</td></tr>
<tr><td>33.9
25×50</td><td>33.10
25×50</td><td>33.11
25×50</td><td>33.12
25×50</td></tr>
<tr><td colspan="4">34 通过国境站的记载—Отметки о проследовании пограничных станций 5×200</td></tr>
<tr><td>34.1
25×50</td><td>34.2
25×50</td><td>34.3
25×50</td><td>34.4
25×50</td></tr>
<tr><td>34.5
25×50</td><td>34.6
25×50</td><td>34.7
25×50</td><td>34.8
25×50</td></tr>
<tr><td>34.9
25×50</td><td>34.10
25×50</td><td>34.11
25×50</td><td>34.12
25×50</td></tr>
</table>

承运由发货人装到开顶集装箱内且件数超过100的货物时，承运人不检查货物重量，只需从外部检查可见货件（或货件的可见部分）的状态，并且检查保护标记及货物件数。

承运由发货人装到开顶集装箱内且在运单中已注明件数的货物时，承运人不检查货物重量，只需从外部检查可见货件（或货件的可见部分）的状态，并且检查保护标记及货物件数。

（四）集装箱货物的装车

货物应装载到技术状态良好且适于运送该种货物的已清扫的车辆内。由何方（承运人或发货人）装车，按发送国的国内法律规定办理。如运单中没有记载由何方装车，则由发货人装车。

国际铁路联运出口（含过境）集装箱货物在集装箱系统完成装车信息录入。同时，还需将车号、施封号等承运人需要填记的信息在纸质国际联运运单上填写。

国际铁路联运进口国境站装车时，在国境站管理信息系统填制作业清单，作业清单包含车号、国际联运运单号码、发站、到站、收货人、发货人等国际联运运单信息和车辆调入时间、开始时间、结束时间、调出时间等换装作业信息。集装箱货物在联运制单前，车站人员核对国境站系统发送的作业清单信息，制单后在集装箱系统进行换装作业，并将装卸信息上报电商系统。

（五）核算制票及承运

货运人员计算运输费用后生成带运单号码的国内运单，该运单作为国内段计费凭证，打印第1联（发站存查联）、第2联（收款人报告联）、第3联（托运人存查联）。其中，第1联发站留存，第2联上报铁路局集团公司，第3联交托运人。国际联运运单、商务记录、添附文件等继续以纸质方式办理，连同货物一起随车传递至到站。

二、国际铁路集装箱运输途中作业

（一）集装箱货物的交接与检查

承运人之间的货物交接，在接收集装箱货物的承运人所在国的交接站办理。根据交付承运人和接收承运人之间的商定，货物移交可在交付承运人所在国的交接站办理。货物交接应每天办理，且昼夜进行。

货物交接时应编制交接单。交接单应自每个日历年度开始连续编号。对空、重集装箱的移交，应单独编制交接单。对空集装箱，必须在交接单“货物名称”栏内注明“空”字样。

交付承运人编制交接单，一式六份，交付承运人和接收承运人各得三份。应按交接单内填写的货物顺序，在交接单上添附与每批货物相关的所有票据。

移交按一份运单运送的两车或两车以上货物时，交付承运人应按车辆清单中记载的顺序，将车辆的有关事项记入交接单。

货物的移交由承运人在交接单上签字并加盖日期戳记予以证明，接收承运人还应在交接单“货物移交记载”栏内加盖日期戳记予以证明。

接收承运人在交接单上签字的时间，即为货物交接时间。移交货物前，交付承运人应检查有无运单，即检查车辆清单、集装箱清单和其他运单补充清单，以及运单上所列的添附文件是否齐全。

交付承运人应检查每批货物有无必要份数的补充运行报单。

如添附文件丢失，交付承运人应编制普通记录一式三份，其中一份由交付承运人留存，两份附在运单上（一份给交付货物的承运人，另一份根据收货人的要求交给收货人）。

如运单张页齐全，交付承运人应对补充运行报单中的记载与运单中的相应记载进行核对。

如发现记载有不符之处，则交付承运人应更正或补充运行报单，或根据运单信息补全遗漏事项，并签字和加盖日期戳记，以证明这些更正和补充事项。

由于运单、运单个别张页或车辆清单、集装箱清单，包括补充清单遗失而引发的一切后果，由该遗失的过失承运人负责。

在办理货物移交和换装之前，交付承运人和接收承运人共同检查由交付承运人提交的车辆中所装载货物的状态、件数和重量以及车辆自重。

如果不经换装难以检查货物件数，或不经换装无法检查货物的包装状态，则应在换装时进行检查。在这种情况下，在交接单"备考"栏内应注明"在货物换装时清点货物件数或检查包装状态"。

经交付承运人和接收承运人商定，可在换装后检查运单中记载的货物重量，并应在交接单中注明。

一些特殊情况按以下方式记载：

（1）只按件数接收的包装和成件货物，记载"未检查货物重量"。

（2）只按重量接收的货物，记载"未检查货物件数"。

（3）只按重量接收的成件货物，其总件数超过100件时，记载"堆装"。

（二）集装箱的换装

如货物发、到站位于不同轨距铁路上，则可根据技术条件，按下列办法办理运送：将货物从一种轨距车辆换装到另一轨距车辆，或为车辆更换另一轨距的转向架，或使用变距轮对。

在相同轨距的不同国铁路之间，一般情况下，发送国车辆可直接过轨，不必换装而直通运送。

货物从一种轨距车辆换装到另一轨距车辆时，办理换装的承运人应将运单中"车辆""车辆由何方提供""载重量""轴数""自重"各栏中关于原车辆的记载事项划消，但原字迹须能辨认，并在其下面记载换装后的车辆的相应事项。如，一车货物换装到两车或超过两车，应记载换装后的每辆车的事项。

（三）货物运输变更

发货人以及收货人有权向承运人作出有关货物的指示并进而变更运输合同。如货物已通过到达国的进口国境站，则收货人只能按到达国现行国内法律办理运输合同的变更。

铁路发站在受理国际联运出口（含过境）货物运输变更时，应向国境站拍发变更电报，还要确认托运人在电商系统中提交的电子信息变更申请，内容包括：国际联运运单号码（批号）、申请变更事项、变更内容、发站拍发的电报号码等。国境站确认电商系统中托运人提交的电子信息变更申请与电报内容完全一致后，在电商系统中审核通过并确认修改。

发货人的运输合同变更权，从收货人收到运单时起，或从货物到达到达国进口国境站（如承运人已接到收货人关于变更运输合同的申请书）时起，即告终止。

收货人只可在货物尚在到达国进口国境站时，根据条件办理运输合同的变更。同时，变更需要支付附加运送费及变更合同手续费。

发货人向缔约承运人提出申请，发货人对运输合同可做出下列变更：

(1)变更货物到站。

(2)变更收货人。

收货人向交付货物的承运人提出申请。收货人只可在到达国范围内对运输合同做出下列变更：

(1)变更货物到站。

(2)变更收货人。

承运人只在下列情况下，才有权拒绝变更运输合同或延期执行这一变更：

(1)承运人在接到变更运输合同申请书后无法执行合同变更时。

(2)运输合同的变更可能违反铁路运营管理规定时。

(3)变更到站后，货物的价值不能抵偿运至新到站的一切预期费用时(能立即缴付或能保证支付这种费用款额时除外)。

(4)在需变更到站的情况下，运单上记载的承运人发生了变化，但新承运人未决定是否进行变更时。

(四)运输阻碍的处理

货物运送中发生阻碍时，如承运人已决定征求发货人的指示，则该承运人应向缔约承运人寄送发货人指示征询书。发货人应将自己的指示通知缔约承运人，而缔约承运人应将该指示转达给征求指示的承运人。

管理货物的承运人应将运单相应栏内的原事项划消，但原字迹须能辨认，并按发货人指示记入新的事项，在“运到期限延长”栏内注明滞留原因和滞留时间。如运单中所记载的运送径路改变，则承运人应在运单“承运人记载”栏内记载“由于××(导致运送阻碍的原因)改变原运送径路”，并加盖承运人戳记。

三、国际铁路集装箱运输到达作业

国际联运出口(含过境)国境站卸车时，除完成既有作业外，国境站交接所内勤人员(以下简称内勤)在国境站系统中提取电商系统推送的出口电子运单，与实际到达的纸质国际联运运单核对，依据出口列车编组情况生成出口货物交接单。

国境站出口车辆生成出发编组并执行列车出发命令后，国境站依据出口列车编组信息和出口运单信息，生成出口货物交付信息上报货运站系统。

承运人应根据到站所在国法律规定的办法，将货物运达到站一事及时通知收货人。

国际联运进出口货物国境站本地交付。国境站完成进口交付运单编制后，由车站依据电子运单信息和落地卸车作业信息，生成进口货物交付信息上报货运站系统。承运人应将指定给收货人的运单张页及运单上添附的文件交付收货人。收货人只在由于承运人的过错而使货物重量发生变化，以致部分货物或全部货物不能按原用途使用时，方可拒领货物。

缴清费用后，在“交付货物”栏内签字并填记日期，同时记入货物到达国国内法律规定的其他事项。

如收货人和承运人之间的协定未另作规定，则应在运单上办理货物交付之后再办理货物的实际交付，承运人和收货人应在货物交付国现行国内法律规定的文件上签字以证明货物实际交付。

如随运单运送的部分货物先于补送货物到达到站，则承运人应对未到达的部分货物编制商务记录。交付晚到达的补送货物时，收货人应向承运人提交运单和商务记录。承运人在运单第6张"承运人记载"栏内注明"补送货物已交付"，并加盖日期戳记，而后将运单返还收货人。商务记录由承运人留存，承运人在商务记录中做出关于补送货物已交付的记载并注明交付日期。

(1)由发货人装到集装箱内的货物，承运人和收货人按下列规定办理交付和接收

①在下列情况下，应从外部查看集装箱、集装箱上的窗和门的状态，检查封印是否存在、封印是否完好，以及封印记号是否与运单中的记载相符。

a. 承运人从发货人处承运的集装箱门朝外装载到平车上的大吨位集装箱。

b. 集装箱在发站由承运人装车。

c. 集装箱在到站由承运人卸车。

d. 集装箱在运行途中由承运人换装到其他车辆上，或重新摆放。

②在下列情况下，应从外部查看集装箱可见部分的状态。

a. 承运人从发货人处承运已装车的中吨位集装箱，运送中未经承运人换装或重新摆放且应由收货人卸车。

b. 承运人从发货人处承运的大吨位集装箱，集装箱门朝内装载到平车上或装载到敞车上，在运送中未经承运人换装或重新摆放且应由收货人卸车。

由发货人装载到开顶集装箱内运送的货物，如运单中已注明货物件数，则承运人和收货人办理货物交付和接收时，不检查货物重量，仅从外部查看可见货件(或货件可见部分)的状态，同时检查保护标记以及货物件数(如通过肉眼观察数清)。

由发货人装载到开顶集装箱内且件数超过100的货物，承运人和收货人办理货物交付和接收时，不检查货物重量，仅从外部查看可见货件(或货件的可见部分)的状态并检查保护标记。

(2)承运人在确定货物的件数和重量时，按以下方法进行检查

对于用敞口箱运送的货物，应检查货物件数和重量，或检查件数和每个箱子内的货物数量。

(3)货物交付发生阻碍时的处理办法

如发生货物交付阻碍，承运人应向缔约承运人寄送发货人指示征询书。

发货人应将自己的指示通知缔约承运人，而缔约承运人将该指示转达给征求指示的承运人。

货物卸车后，将集装箱返还承运人时，收货人应保证集装箱的清洁。

单元5　国际铁路联运货物保价运输

知识目标

了解出口、进口集装箱国际铁路联运保价运输的保价范围。

了解集装箱国际铁路联运保价运输的办理方法。

能力目标

掌握办理国际铁路集装箱联运保价运输的基本常识。

知识学习

国际铁路货物联运路途长、环节多、手续复杂、风险大,我国专门制定了适于国际联运的保价办法,该办法适用于国际联运中的出口货物和进口货物的保价运输。出口货物的保价运输,由发站办理至出口国境站;进口货物的保价运输,由进口国境站办理至到站。

一、国际铁路联运货物保价运输的办理方法

发货人(或其代理人)与收货人(或其代理人),根据自愿的原则,可在发站办理出口货物的保价运输或在国境站办理进口货物的保价运输。

出口货物办理保价运输时,发货人或其代理人须在国际货协运单“发货人的特别声明”(第4栏)内注明“国内段保价运输”字样,并在“货物名称”(第11栏)内注明货物的保价金额。

中国铁路过境里程表

进口货物办理保价运输时,收货人或其代理人须向国境站提交“国际联运进口货物保价运输申请书”,其格式如表6-7所示。收货人或其代理人与国境站签订长期参加保价运输协议的进口货物,可按照协议规定执行,不必按批递交《进口货物保价运输申请书》。国际联运出口货物办理保价运输时,货主或其托运代理人(发货人)应填写国际联运进口货物保价运输申请书(表6-7),在国际货协运单“发货人声明”栏内注明“国内段保价运输”,并在“货物名称”栏内注明货物的保价金额。

国际联运进口货物保价运输申请书 表6-7

局　　站　　No.

发送路		批号	
发货人		车种车号	
收货人		件数	
发站		重量	
到站		办理种别	
货物名称		保价金额 报价金额(大写)	
收货人或其代理人签字和盖章		国境站日期戳	记事

注:本表一式三份:一份交收货人或其代理人,一份交国境站,一份由国境站报主管分局收入检查室。

办理国际联运出口货物保价运输时,发站应在国际联运货物运单和补充运行报单杂费

处，记载并填记该保价路段的保价费款额。在第60～63栏内，填写包括保价费在内的合计款额，在第65栏内注明“保价费××元”字样。

二、国际铁路联运保价金额和保价费

保价金额应按全批货物贸易合同的实际价格(均折合人民币计价)填写，不得只保价其中的一部分。否则难以区分一批货物中哪些属于保价货物，哪些不属于保价货物，给货物损失赔偿的确认带来难度。

托运人要求办理货物保价运输时，应在货物运单“发货人声明”栏内记明“保价运输”字样，并在货物名称栏中填写全批货物的实际价格(按人民币计价)。

办理保价运输的国际联运货物，铁路须向发货人或收货人(均包括代理人)核收货物保价费。货物保价费按保价金额乘以适用的货物保价费率计算。货物保价费率按我国国内货物保价费率表的规定计算。保价费率不同的货物作一批货物托运时，应分项填记品名及保价金额，分别计算保价费用。保价费率不同的货物合并填记时，使用其中最高的保价费率。

发货人或其代理人办理出口货物保价运输时，为核收货物保价费，发站应在运单和补充运行报单第54栏杂费处，记载“26”，并填写保价费款额。在第83、87、87’栏内，填写包括保价费在内的合计款额，在第91栏内注明“保价费××元”字样。

三、国境站办理保价运输时的处理

收货人或其代理人办理进口货物保价运输时，国境站应单独编制带号码的补充运行报单一式三份，一份留站存查，一份交收货人或其代理人，一份报主管分局。在带号码的补充运行报单第11栏“货物名称”栏内记载货物名称和保价金额，在第54栏杂费处记载“26’”，并填写保价费款额，在第85、89、89’栏内，记载向收货人或其代理人核收的保价费金额。在第91栏内注明“保价费××元”字样，并在第46栏内加盖国境站日期戳记。在运单第93栏“铁路记载”内注明“第××号进口货物保价运输申请书。”

四、国际铁路集装箱保价运输的赔偿

保价货物在国内段发生灭失、短少、变质、污染、损坏时，凡由于铁路局责任造成的，铁路局负责赔偿。我国国内发货人或收货人(包括代理人)提出赔偿请求时，铁路局按国内有关规定赔偿，填写国际联运保价货物赔偿登记簿(见表6-8)。

国际联运保价货物赔偿登记簿　　表6-8

顺序号	记录			发站	到站	运单号码	品类	事故种类	事故等级	送出或到达日期	责任者及处理结果	结案日期	赔偿						记事
	编制日期	编制站	号码										请求人	请赔款额	受理日期	结案日期	核赔款额	赔款通知书码	

单元6 国际铁路集装箱联运的费用

知识目标

了解国际铁路集装箱联运费用的组成和相关规定,了解国内运费及过境运费的计算。

能力目标

掌握国际铁路集装箱联运费用组成及其计算方法。

知识学习

一、国际铁路集装箱联运费用的组成和规定

国际铁路集装箱联运是使用一份运输单据办理跨越国境的全程铁路运输。其运输成本费用由各参加运送国铁路的运费、杂费(包括装卸、包装、装载加固、押运等费用)、海关商检费用、国境口岸车站的交接费用和铁路轨距不同口岸的换装费用组成。

1. 我国对国际铁路集装箱联运的运输费用规定

出口货物运输:在我国境内铁路产生的运输费用一律在我国核收。铁路运费、装卸费、运杂费等,包括在发运车站到边境口岸车站的运价里程和从边境口岸车站到国境线(零公里)的铁路运输费用,全部在发运车站交付。货物跨越国境线(零公里)后产生的铁路运费、换装费则由境外运输代理人或收货人交付。

进口货物运输:境外铁路运输费用由发货人或运输代理人交付,在边境口岸交接后[即货物跨越国境线(零公里)后]产生的所有费用(包括换装费和到达站的国内运费),一律在我国国境口岸车站核收。

2. 我国对国际铁路集装箱联运费用核收的规定

我国对国际铁路集装箱联运费用计算的主要依据是《国际铁路货物联运统一过境运价规程》(以下简称《统一货价》)、《国际货协》和我国的《铁路货物运价规则》(简称《国内价规》)。

(1)发送路的运送费用,在发站向发货人或根据发送路国内现行规定核收。

(2)到达路的运送费用,在到站向收货人或根据到达路国内现行规定核收。

(3)过境路的运送费用,按《统一货价》在发站向发货人或在到站向收货人核收。

二、国际铁路集装箱联运国内段运送费用

1. 运费计算规定

(1)根据货物运价里程表确定从发站至到站的运价里程。

(2)根据运单上填写的货物品名查找货物品名检查表,确定适用的运价号。

(3)根据运价里程和运价号在货物运价率表中查出相应的运价率。

(4)将按《铁路货物运价规则》确定的计费重量与该批货物适用的运价率相乘,算出该批货物的运费。运价里程:进、出口货物的运价里程,应将国境站至国境线的里程计算在内。

2.杂费的相关规定

在过境铁路(其中包括国境站)发生的运价规程中未作规定的其他杂费和其他费用,按照这些费用发生当日该国的现行国内规章计算,并将以本国货币计算的费用金额换算成瑞士法郎后,以瑞士法郎为单位填写在运送票据中。

(1)国际联运运单(每份6张)以及供托运人报销运费用的补充运行报单均按《铁路货运营运杂费费率表》规定的费率核收。

(2)与所运货物验关有关的费用

为补偿过境铁路所支付与所运货物验关有关的一切费用(一次性核收),每批集装箱收4瑞士法郎,作为每一过境铁路的收益。

(3)进、出口货物声明价格费,不满150瑞士法郎按照150瑞士法郎收取。每150瑞士法郎价格声明费中,每一过境铁路分别核收2瑞士法郎,不取决于运输距离。

(4)换装费:将货物从一种轨距车辆换装入另一种轨距车辆以及更换转向架时,收取换装费。集装箱货物按照下列规定收费:

①容积为$5m^3$的(最大毛重为3t)和容积为$11m^3$(最大毛重为5t)的集装箱,每集装箱收17.6瑞士法郎。

②重的大吨位集装箱,每集装箱收68瑞士法郎。

③空的大吨位集装箱,每集装箱收34瑞士法郎。

(5)进口货物在国境站或中途站办理运输变更时,以发送路原使用的车辆数核收变更手续费。由于收货人代号改变而变更收货人时,也应核收变更手续费。从朝鲜进口整车煤炭,在国境站办理变更到站,按上述费率减半核收。

(6)进、出口货物由于托运人、收货人原因,造成货车在国境站上滞留时,应计算货车滞留时间(不包括铁路正常办理手续的时间)及滞留费。计算滞留费时,车辆或集装箱停留时间不足1h按1h计算。如果运送的一个或几个集装箱被卸车,则集装箱在车内及卸车后的滞留费按照上面所列相应的箱型对应的费用计算。

在其余情况下,集装箱的滞留费按照二轴或者四轴车辆的费率计算。车辆或者集装箱的滞留费,根据过境铁路的现行国内规章计算。核收的滞留费,作为铁路的收益。集装箱滞留费按下列规定计算:

①内容积为$3.0m^3$以上至$5.7m^3$的中吨位集装箱:0.4瑞士法郎/(箱·h)。

②内容积为$5.7m^3$以上至$11.0m^3$的中吨位集装箱:0.8瑞士法郎/(箱·h)。

③10ft集装箱:1瑞士法郎/(箱·h)。

④20ft集装箱:2瑞士法郎/(箱·h)。

⑤30ft和40ft集装箱:4瑞士法郎/(箱·h)。

(7)向朝鲜出口整车散装的煤、石膏、焦炭、矿石、矿粉、熟矾土、黄土和向越南出口整车散装货物,均在国境站用轨道衡复查重量,核收过秤费。进口货物在国境站如收货人或其代理要求过秤复查重量,应记载并核收过称费。

三、国际铁路集装箱联运过境运费的计算

1. 国际铁路联运货物运杂费计算程序

(1)在《统一货价》"过境里程表"中分别查找运送货物所通过各个国家铁路的过境里程。

(2)在《国际铁路货物联运通用货物品名表》中,确定所运货物适用的运价等级和计费重量标准。

(3)在《统一货价》"过境统一货价参加路慢运货物运费计算表"中,根据运价等级和各过境运送里程,找出相应的运价率。集装箱运输货物过境运费计算公式如下:

运费 = 货物运价率 × 计费重量(或实际重量) × 过境里程 × 减成率

2. 集装箱运费计算的相关规定

(1)按一张运单托运的使用通用中吨位、通用或者专用大吨位集装箱运送的货物,或者空的通用中吨位、通用或者专用大吨位集装箱均为集装箱货物。

(2)开办中吨位集装箱作业的铁路车站,以及开办将中吨位集装箱换装至另一种轨距车辆内的国境站均在《国际货协》附件第 8.1 项载明。开办大吨位集装箱作业的铁路车站,以及开办将大吨位集装箱换装至另一种轨距车辆内的国境站均在《国际货协》附件第 8.2 项及国际铁路联盟(以下简称"铁盟")的车站清单内载明。

(3)中吨位集装箱的运费根据《国内价规》过境统一货价参加路慢运中吨位集装箱运费计算表按每一集装箱单独计算。

(4)通用大吨位集装箱的运费根据《国内价规》过境统一货价参加路慢运通用大吨位集装箱运费计算表按每一集装箱单独计算。

(5)涂打最大标记毛重 30t 及以上的 20ft 通用大吨位集装箱,实际毛重为 24t 以上行程的运费按照过境统一货价参加路慢运通用大吨位集装箱运费计算表中 20ft 重集装箱的运价率,采用 1.20 的系数计算。40ft 以上空的和重的通用大吨位集装箱的运费,按照过境统一货价参加路慢运通用大吨位集装箱运费计算表中 40ft 集装箱运价率,采用 1.20 的系数计算。

(6)空的和重的大吨位罐式集装箱的运费按照过境统一货价参加路慢运通用大吨位集装箱运费计算表中的空的和重的通用大吨位集装箱相应箱型的费率,采用 1.40 的系数计算。

(7)空的和重的大吨位冷藏集装箱的运费按照过境统一货价参加路慢运通用大吨位集装箱运费计算表中的空的和重的通用大吨位集装箱相应箱型的费率,采用 1.35 的系数计算。

运送空的和重的冷藏集装箱时加挂货主自备的柴油发电车的,按照每(轴 · km)0.12 瑞士法郎的费率加收柴油发电车费用。

(8)专用集装箱的运费根据过境统一货价参加路慢运通用大吨位集装箱运费计算表按每一集装箱单独计算。

(9)使用货主自备车辆和铁路出租的车辆运送空、重集装箱时,其运费根据《统一货价》第 3 ~ 8 款计算并进行 15% 的减成。

(10)快运集装箱的运费,按慢运费率计算后加成 50%,若随旅客列车运送时,加成

100%。过境统一货价参加路慢运通用大吨位集装箱运费计算表、过境统一货价参加路慢运中吨位集装箱运费计算表参见《统一货价》。

四、过境我国铁路运输费用

1. 过境我国铁路运输费用计算依据

过境我国铁路运输货物，执行《国际货协》规章程序和单据，过境运输费用的主要依据是铁组《统一货价》和国内的《铁路货物运价规则》及其附件。其运输形式为：从国境口岸车站或海运港口接收货物，监管运输到另外的国境口岸车站或海运港口出境。

由于《统一货价》规定的过境运输费率较高，各国铁路对过境运输都有相应的优惠政策，我国铁路也提供了减成优惠政策公布了各口岸间的过境铁路运输里程。2014 年 3 月 18 日，“中国铁路总公司关于修改过境货物运费计算系数的通知”确认了过境运费优惠计算系数。

过境铁路运输货物一律在我国进口国境口岸车站和海运港口车站核收。

(1)我国铁路过境里程的规定

现行的中国铁路过境里程表被列入《国际铁路货物联运统一过境运价规程》《统一运价》第 10 条过境里程表中，自 2012 年 8 月 15 日施行。

(2)过境货物运费计算系数表(见表 6-9)

过境货物运费计算系数表 表 6-9

过 境 线 路	20ft 集 装 箱	40ft 集 装 箱
由二连浩特国境站接入，过境中国铁路，经国境站(港口站)出境及反方向	0.60	0.50
由阿拉山口国境站接入，过境中国铁路，经国境站(港口站)出境以及相反方向	0.50	0.40
其他过境中国铁路运输	0.50	0.40

注：根据该表系数计算出的整车货物过境运费，如低于该货物运价等级所规定的最小计费重量标准计算出的运费，则按该货物运价等级所规定的最小计费重量标准计算运费。

2. 过境我国铁路货物运输费用的计算和核收

(1)过境我国铁路国际联运货物(以下简称过境货物运输，也称大陆桥运输)是指由境外启运过境我国铁路继续运往境外的国际联运货物。包括：

①经我国铁路国境站接入，通过中国铁路运送并经另一国境站出境运往其他国家的货物。

②经我国铁路国境站接入，通过中国铁路运送并经一港口站转运往其他国家的货物。

③经我国港口站接入，通过中国铁路运送并经国境站运往其他国家的货物。

(2)我国过境货物的运输，必须由国家有关主管部门批准、认可的具有国际货物运输代理经营资格并有过境货物运输代理业务的企业办理。凡是以过境货物报关单向海关申报并在国际货协运单上加盖“海关监管货物”戳记的过境运输货物均视为过境货物。我国过境货物铁路运输执行《国际货协》，以《统一运价》第 10 条过境里程表中“中国铁路过境里程表”计算过境里程，按《统一货价》计费。过境货物运送费用一律由接入国境站或港口站(由港口接入时)向发货人或代理人核收。

(3)过境货物运费,按《统一货价》规定的费率并与“过境货物运费计算系数表”规定的系数相乘计算。过境货物的运价等级,根据《国际铁路货物联运通用货物品名表》的规定计算。过境货物在国境站或港口站产生的杂费,按照国内规定计费(见铁路货物运输杂费项目和费率表)。国内规章未规定而《统一货价》规定的费率,按《统一货价》的规定计算。

过境货物的运费和杂费,均使用国内运费杂费收据核收,并按运输收入报缴。车站在运费杂费收据“附记”栏内注明“过境中铁运输费用”。

由俄罗斯、哈萨克斯坦、蒙古国、越南、朝鲜运往我国或过境我国的货物,在我国的国境站换装时,应计算其换装费用。

【例6-1】 某日,中欧班列进口40ft集装箱,在A站货检作业时,货检人员发现该箱体铁皮脱落,甩车处理,影响本列。经调查,脱落部件为集装箱门楣挡雨板,分析原因是该箱体质量不良,顶盖与门楣挡雨板之间没有进行整体焊接,点焊方式连接强度不够,箱体老化后焊点锈蚀脱焊,在列车运行中受风力作用将门顶梁上挡雨板向一侧掀起,造成剩余连接部分折断。

拓展知识

中哈合作开辟中欧班列新通道,第二条通往欧洲铁路大通道形成

自我国提出“一带一路”倡议以来,多个省区市均已开通国际货运班列。如今,一列列“钢铁驼队”正成为中国与“一带一路”沿线国家贸易互通的重要桥梁。为不断优化中欧班列运输效率,2018年1月,中哈两国合作开辟中欧班列新通道,通过铁海联运,班列途经土耳其直达欧洲,为中国通往欧洲提供了第二条铁路大通道。

2018年1月24日,中欧班列(义乌—波兰)运邮测试班列(见图6-1)从浙江义乌出发,前往波兰马拉舍维奇。此次中欧班列运邮测试的成功,将为小商品开辟经济、便利的国际邮件运输新模式。

2018年1月19日19时,由36组集装箱组成,搭载着汽车配件、工程设备、日用百货的X9089次货物列车从中欧班列乌鲁木齐集结中心驶出,经由我国阿拉山口出境,途经哈萨克斯坦库雷克港,通过海运到达阿塞拜疆首都巴库。

图6-1　中欧班列(义乌—波兰)运邮测试班列

这是我国与哈萨克斯坦双方铁路部门共同合作,最新开辟的一条中欧班列铁海联运通道,为我国至格鲁吉亚、伊朗、阿塞拜疆、土耳其和其他国家互通往来提供了一条高效、便捷的物流运输新通道。据铁路部门介绍,该趟铁海联运班列货物来自上海、山东、浙江、广东等地,全程历时8天、行程4186km,较以往全程铁路运输

节省时间三分之二以上。

"这趟班列的开行,为我们公司出口到西亚的货物提供了全新的物流模式,原来到巴库要一个月左右,通过这趟班列运输只要不到10天,减少了物流中转环节,大大提升了运输效率。"上海郑明国际贸易有限公司总经理刘畅说。首趟乌鲁木齐—库雷克—巴库铁海联运班列的开行,大大增加了出口产品附加值。

就中欧班列而言,目前中欧之间有3条"钢铁丝路":经我国阿拉山口口岸出入境的西部通道、经我国二连浩特口岸出入境的中部通道和经我国满洲里口岸出入境的东部通道。这些中欧班列的出境线路基本都要经过俄罗斯、白俄罗斯、波兰、德国和法国等。

拓展知识

中老铁路,就是不一般!

中老铁路是首条以中方为主投资建设、全线采用中国技术标准、使用中国设备并与中国铁路网直接联通的国际铁路。自2016年12月开工建设5年来,中老铁路跨越"三山""四水"、突破艰难险阻、凝聚创新智慧、赓续中老友谊、蓄力发展动能……

自昆明出发,中老铁路要翻越磨盘山、哀牢山、无量山"三山",跨过元江、阿墨江、把边江、澜沧江"四水",导致铁路的桥隧比极高,中国国内段达87%、老挝段达62.7%。建设者们向记者感慨,"中老铁路不是铺出来的,而是挖出来、架出来的"。遇山开山,遇水架桥。中老铁路沿途被称作"地质博物馆","三高"(高地热、高地应力、高地震烈度)、"四活跃"(活跃的新构造运动、活跃的地热水环境、活跃的外动力地质条件、活跃的岸坡浅表改造过程)的地质特征,导致灾害频发。尽管"麻烦"层出不穷,但没有吓退我国的铁路建设者,他们通过科技创新攻克众多世界技术难题,为我国高原山区铁路建设积累了宝贵经验。

拓展知识

中老铁路运输成绩亮眼

中老铁路开通以来,铁路部门认真贯彻落实党中央、国务院稳住经济大盘部署要求,高效统筹疫情防控和客货运输,在中老铁路推出多项新服务,黄金大通道作用日益显现。

截至2022年9月1日,中老铁路累计发送旅客671万人次,其中国内段587万人、老挝段84万人次,累计运输货物717万t,其中跨境货物128万t,运输成绩亮眼。

国内已有21个省(区、市)先后开行中老铁路跨境货物列车,货物运输已覆盖老挝、泰国、缅甸、马来西亚、柬埔寨、新加坡等国家和地区,运输货物品名从开通初期100余种,提升到1200余种。

随着铁路部门对"澜湄快线"+跨境电商、"中老铁路+中欧班列"等铁路国际运输新模式不断探索,还将进一步增强中老铁路辐射效应和跨境货运能力,让更多企业享受中老铁路带来的机遇和利好,最大程度发挥好中老铁路经济纽带作用。

单元7　中欧班列运输组织

知识目标

1. 掌握中欧班列的概念；
2. 掌握中欧班列的组织模式。

能力目标

能执行中欧班列发运准备工作；能执行中欧班列在途运输；能执行中欧班列到达交付。

知识学习

一、中欧班列概念

中欧班列(CHINA RAILWAY Express,CR express)是指经阿拉山口(霍尔果斯)、二连、满洲里(绥芬河)口岸出入境,在中国与欧洲国家间开行,固定发到站、固定车次和运行线,明确开行周期和全程运行时刻,按快运货物班列模式组织开行的集装箱国际联运货物列车。

二、中欧班列的组织模式

1. 开行列数

目前大体分为以下三个阵营:

第一阵营:常态化开行且密度合理,可保证每天到发一列,年运行300列以上。

第二阵营:具备了常态化的要素,每周能够开行至少一列。

第三阵营:开行密度不高,稳定性不高,走走停停,时好时坏。

2. 编组数量

集装箱班列的编组辆数,由班列运行区段的牵引重量和班列挂靠车站到发线有效长度决定。目前,国铁集团规定中欧班列由41辆专用车组成(略低于中国境内班列编组数52辆),可装载41个40ft集装箱或82个20ft集装箱。如果发运站货源不足,班列经营人往往需要搭配空箱,以便满足中欧班列编组不得少于41辆的要求,这必然造成极大的空载运费支出。

3. 宽轨段“三并二”集并运输模式

宽轨段“三并二”集并运输是指在宽轨段起始口岸换装时,将国内始发的三列中欧班列合并为两列,集并运输到宽轨段终点口岸,再换装还原为原来的三列中欧班列。

4. “对称往返”开行班列

2019年8月9日，首趟"对称往返"中欧班列从成都国际铁路港始发，去程班列预计在15天后抵达布达佩斯，回程班列于去程班列到达当日8小时内依托原车返回成都，回程班列编组数不少于35辆。"对称往返"开行班列采取提前双向备货模式，在去程班列在货物到达马拉海外运控中心后，精确计算到达布达佩斯场站时间，在班列到站后即刻组织回程，无缝对接来自欧洲当地的进口建筑材料等货品，于去程班列到达当日8小时内依托原车返回成都，从而大大提升班列运营时效、降低运营成本，走出"提质增效"新路径。

5. 集散方式

(1)始发班列。在始发城市进行集装箱业务办理的中欧班列，开行过程中不经补轴直接到达欧洲到站。

(2)集结班列。中欧班列各箱流在国内不同始发城市进行办理，随后集结至规模较大的集结中心，汇集成列开往欧洲到站。

(3)阶梯接续班列。始发城市开行中欧班列，行至中途一个或若干个城市补轴后，继续开往欧洲到站。

目前，中欧班列以始发班列为主，同时也在积极拓展集结、阶梯接续模式。

三、中欧班列运行车次

中欧班列分通道统一运行车次，西部通道班列车次统一为80001/2次，中部通道班列车次统一为80003/4次，东部通道班列车次统一为80005/6次。各地始发并按中欧班列品牌开行的集装箱国际联运列车，在日计划中重点掌握，按原车次始发，上干线铁路运输时，在接续技术站变更为通道班列统一车次，并按通道班列时刻运行。

中欧班列应使用集装箱平车和平车-集装箱共用车，按最高速度120km/h组织开行时，车辆满载时轴重不大于21t，编组不大于50辆，牵引质量2500t，紧急制动距离限值1400m。

四、中欧班列价格管理

中欧班列国内段铁路运价由国铁集团统一调整，各铁路局未经国铁集团批准不得出台与其相关的价格调整措施。中欧班列境外段铁路运价优惠水平，由国铁集团统一与沿途国家铁路部门协商确定。国铁集团按量价捆绑原则对使用中欧班列服务的客户，实行差别化定价，并根据市场情况实行浮动管理。中欧班列的国内、国际和全程物流服务费，由集装箱公司与客户双方协商确定。

五、中欧班列出口作业流程

境内货运委托人(客户)与中欧班列场站平台运营公司签订货物运输协议，平台运营公司再与铁路承运方签署协议，在中欧班列发到站进行相关业务办理后，铁路将货物运输至边境口岸站，经放行后由境外铁路承运，并最终将货物交付给境外收货方。其中，中欧班列发到站出口作业具体流程如下：

1. 客户提交需求申请

客户需考虑自身实际需求情况，同时根据平台运营公司发布的班列开行信息，确定其货物运输时间。目前，提报方式可分为线上及线下两种。

(1)线下提交货运需求申请,客户可直接前往平台运营公司营业大厅或中铁联集集装箱中心站中欧班列办理窗口现场提交申请,均由中欧班列平台运营公司工作人员对订单进行审核。

(2)线上提交货运需求申请,客户通过平台运营公司官方网站,根据网上显示的班列开行信息及目前订舱情况可进行线上申请,平台运营公司将根据客户的运输需求,并结合《国际货协》等相关文件及时进行订单处理。客户在提交货运需求的同时,可选择相应的物流服务,如上门取货、集装箱租赁等。客户提交货运需求后,平台公司收到订单并进行审核,经审核确认后,客户与平台公司签订运输合同,生成预配舱单,并将预配舱单发送至内陆海关。

2. 平台公司制定货源组织方案,根据合同条款内容,准备相应的后续工作

(1)若客户选择租箱服务,平台公司向集装箱中心站箱务部业务员提报用箱申请,箱务部审核后,进行空箱调配,客户凭加盖提箱单位或车队公章的提箱单向场站预约提箱。客户在选择租箱的同时,可选择场站装箱或站外装箱。若选择场站装箱,则需要把货物送至集装箱中心站进行装箱操作;若选择在站外装箱,则需提箱至站外进行装箱操作。

(2)若客户选择使用自备箱,则可直接在站外进行装箱。

(3)若客户选择上门取货,则由与平台公司合作的物流公司(或是集装箱中心站的集卡)联系客户上门取货,将货物在指定日期运至车站。

(4)若客户未选择上门取货,则由客户在约定日期自行将货物运至铁路集装箱场站。

3. 货物进站

(1)进站确认,根据订单信息,物流公司或客户与铁路集装箱中心站确定进站日期,并将当日进站的车辆信息等提前一个工作日传送给铁路集装箱站。

(2)安检,取送车辆进站后,为了集装箱运输的安全性,需要进行安检与过磅,进一步确定是否偏载或超载。

4. 落箱堆码

集装箱进站安检后,将货物移至集装箱堆存区,按照场站的堆码要求进行堆放。对于偏载或超载的集装箱,需要进行卸货重装,直到符合装载要求方可进行场内堆码。

5. 报关报检

落箱堆码后,客户提交报关报检单。首先,检验检疫部门对单证进行审核,如果货物需要检验检疫(占比约为30%),则检疫部门需要对此单进行审核。

6. 查验放行

为促进中欧班列的进一步发展,海关总署下发文件,规定部分城市可在当地报关报检并查验后,在边境口岸站直接办理"直转"手续,即边境海关仅核对单据,不再进行开箱查验。内陆海关和检验检疫部门进行货物查验后,海关将会进行施封,并出具海关关封,同时向内陆铁路口岸(集装箱中心站)下达货物放行指令,内陆口岸收到放行指令后,将对堆场内的货物进行装车并进行列检后按照发车时间发出,运送至边境铁路口岸。

六、发到站进口作业流程

境内货运委托人(客户)向平台运营公司提出货运需求,平台运营公司在境外安排运输计划。随后通过境外铁路运输至我国过境站,在边境口岸站进行换装、转关等一系列手续,

发至中欧班列境内铁路集装箱发到站，经过清关、查验等，并最终将货物交付给境内收货方。其中，中欧班列境内发到站进口作业流程具体流程如下：

1. 接收到达确报

中欧班列由过境站换装发出后，前段铁路场站向集装箱中心站发送到达确报。

2. 到达前准备作业

集装箱中心站借助铁路内部信息系统，接收到达预确报信息后，将其传达给场站相关部门及客户。场站工作人员需进行单证交接、接车对货位等相关工作，同时还需要开展卸车计划的编制等内容。

3. 卸车作业

核对现车、核实货运单证及检查货位正确无误后，方可根据卸车方案进行卸车作业，并将集装箱运送至海关监管区。

4. 清关查验作业

列车到达后，集装箱场站联运大厅向客户发送转关货物运单，客户填写清关申请并提交至内陆海关，若货物需进行报检，需向检验检疫部门提交报检申请，内陆海关和检验检疫部门审核并接受查验申请。

5. 查验放行

发到站海关和国检部门审核报关报检单完毕后，对货物进行查验作业。经查验合格后，海关给客户签发查验单，客户凭查验单可向铁路集装箱场站提货。

6. 物流服务

若客户选择了送货上门服务，物流公司安排车辆送货，完成“站到门”服务，客户也可自行将货物提走。

7. 货物交付

若客户自行将货物提走，需进行费用清结，从而办理换票，方可进行货物交接。若客户选择物流公司派送，则由物流公司代付清相关费用，办理换票手续，与铁路集装箱场站进行货物交接。

七、中欧班列过境站作业流程

1. 过境站出口作业流程

(1)列车到达。

去程中欧班列到达过境站，通过信息系统将到达预确报传送至相关部门，使其做好接车准备。

①出口中欧班列自国内方向到达过境站后，首先接受列车的常规到达作业，货检员接车预检、进行商务状态检查、票据核对，拍发站车交接电报，通知送票到联运办公楼。

②联检大厅接收到国际货物运单，并确认到达货物信息及单据无误后，生成运抵报告发送给过境站海关。

(2)单证审核。

若为报关申请，货代向过境站海关及国检部门提交报关报检单；若为转关申请，则不需要提交报检单，发到站海关将电子转关单据传送至过境站海关审核。

(3)列车解体及货物查验。

目前还未实现“信息互换、监管互认、执法互助”,部分货物仍需进行开箱查验。

①转关。

若为“非直转”模式,列车需要解体将需查验的货物运至查验区;当运抵报告、转关单审核通过之后,边境海关对货物开展查验作业;若为“直转”模式,无需对货物进行查验,只需对单证进行核对。

②报关。

列车到达时,将需查验的货物运至查验区;当运抵报告、报关报检单审核通过后,过境站海关及国检部门对货物分别进行查验。

(4)货物放行。

在过境站海关和国检部门分别查验完毕后,海关办理报关或转关核销手续,并向过境站下达放行指令。

(5)列车编组。

过境站收到海关放行指令后,对列车进行重新编组。

(6)单证交接。

出口货运员在联运大厅接收审核放关运单、计算滞留时间、核收滞留费、登本移交外方签认译票(到达未译的)、整理杂费收据递交核算。接到列车编组计划时,打印列车编组顺序表,挑出放关单据,编制货交单、移交单、车交单,封固票据袋,登记本簿移交调度指挥楼内勤车号员。

(7)出发作业。

牵引列车至准轨出发场,车号员核对现车,并进行列检、商检等一系列出发作业。

(8)边防检查。

中方边检在中方边检场提前得到出口人员名单办理相关手续,待列车到达,检查核对放行。基于以上过境站出口作业过程,可知参与进口作业的关联方有准轨到发场(到发线交接员)、国际联运大厅(进口货运员、制票货运员、联运值班员)、海关及国检、准轨编组场(调度员)、中方边检场(边检员)及货代。

2. 过境站进口作业流程

(1)接发列车阶段。

外方铁路公司将国际货物从其过境站运达至中方边检场,中方边检进行列车检查,办理进口人员手续。边防检查后,列车驶入中方过境站的到发场(宽轨),货检员接车预检、进行商务状态检查、票据核对。

①列车到达后将相关单据送至铁路联检大厅,对单据进行翻译处理,生成货物原始舱单,将原始舱单信息同步传送给过境站海关,并把译制的联运运单发送给货代。

②与此同时,到发线货运员进行接车作业,会同外方交接员办理列车商务状态,即核对车号、箱号、箱封等信息,确定信息准确无误即可生成进境报告,并传送至过境站海关。

(2)货物查验阶段。

若到达列车为非免检直达列车,宽轨列车在宽轨编组场解体,将装载集装箱的车辆进行编组,在集装箱换装场进行卸车,并将集装箱堆放在指定区域等待海关查验。若达到列车为免检直达列车，则直接将列车牵引至集装箱换装场，等待整列换装。

其中，货代根据实际需求提交报关申请或转关申请，需检验检疫的货物需要提交报检申请，过境站海关对其报关申请或转关申请进行审核，同时检验检疫部审核报检单。海关和检验检疫部门审核完毕后分别对货物进行查验。

(3)列车放行阶段。

查验完毕并合格后，海关下达货物放行指令，货代可办理报关或转关手续。过境站收到放行指令后，即可对集装箱进行换装，通过进一步编组运至中欧班列发到站。

①若列车为免检直达模式，进行整列换装作业，经列检完毕发往国内场站。

②若到达班列为非免检直达模式，堆存在换装场专用堆场内的集装箱，需等待集结同方向其他货物，进行装车，装车完毕进行列检后发往国内场站。

基于以上过境站进口作业过程，可知参与进口作业的关联方有中方边检场(边检员)、宽轨到发场(到发线交接员)、国际联运大厅(进口货运员、制票货运员、联运值班员)、宽轨调车场(调度员)、换装场(外勤货运员)、准轨调车场(调度员)、海关国检及货代。

实训项目　国际铁路货物联运认知

(1)请查阅相关资料，列举加入《国际货约》的国家成员并给出成员数量，列举加入《国际货协》的国家成员并给出成员数量。

(2)2018 年 8 月，满载着电子元器件、饮料、食品、机电产品的某中欧班列列车从我国武汉开出，驶往德国杜伊斯堡，该车全部货物用集装箱装载，包含 30 个 20ft 集装箱，其中有 8 个装有机电产品的 20ft 集装箱从德国杜伊斯堡转运至英国伦敦。请查阅相关资料，解答以下问题：

①从武汉铁路集装箱中心站始发的中欧班列目前有哪几趟？分别可抵达哪些国家的哪些城市？

②本案例中，中欧班列抵达德国杜伊斯堡，请指出列车沿途可能经过哪些国家？过境这些国家的里程分别是多少？

③本案例中，国际货协运送票据办理至哪个国家的哪个车站为止？

④本案例中的国境站有哪些？请判断货物在我国国境站是否需要换装？若需要换装，如何计算换装费？

⑤计算本案例中 8 个发往英国伦敦的 20ft 集装箱我国国内段的运杂费。

复习思考题

一、选择题

1. 我国于(　　)正式参加国际铁路联运。

A. 1954 年 1 月 1 日　　B. 1956 年 1 月 1 日

C. 1957 年 1 月 1 日　　D. 1958 年 1 月 1 日

2. 有关国际铁路货物运输的公约有(　　)。

A. 国际货约　　　　B. 国际货协

C. 海牙规则　　　　D. 纽约公约

3. 国际铁路联运运单具有(　　)功能。

A. 运输合同证明和物权凭证　　　　B. 运输合同证明和货物收据

C. 货物收据和物权凭证　　　　D. 货物收据和流通性

4. 国际铁路货物联运的特点是(　　)。

A. 使用一份铁路联运票据完成货物的跨国运输;在运输责任方面采用统一责任制

B. 国际铁路联运的组织工作复杂

C. 对运输条件有统一要求

D. 以上全部都是

二、判断题

1. 我国是《国际货协》参加国,在办理国际铁路货物托运业务时,唯一法定运单是国际货协运单。(　　)

2. 滨绥线是我国通往俄罗斯进行国际铁路联运的重要铁路线路,其出口国境站是满洲里。(　　)

3. 在国际铁路联运中,铁路有义务检查发货人在运单.上所添附的文件是否正确和是否齐全。(　　)

4. 运单用纸的印制和运单的填写,应采用铁组工作语言(如中文、俄文)中的一种。(　　)

5. 承运由发货人装到开顶集装箱内且件数超过 100 的货物时,承运人不检查货物重量。(　　)

三、问答题

1. 国际铁路货物联运有哪些特点?

2. 我国哪一年正式加入《国际货协》?

3. 我国有多少个铁路口岸?请列举 3 个。

4. 截至目前,铁组成员国有多少个?

5. 执行《国际货协》规定的国家有多少个?

6. 货物运到期限由哪几部分组成?

7. 有哪些情况需延长运到期限?

8. 若货物运到逾期,应如何赔偿?

9. 国际铁路集装箱联运中一批的办理条件是什么?

10. 经发货人和承运人商定,货物如何按照一批办理?

11. 集装箱内的货物重量和集装箱自重之和,不得超过什么值?

12. 一份国际联运运单由哪几张单据组成?

13. 哪些货物运送时应声明价格?

14. 我国发站办理国际联运货物装车,应遵守哪些规定?

15. 装运国际联运货物车辆的技术条件和使用要求是什么?

16. 国际铁路货物联运的重量和件数,应如何确定和在运单记载?

17. 国际铁路货物联运的运输变更范围和限制是如何规定的?

18. 国际铁路货物联运的运输变更办法有何规定？
19. 国际铁路货物联运运到期限是怎样规定的？应如何计算？
20. 国际铁路联运货物运费计算的主要依据是什么？
21. 发送路、到达路、过境路的运费分别如何计算？
22. 过境我国的国际铁路联运货物运费如何计算？
23. 国际铁路货物联运国内段运送费用如何计算？

模块 7　集装箱多式联运

单元 1　集装箱多式联运概述

知识目标

掌握多式联运的概念、多式联运的优越性、国际多式联运特征、多式联运规则、集装箱多式联运组织要素和集装箱多式联运特征。

能力目标

能正确认知集装箱在多式联运中发挥的作用。

知识学习

一、集装箱多式联运

1. 多式联运概念

“多式联运”(Multimodal transport)通常是指由两种及两种以上的交通工具相互衔接、转运来共同完成货物运输的运输过程。

2. 集装箱多式联运概念

集装箱多式联运是联合运输的一种现代形式,是在集装箱运输的基础上产生、发展起来的现代运输方式,它通过采用海、铁、公、空等两种以上的运输方式,完成连贯货物运输,从而改变了过去海、铁、公、空等单一运输方式互不连贯的传统做法。如今,提供优质的多式联运服务已成为集装箱运输经营人增强竞争力的重要手段。

二、国际集装箱多式联运

1. 国际集装箱多式联运定义

国际集装箱多式联运是指各运输区段的承运人按照国际集装箱多式联运合同,采用两种及两种以上的不同运输方式,将国际集装箱从国内的接收点运送到另一国内指定交付点。

2. 国际集装箱多式联运特征

国际集装箱多式联运通常是以集装箱为运输单元,将不同的运输方式有机结合,构成连续的、综合性的一体化货物运输。通过一次托运、一次计费、一次单证和一次保险,由各运输区段的承运人共同完成货物的全程运输,即将货物的全程运输作为一个完整的单一运输过程来安排。它是一种以方便托运人和货主为目的的先进货物运输组织形式。

(1)必须订立一个多式联运合同

多式联运合同明确规定多式联运经营人与托运人之间的权利、义务、责任、豁免的合同关系和多式联运的性质,也是区别多式联运与一般货物运输方式的主要依据。多式联运合同是多式联运经营人与发货人订立的、符合多式联运条件的运输合同。

(2)必须使用一份全程式多式联运单证

全程式多式联运单证应满足不同运输方式的需要,并按单一运费率计收全程运费。

(3)必须是至少采用两种不同运输方式的连续运输

至少采用两种运输方式,而且必须是不同方式之间的连续运输。

(4)必须是国际货物运输

国际货物运输不仅区别于国内货物运输,更重要的是需要适用国际运输法规。多式联运的货物主要是集装箱或集装化的货物。

(5)必须由一个多式联运经营人对货物运输的全程负责

多式联运经营人不仅是订立多式联运合同的当事人,也是多式联运单证的签发人。当然,在多式联运经营人履行多式联运合同所规定的运输责任的同时,可将全部或部分运输委托他人(分承运人)完成,并订立分运合同。但分运合同的承运人与托运人之间不存在任何合同关系。无论涉及几种运输方式,分为多少个运输区段,其全程运输都是由多式联运经营人完成或组织完成,多式联运经营人要对全程运输负责。

3. 国际集装箱多式联运的优点

(1)手续简单、责任单一

不论全程运输距离有多远、使用多少种运输工具、途中要经过多少次转运、涉及多少国家的进出境、不同国家运价体系有多大差距,货主只需办理一次托运、签订一个合同、支付一笔运费、取得一份联运单据,就可以把货物从起运地运至到达地,一旦发生问题,也只需找一个多式联运经营人便可以解决问题。

(2)安全快捷

多式联运货物从发货人仓库装箱、验关铅封后直接运至收货人仓库交货,中途无须拆箱倒载,减少很多中间环节,即使经过多次换装,也丝毫不触及箱内货物,货损、货差和货物被盗丢失事故较少。由于运输的连贯性,各个运输环节和各种运输工具之间配合密切、衔接紧凑,减少中途停留时间。因此,多式联运可做到安全快捷。

(3)节省费用

多式联运中,货物装箱或装上第一程运输工具后就可以取得联运单据进行结汇,结汇时间越早,越有利于加速货物资金的周转,减少利息支出。采用集装箱多式联运,还可以节省货物包装费用和保险费用。

(4)实现门到门运输的有效途径

多式联运通常是以集装箱为载体,便于交接检查,有利于实现门到门运输。

三、集装箱多式联运的组织要素

(1)多式联运经营人

多式联运经营人是指与托运人签订多式联运合同并对运输过程承担全部责任的合同主

体。国际多式联运活动中，只有多式联运经营人才有权签发多式联运提单，并且负责赔偿在整个联合运输过程中任何地方所发生的货物灭失或者损坏。由于国内运输并没有“多式联运提单”的概念，因此，国内贸易多式联运并不需要严格意义上的多式联运经营人。多式联运经营人主要集中在外贸多式联运领域，并且主要集中于国际集装箱多式联运。

发货人指其本人或以其名义或以其为代表按照集装箱多式联运合同将货物实际交给多式联运经营人的任何人。收货人是有权提取货物的人。

(2)多式联运承运人

多式联运承运人是指以运送货物或者组织货物或承诺运送货物为主营业务并收取运费的人。多式联运承运人又可分为契约承运人和实际承运人。

契约承运人：指签订运输合同的承运人，在多式联运中，指与发货人签订多式联运合同的承运人，即多式联运经营人。

实际承运人：指实际完成运输的承运人。在集装箱多式联运中，指实际完成运输全程中某一区段货物运输的分运人。这些实际承运人与集装箱多式联运经营人订立区段运输合同并根据该合同完成区段运输。实际承运人与联运合同中的发货人没有合同关系。

(3)多式联运站场

多式联运站场是货物在各种运输方式之间转运的实际发生地。多式联运站场既可以是铁路集装箱办理站、港口码头、公路货运站，也可以依托堆场或者仓库等设施。

(4)标准化运载单元

标准化运载单元主要指国际标准集装箱、可脱卸箱体、厢式半挂车，也包括物流台车(笼车)、集装袋等。

(5)多式联运专用载运机具

多式联运专用载运机具主要包括铁路集装箱平车、厢式半挂车平车、整车货车或半挂车专用滚装船舶、铁路商品车运输专用车辆、公铁两用半挂车及其转换架等。

(6)转运设施、装备

多式联运转运设施和装备是实现多式联运运作机械化的重要条件，实现高效的多式联运所必需的转运设施、装备包括门式起重机、集装箱堆高机、叉车和托盘等。

(7)多式联运信息系统

运输方式的信息交换共享和互联互通是多式联运的重要基础条件。通过多式联运信息系统，可以实现货物运输方式全程的实时追踪和在线查询。

四、集装箱多式联运组织模式

(1)集装箱货物流转形态

①整箱货(Full container cargo load，简称 FCL)。

整箱货指货物批量能装满 1 个集装箱以上的货物。装箱工作原则上由发货人承担，发货人自行装箱，负责填写装箱单、场站收据，并由海关加铅封。这种装箱方式也称为托运人装箱方式。

整箱货流转过程包括发货人在工厂或仓库配置集装箱，由发货人在自己工厂或仓库装箱；通过内陆或内河运输，在集装箱码头堆场办理交接，将集装箱根据堆场计划堆放、装船；通过海上运输、卸船，将集装箱根据堆场计划堆放，在集装箱码头堆场办理交接；通过内陆运输,在收货人工厂或仓库掏箱,回运集装箱空箱。

②拼箱货(Less than container cargo load,简称LCL)

拼箱货指货物批量不能装满一个集装箱的零星货物,通常由集装箱货运站负责装箱,由货运站代表承运人把不同货主但到达同一目的地货物混装在一个集装箱内,并负责填写装箱单,由海关加铅封。这种装箱方式也叫承运人装箱方式。

拼箱货流转过程为:货运站从码头堆场领取空箱—货运站配箱—装箱—对已装箱的实箱加铅封—将实箱运至码头堆场—装船—通过海上运输—卸船—将实箱运至货运站—货运站掏箱—货运站交货—集装箱回空。

(2)集装箱货物的组织模式

根据不同区域经济地理条件的不同,有四种不同的集装箱货物组织模式。

①整箱货模式(FCL/FCL):发货量大、收货量大,在发货地组织整箱货,运到收货地后将整箱货送交收货人。

②拼箱货模式(LCL/LCL):发货量小、收货量小,在发货地仓库组织拼箱货装箱,运到收货地仓库再拆箱发送给收货人。

③集运模式(LCL/FCL):发货量小、收货量大,在发货地仓库组织拼箱货装箱,运到收货地整箱送交收货人。

④分拨模式(FCL/LCL):发货量大、收货量小,在发货地组织整箱货,运到收货地仓库作为拼箱货拆箱,再分送各收货人。

单元2　集装箱公铁联运

知识目标

掌握集装箱公铁联运基本条件、货源组织;了解集装箱公铁联运的优势;了解集装箱公铁联运的相关单证。

能力目标

能正确画出集装箱公铁联运的作业流程图。

知识学习

一、集装箱公铁联运概述

1. 集装箱公铁联运概念

公铁联运是指根据一个公铁联运合同,采用公路和铁路两种运输方式,由全程运输经营人把货物从接管货物的地点运至指定地点交付收货人的国内货物的运输。它是公路及铁路两种运输方式的联合运输,通常是以集装箱为运输单元,通过一次托运、一次付费、一份单据、一次保险，由公路、铁路区段承运人共同完成货物全程运输。

2. 公铁联运必须具备的基本条件

(1)有一份公铁联运合同

公铁联运合同确定全程运输经营人与托运人之间权利、义务、责任与豁免的合同关系和运输性质，这也是公铁联运与一般货物运输的关键区别。

(2)有一份公铁联运单据

为了便于计算全程运费，应有一份单据来满足公路和铁路的不同费用计算需求。

(3)公铁联运必须是涉及公路和铁路的联合运输

公铁联运不涉及国际运输，仅仅是在本国内的运输。

(4)公铁联运必须由一个经营人对运输全程负责

订立公铁联运合同的当事人和签发联运单据的当事人是同一个经营人，这个经营人对整个运输过程负责。

综上所述，公铁联运的是由全程运输经营人与托运人签订一个公铁联运合同，并由全程运输经营人统一组织全程运输，实行全程运输一次托运、一次付费、一单到底、统一理赔和全程负责。它方便了货主，简化了流程，减少了中间环节，使运输效率得到较大提高。

3. 集装箱公铁联运的优点

开展国内集装箱货物公铁联运具有许多优点，主要表现在以下几个方面。

(1)简化了流程，方便了货主

开展集装箱公铁联运，由全程运输经营人对全程运输负责，货主只需办理一次托运、跟全程运输经营人订立一份合同，支付一次运费，避免了目前先跟物流公司办理托运手续、支付费用，物流公司再向铁路站场提交申请、办理手续的复杂程序。

(2)减少中间环节，提高货运质量

公铁联运一般是以集装箱为载体，这样便于减少中间换装等环节，运输途中无须换箱、装箱，货物在发货人处装箱后，可直接运至到站并交付收货人。同时，使用专用的装卸机械进行作业，不与箱内货物直接接触，可以降低货损、货差发生率，保证货物能安全、完整运抵目的地，在一定程度上提高了货物运输质量。

(3)便于索赔

如果在运输过程中发生货物的损坏或丢失，由全程运输经营人对全程运输负责，货主只需提供与全程运输经营人签订的合同，然后进行索赔即可，理赔手续简单，也让货主权利保障得到了一定程度的加强。

(4)提高运输效率

公铁联运由全程运输经营人统筹安排，合理安排时间、线路等要素，提高运载工具的周转效率，使整个运输组织更加合理，从而提高运输的效率。

二、集装箱公铁联运的货源组织

有市场才能有发展，而有货源才能有稳定的市场。目前，国内集装箱公铁联运货源组织主要依靠大客户，而在市场经济体制下，更多的适箱货源掌握在中、小客户手中，这也使公铁联运吸引的货源范围受到了较大的制约，不利于公铁联运的发展。

1.“门到门”货源组织

“门到门”运输是由托运人负责装箱并在其工厂将集装箱货物交与全程运输经营人，后者在托运人的仓库接收集装箱货物，负责将集装箱货物运抵收货人仓库交与收货人，由全程运输经营人负责安排全程运输，包括货主仓库到铁路发站、铁路发站到铁路到站、铁路到站到收货人仓库，收货人在其工厂或仓库接收集装箱货物并负责拆箱。

“门到门”货源组织由于发货单位多、运量不集中、货物品类繁多，为了组织好均衡运输和实施运输方案，组织更多的直达班列，必须对多货源进行综合平衡。针对货源不稳定的特点，可以采取一些适应集装箱货源波动的措施。

(1)组织机动货源。把对时效性要求不高，拥有良好的储存和搬运条件的集装箱作为机动货源，货源多时缓运，货源少时提前运。

(2)调整联运结构。当货源多时，近距离货物运输可以采用公路运输方式来作为铁路运输的补充。

(3)与货主协商。与不断生产、连续发运且目的地较多货物的货主协商，组织这些货源提前或者调后。

2.“门到站”货源组织

“门到站”运输是由货主负责装箱并在其仓库将集装箱货物交予全程运输经营人，后者在托运人的仓库接收集装箱货物，全程运输经营人负责安排从发货人仓库至铁路发站的公路段运输及铁路发站到铁路到站的铁路段运输，收货人在铁路到站接收集装箱货物，并自行将集装箱货物送回收货人仓库，然后在拆箱后将空箱送回铁路车站。

“门到站”货源组织的关键在于货主，这就要求货主的货源组织积极性高、利润空间大。但是，这也避免不了一定的安全隐患。为避免安全事故，可以采取的措施有：

(1)将集装箱列车整列或部分出租给货主委托的物流公司；

(2)建立铁路部门与货主及物流公司的合作，签订合作协议，允许他们提前提箱，方便客户。

3.“站到门”货源组织

“站到门”运输是由货主负责装箱并自行用车辆将集装箱货物送至铁路发站，交予全程运输经营人，全程运输经营人在铁路发站接收集装箱货物，负责运到收货人的仓库交予收货人，由全程运输经营人负责安排铁路发站到铁路到站的铁路段运输及从铁路到站至收货人仓库的公路段运输；收货人在其仓库接收集装箱货物并负责拆箱，在拆箱后将空箱送回铁路车站。

“站到门”货源组织的关键在于铁路部门，铁路部门自行组织货源，安全性高，运输质量高。但是，货源较少，缺乏稳定的货源。可以采取的措施有：

(1)实施大客户战略，大客户是保持货源稳定，降低经营风险的保证；

(2)发展小客户，小客户虽然货源量少，但其影响面大，很多小客户都具有发展潜力，是公铁联运发展过程中不可忽视的货源基础。

4.拼箱货源组织

除整箱货物运输外，全程运输经营人还可通过拼箱组织货源。在办理拼箱货物运输时，通过签订协议，全程运输经营人可在集装箱铁路发站组织小批量货物，再以整箱货物向铁路托运，也可租用铁路车站货场，直接将小批量货物送到铁路发站，在铁路发站货场完成拼箱作业，并以整箱货物向铁路车站托运。将货物运到铁路到站后，再由全程运输经营人负责掏箱并将货物分别送至各收货人仓库。

三、集装箱公铁联运流程

集装箱公铁联运分为发送作业、途中作业和到达作业 3 个部分，其中发送作业主要包括货物托运、受理、验收、制票、装车和承运等环节；途中作业主要包括货物运输、交接、运输变更以及运输障碍处理等；到达作业主要是重车和货运单据的交接，卸车、货物保管、货物交付和最后清算等内容。

1. 发送作业

集装箱公铁联运发送作业流程如图 7-1 所示。

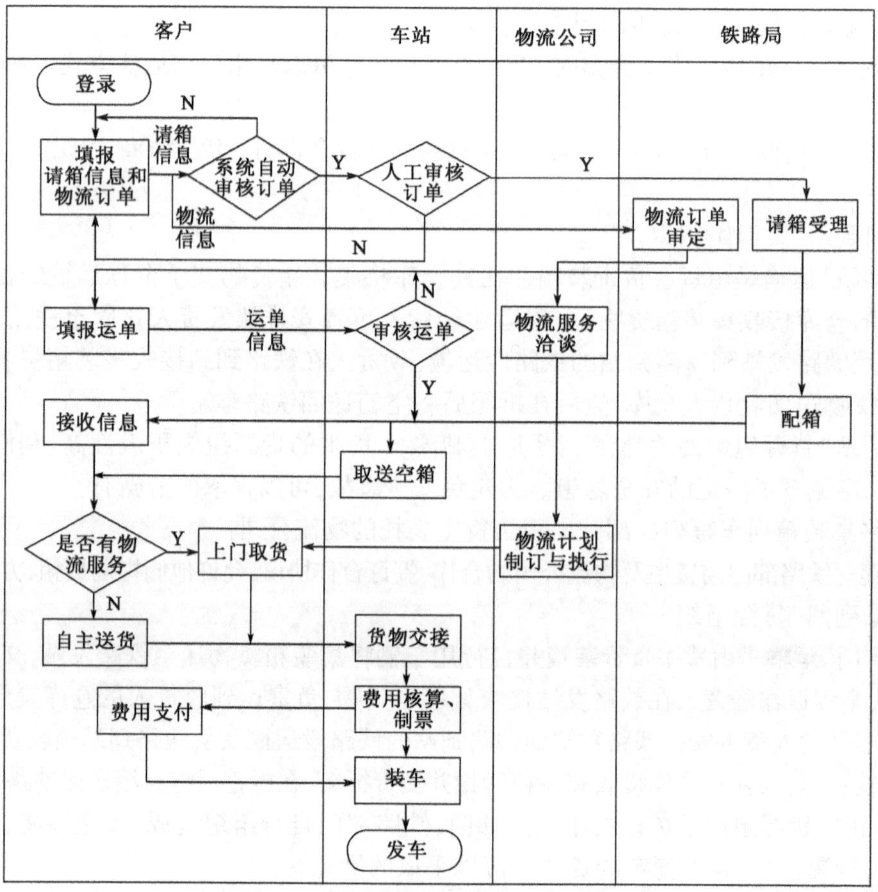

图 7-1　集装箱公铁联运发送作业流程图

公铁联运发送作业主要步骤如下。

(1)托运

货主在网上填写订单，包括货运订单和物流订单，以此来确定货运内容、目的地、集装箱是否自备以及是否需要物流服务等内容；能确定装箱日期的客户可同时提出订单申请，系统完成配箱后自动订车，不能确定装箱日期的客户可在配箱后根据运单订车。

(2)审核受理

系统对货运订单进行自动审核，若填写有误，系统返回重新填写，若审核通过则继续由车站货运人工审核订单，进一步确认订单，是否填写正确、所填写货物是否为危险货物等，如果填写正确并认为可以承运，也可上报铁路局，若依然不通过则返回重新填写。对于物流订单，车站根据货主要求安排货运物流服务。以成都中铁联运为例，若货主需要物流服务，车站安排其签约物流公司与货主联系，确定装车时间和地点等内容。

(3)装箱

铁路局进行空箱集配，物流公司根据协定的装车时间、地点进行集装箱装车，确定装箱方案。货主若不需要物流服务，则自行将重车送至发站。

(4)运单填写

物流公司驻站人员填写运单，车站进行审核(无物流服务的货物由货主自行填写)。

(5)收货、验收

重箱进站、货运员按照运单核对货物品名、箱数以及装箱情况等，对货物进行验收。

(6)根据货物运单填写制货票并将其作为铁路运输凭证。制票完成后，货运员核收运输费用，在托运人缴纳费用之后于运单上加盖站名日戳等以示承运。

(7)货物保管

由于铁路运输的特殊性，铁路货车必须集结成列才能进行列车发送，因此，集装箱重箱装车前车站需对货物进行保管。

(8)装车检查

重箱装车后货运员根据运单进行集装箱核对、车辆核对和货号核对等作业。

(9)送票、发车

货运室整理货运票据，由运转室完成票据的交接后，准备列车发车。

2. 途中作业

集装箱公铁联运途中作业是货物在运输途中(主要为铁路运输)需要进行的货运作业，主要有如下内容：中间站的货物交接、货物换装整理、运输合同的变更或解除、运输障碍的处理等。此外，在运输途中若有列车的解体重组，需同时修改集装箱车号，便于货主查询。

3. 到达作业

到达作业主要指集装箱货物在货运目的站所进行的作业。集装箱公铁联运到达作业流程如图7-2所示。

集装箱公铁联运到达作业步骤简述如下。

(1)准备货位

到站收到列车到达预报之后，准备货物装卸位置。

(2)重车及货运票据的接收

列车到达目的站之后，到站货运员对现车进行核对并进行检查，核对无误后进行重车和票据的交接，若在途中产生额外费用，到站根据票据进行核收。

(3)卸车

卸车前需进行卸车检查，主要检查内容有：是否有空货位、到站信息是否相符、箱体、箱号、封条等；卸车作业完成后还需进行卸车后检查，主要检查内容有：货物是否堆放在正确货位、货物件数是否正确以及货物间距是否安全等。

(4)货物交付

到站发出催领通知,收货人可根据需要申请物流服务并缴纳费用。缴清费用之后车站根据物流订单进行货物交付(送货上门或者是在站交付)。

(5)还空箱

货主收货之后,集装箱若来自铁路局,还需归还空箱,若有物流服务,物流公司在卸货之后将空箱送回车站,进行统一调配。

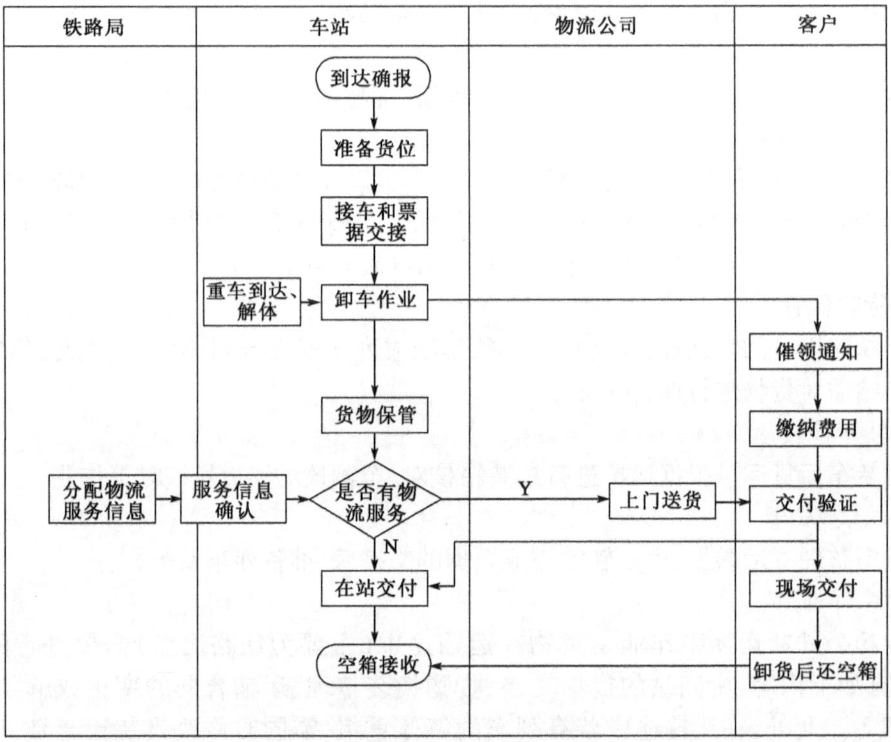

图7-2　集装箱公铁联运到达作业流程图

四、公铁联运铁路场站

1.集装箱铁路场站

我国《中长期铁路网规划》(2016年版本)规划的18个铁路集装箱中心站(以下简称“中心站”)位于哈尔滨、沈阳、大连、北京、天津、郑州、西安、武汉、青岛、上海、宁波、广州、深圳、成都、重庆、兰州、乌鲁木齐、昆明。铁路集装箱中心站需要大力发展多式联运,从而提高运输效率和质量,适应经济结构调整,满足对外贸易和港口发展的需要,满足货主对便捷、安全和“门到门”运输的要求,开辟铁路运输新的经济增长点。

2.集装箱办理站站型选择

集装箱办理站站型也决定了联运作业的效率,其按到发及调车场与装卸场的配置可分为横列式(见图7-3)和纵列式(见图7-4)两种。

横列式站型的优点是站坪占地小、设施集中、便于管理,缺点是调车作业不方便,需要通过牵出线进行转场作业;纵列式站型的优点是充分利用场地条件,由装卸线直接接发列车,不需要进行转场作业,缺点是站坪较长、设施分散、管理混乱。应根据办理站的作业量、作业特点及当地条件综合确定最终站型。

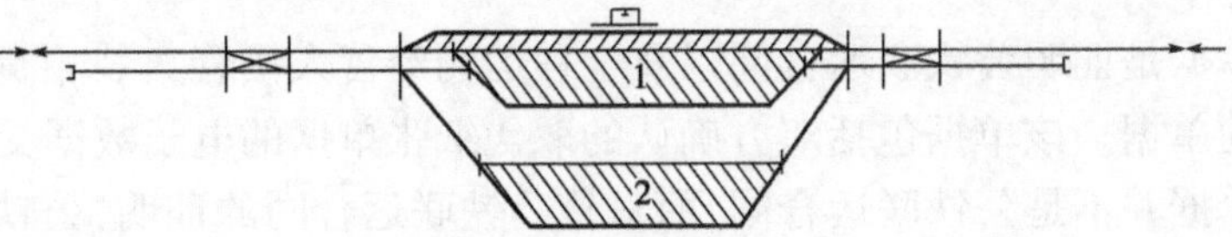

图7-3 横列式站型

1-到发及调车场;2-装卸场

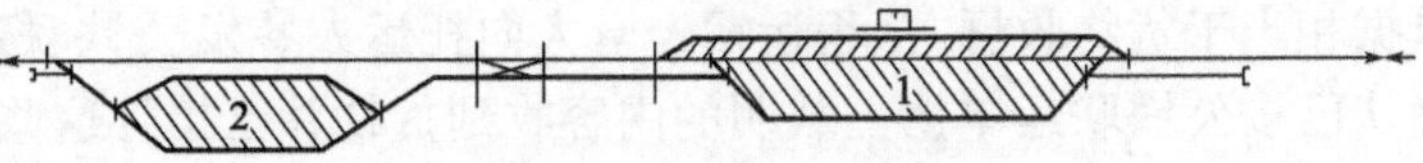

图7-4 纵列式站型

1-到发及调车场;2-装卸场

对于新建的集装箱办理站,若地形宽阔,已经预留未来发展所需的空间,宜采用装卸线两端与正线全部贯通的横列式站型(见图7-5)。

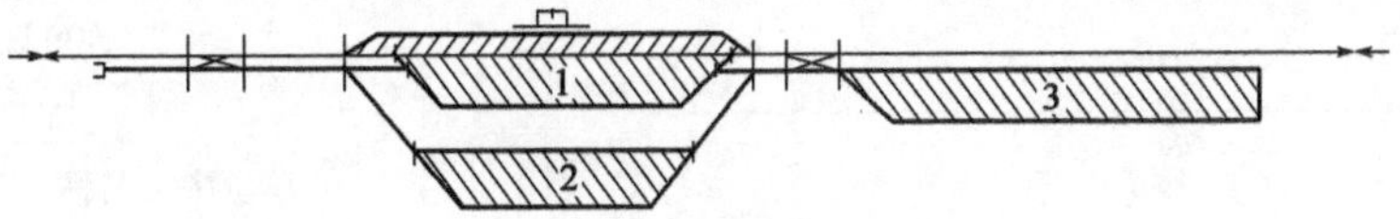

图7-5 横列贯通式站型

1-到发及调车场;2-装卸场;3-车底停留场

对于既有站改建的集装箱办理站,受地形条件限制,到发及调车场与装卸场的相互布置可以设为纵列式,但装卸场应与正线贯通(见图7-6)。

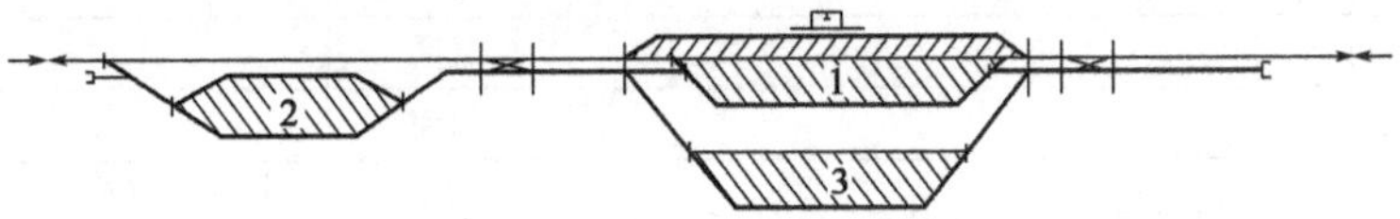

图7-6 纵列贯通式站型

1-到发及调车场;2-装卸场;3-车底停留场

五、集装箱公铁联运单证

在集装箱公铁联运的整个组织过程中,全程运输经营人与货主之间有以下单证作为运输凭证:公铁联运合同、公铁联运单据、公铁联运服务订单及货物收据。此外,全程运输经营人与承运人之间还有"铁路货物运单"和"公路货物运单"。

1. 公铁联运合同

公铁联运合同是指全程运输经营人用以收取运费、负责完成或组织完成公铁联运的合同。它是托运人与全程运输经营人之间签订的明确货物运输任务,并表明托运人及全程运输经营人的权利、义务的协议。根据公铁联运合同,全程运输经营人应负责完成或组织完成公铁联运,并将货物安全、及时、完整地运到托运人指定的目的地,交予托运人指定的收货人,托运人或收货人应当按照公铁联运合同支付相应的运输费用。

2. 公铁联运单据

公铁联运单据是证明公铁联运合同以及全程运输经营人接管集装箱货物并负责按合同条款交付货物的单据。该单据包括双方确认的取代纸张单据的电子数据交换信息。

公铁联运单据并不是公铁联运合同,而只是公铁联运合同的证明,公铁联运单据只能在公铁联运合同订立之后,在全程运输经营人接管货物时才能够签发。公铁联运单据重申了公铁联运合同的各项条款,如果“公铁联运单据”所列的条款与双方事前的约定一致,那么全程运输经营人则有按照所列的条款完成公铁联运任务,将货物交付给单据持有人的义务。

公铁联运单据相当于货物收据,全程运输经营人向托运人签发公铁联运单据,则表明全程运输经营人确认已按公铁联运单据上载明的内容收到货物并已接管这些货物。

公铁联运单据还相当于物权凭证。公铁联运单据代表货物,谁持有公铁联运单据,谁就有权要求全程运输经营人向他交付单据列明的货物。全程运输经营人将货物交给公铁联运单据的持有人,对按照公铁联运单据交货而发生的错交不负责任,但对把货物交给非单据持有人而发生的错交则要承担责任。公铁联运单据如表7-1所示。

公铁联运单据 表7-1

<table>
<tr><td colspan="5">发货地点</td><td colspan="4" rowspan="4">许可证编写:
MTD Na.
单位中文名称
单位英文名称
单位地址: 电话:
公铁联运单据</td></tr>
<tr><td colspan="5">发站(局)</td></tr>
<tr><td colspan="5">到站(局)</td></tr>
<tr><td colspan="5">交货地点</td></tr>
<tr><td rowspan="2">托运人</td><td>名称</td><td colspan="3"></td><td>电话</td><td colspan="3"></td></tr>
<tr><td>地址</td><td colspan="3"></td><td>邮编</td><td colspan="3"></td></tr>
<tr><td rowspan="2">收货人</td><td>名称</td><td colspan="3"></td><td>电话</td><td colspan="3"></td></tr>
<tr><td>地址</td><td colspan="3"></td><td>邮编</td><td colspan="3"></td></tr>
<tr><td colspan="6">门到门 □ 站到站 □ 门到站 □ 站到门 □ 单程重/空 □ 往返重/空 □ 往返空/重 □ 往返重/重 □</td><td>要求运到期限 ____天</td><td>付款方式:
现付 □ 到付 □ 后付 □</td><td>铁路保价运输 □</td></tr>
<tr><td>货物名称</td><td>箱数/件数</td><td>箱型/包装种类</td><td>箱号</td><td>施封号码</td><td>货物价值</td><td colspan="2">托运人确定重量(kg)</td><td>体积(m^2)</td></tr>
<tr><td>合计</td><td></td><td></td><td></td><td></td><td></td><td colspan="2"></td><td></td></tr>
<tr><td colspan="9">添附文件:</td></tr>
<tr><td colspan="4">托运人要求服务项目</td><td colspan="5">托运人记载事项</td></tr>
<tr><td colspan="9">以上细目由托运人提供并填写</td></tr>
<tr><td colspan="3" rowspan="4">承运人记载事项</td><td colspan="3">承运人确定重量(kg):</td><td colspan="3" rowspan="4">托运人签字或盖章</td></tr>
<tr><td colspan="3">承运人确定体积(m^3):</td></tr>
<tr><td colspan="3">计费重量(kg)/计费体积(m^3):</td></tr>
<tr><td colspan="3">收费单据号码:</td></tr>
</table>

注:托运人签约前请详阅背面运输条款。

交付日期戳　　　　承运日期戳

3. 公铁联运服务订单

公铁联运服务订单是托运人向全程运输经营人申请办理集装箱公铁联运时填写的由全程运输经营人制作的具有要约性质的单据。全程运输经营人根据公铁联运服务订单决定是否接受托运人的托运请求，并根据托运人的运输要求办理集装箱货物的托运。公铁联运服务订单如表7-2所示。

公铁联运服务订单 表7-2

托运人→营业网点

要求发货时间：

发货地点			交货地点		
发站(局)			到站(局)		
到站所属省(市)自治区					
托运人	名称		电话		
	地址		邮编		
收货人	名称		电话		
	地址		邮编		
门到门□	站到站□		门到站□		站到门□
货物名称	箱数	箱型	货物声明价格	箱类	箱号
合计：					
添附文件：					
托运人记载事项：					

托运人盖章或签字 公司受理日期戳

规格：210mm×297mm

年 月 日

4. 公铁联运货物收据

公铁联运货物收据是由全程运输经营人制订，然后签发，证明自身已经收到托运货物并对货物开始负有责任的凭证。货物收据由全程运输经营人制作后交由公路运输公司，由集装箱货车驾驶员(以下简称集卡司机)带到发货人的仓库，在发货人仓库将集装箱货物装箱，施封后，由集卡司机填写、签字并交给发货人，证明托运的货物已经收到。发货人凭货物收据向全程运输经营人或其代理换取公铁联运单据。公铁联运货物收据如表7-3所示。

5. 铁路集装箱货物运单

铁路集装箱货物运单一式两份，托运人在铁路相应货运系统里填写相关详细信息，并下载货物运单，将货物提货联电子版传送给提货人，作为全程运输经营人向到站提取货物的凭证，收货人凭此在铁路到站取货物。

公铁联运货物收据　　表 7-3

发货人		单位中文名称 货物收据			
收(接)货人					
发货地点					
发站名称					
铁路运单号					
货物品名	包装种类	件数	重量	体积	货物价格
箱型	箱号	封志号	箱数	集装箱种类	
添附文件：					
收(接)货人签字：					

6. 公路集装箱货物运单

公路集装箱货物运单分为甲、乙、丙三类，其中乙种运单适用于集装箱汽车运输。乙种公路货物运单共有一式四联，其中第 1 联存根作为领购新运单和行业统计的凭据；第 2 联为托运人存查联；第 3 联为承运人存查联，分别由运输合同当事人一方保存；第 4 联随货物同行，作为载货通行和核算运杂费的凭证，货物运达且经收货人签收后，作为交付货物的依据。公路集装箱货物运单如表 7-4 所示。

公路集装箱货物运单　　表 7-4

××省道路货物运单

（乙种：适用集装箱汽车运输）

本运单经承托双方签章后具有合同效力，承运人与托运人、收货人之间的权利义务的责任界限适用于《集装箱汽车运输规则》及《汽车运价规则》等规定

起运日期　年　月　日　　　　编号：××NO. 000001

承运人		地址 邮箱		电话 传真		车牌号		运输 证号		车型		挂车 牌照		
托运人		地址		电话		接箱货地点								
收货人		地址		电话		卸箱货地点								
集装箱 箱型及 数量		箱号		封志 号		船名	船次	场站 货位	卸船或进港日期		提空 箱地	还空 箱地	箱货交接方式	
箱内货物 名称及 规格	包装 形式	体积 长×宽×高 (cm)	件数	实际 重量 (t)	计费 重量 (t)	计费 里程 (km)	货运周 转量 (t·km)	货物 等级	运价 率	运费 金额	其他杂项 费目	金额	保价、保险 金额	费率
											装卸费			
											过路费			
											过桥费			
合计														
货物 运单 签订地		结算 方式		付款币种 / 计价单位			运杂费合计		万　仟　佰　拾　元　角　分					
特约 事项				托运人签章或运输合同编号 年　月　日			承运人签章 年　月　日			收货人签章 年　月　日				

第×联××××

知识扩展

公铁联运合同(部分)

订立合同双方:

托运方______________________

承运方______________________

托运方详细地址______________________________

收货方详细地址______________________________

根据国家有关运输规定,经过双方充分协商,特订立本合同,以便使双方共同遵守。

第一条 货物名称、规格、数量、价款。

货物编号	品名	规格	单位	单价	数量	金额(元)

第二条 包装要求:托运方必须按照国家主管机关规定的标准包装;没有统一规定包装标准的,应根据保证货物运输安全的原则进行包装,否则承运方有权拒绝承运。

第三条 货物起运地点______________________

货物到达地点______________________

第四条 货物承运日期______________________

货物运到期限______________________

第五条 运输质量及安全要求______________________

第六条 运输方式______________________

第七条 货物装卸责任和方法______________________

第八条 收货人领取货物及验收办法______________________

第九条 运输费用、结算方式______________________

一、托运方的权利和义务

1. 托运方的权利

要求承运方按照合同规定的时间、地点,将货物运输到目的地的权利。货物托运后,托运方需要变更到货地点或收货人,或者取消托运时,有权向承运方提出变更合同的内容或解除合同的要求。但必须在货物未运到目的地之前通知承运方,并应按有关规定付给承运方所需费用。

2. 托运方的义务

按约定向承运方交付运杂费(否则,承运方有权停止运输,并要求对方支付违约金)的义务。托运方对托运的货物,应按照规定的标准进行包装,遵守有关危险品运输的规定,按照合同中规定的时间和数量交付托运货物。

二、承运方的权利和义务

1. 承运方的权利

向托运方、收货方收取运杂费的权利。如果收货方不交或不按时缴纳规定的各种运杂费，承运方对其货物有扣留权。查不到收货人或收货人拒绝提取货物，承运方应及时与托运方联系，在规定期限内负责保管并有权收取保管费，对于超过规定期限仍无法交付的货物，承运方有权按有关规定处理。

2. 承运方的义务

在合同规定的期限内，将货物运到指定的地点，按时向收货人发出货物到达的通知的义务。对托运的货物要负责安全，保证货物无短缺、无损坏、无人为因素导致的变质，如有上述问题，应承担赔偿义务。在货物到达以后，按规定的期限负责保管。

三、收货人的权利和义务

1. 收货人的权利

在货物运到指定地点后，收货人有以凭证领取货物的权利。必要时，收货人有权向到站或中途货物所在站提出变更到站或变更收货人的要求，签订变更协议。

2. 收货人的义务

在接到提货通知后，按时提取货物，缴清应付费用。超过规定期限提货时，应向承运人交付保管费。

公铁联运合同　第十一条　违约责任

一、托运方责任

(1) 未按合同规定的时间和要求提供托运的货物，托运方应按其价值偿付承运方违约金。

(2) 由于托运人的匿报、错报货物品名或重量等引发货运事故时，托运方应承担法律规定的赔偿责任。

(3) 由于包装缺陷产生货物破损，致使承运人运输工具、设备或第三者的货物造成损失时，托运方应承担赔偿责任。

(4) 由托运方负责装箱的货物在向收货人交付时，发现货物损坏、缺失，在集装箱施封完好或无异状的情况下，托运方应赔偿收货人的损失。

二、承运方责任

(1) 未按合同规定的时间和要求发运时，承运方应偿付托运方违约金。

(2) 承运方如将货物错运至非托运人要求的到货地点，应无偿将货物运至合同规定的到货地点或接货人。如果货物逾期到达，承运方应偿付逾期交货的违约金。

(3) 公铁联运的货物发生灭失、短少、变质、污染、损坏，应由全程运输经营人承担赔偿责任，并按货物的实际损失(包括包装费、运杂费)赔偿托运方，再向负有责任的区段承运人追偿。

(4) 在符合法律和合同规定条件下的运输，由于下列原因造成货物的灭失、短少、污染、损坏，承运方不承担违约责任：

①不可抗力。

②货物本身的自然属性。

③货物的合理损耗。

④托运方或收货方本身的过错。

本合同正本一式两份,合同双方各执一份;合同副本一式两份,收发单位各留一份。

托运方:＿＿＿＿＿＿　　承运方:＿＿＿＿＿＿

代表人:＿＿＿＿＿＿　　代表人:＿＿＿＿＿＿

地址:＿＿＿＿＿＿＿＿＿　　地址:＿＿＿＿＿＿＿＿＿

电话:＿＿＿＿＿＿＿　　电话:＿＿＿＿＿＿＿

开户银行:＿＿＿＿＿＿＿＿＿　　开户银行:＿＿＿＿＿＿＿＿＿

账号:＿＿＿＿＿＿＿＿　　账号:＿＿＿＿＿＿＿＿

＿＿＿＿年＿＿＿＿月＿＿＿＿日订

运输条款

一般规定

公铁联运单据是全程运输经营人接管集装箱货物(以下简称货物)并负责按合同条款交付货物的单据。承运人接收货物并加盖承运期戳后,该单据是公铁联运合同成立的初步证明。

托运人同意接受公铁联运单据正面及反面所载的所有书写、印刷或打印的规定、免责事项和各种条件。

承运人与托运人责任划分

承运人自接收货物时起,至将货物交付收货人时止,对货物发生灭失、损坏负赔偿责任。但由于下列原因之一所造成货物灭失、损坏除外:

①不可抗力。

②货物本身性质引起的碎裂、生锈、减量、变质或自燃等。

③货物的合理损耗。

④货物包装缺陷。

⑤托运人与收货人的过失。

⑥政府部门的行为、检疫或司法扣押。

承运人应在与托运人约定的期限内将货物运至目的地。

货物在运输过程中,由于下列原因之一,造成的滞留时间应从实际运到日数中扣除。

第一条　因不可抗力的原因引起。

第二条　由于托运人责任致使货物在途中发生滞留的。

第三条　货物运到期限自承运人承运货物的次日起算。

第四条　承运人与托运人及收货人交接货物时,重集装箱凭箱体箱号、封印和箱体外状进行交接,空集装箱凭箱号和箱体外状进行交接,成件货物按件数、重量和包装进行交接。

第五条　托运人对其公铁联运单据内所提供的事项的真实性应负完全责任,因匿报、错报货物品名或重量而发生问题时,托运人负赔偿责任。

第六条　由于托运人、收货人的原因对承运人运输工具、设备或第三者的货物造成损失时,托运人或收货人应负赔偿责任。

第七条　货物运抵目的地,承运人应及时通知收货人。收货人应及时领取。超过规定时间未将货物搬出,收货人应承担货物保管费。

第八条　收货人延迟、拒绝领取货物时,承运人可以将货物卸在仓库或者其他适当场所,由此产生的费用和风险由收货人(或托运人)承担。

第九条　货物运抵目的地,收货人拒绝领取时,承运人应及时通知托运人,征求处理意见。托运人自接到通知之日起,30 日内提出处理意见答复承运人。

第十条　自承运人发出到货通知的次日起经过查找,满 30 日仍无人领取的货物或收货人拒领,托运人又未按规定期限提出处理意见的货物,承运人按无法交付货物处理。对性质不宜保存的货物,承运人根据具体情况,可以缩短通知和处理期限。

货物事故处理与赔偿

第十一条　承运人应按自接收货物时起,至将货物交付收货人时止,货物发生的灭失、损坏情况编制事故记录,交予收货人。

第十二条　如货物损坏或部分灭失,不能判明发生原因和损坏程度时,承运人应在交付前,主动联系收货人进行检查或邀请鉴定人进行鉴定。鉴定时,按每一事故记录分别编制鉴定书。如因技术条件限制,在现场难以办理时,经承运人与收货人协商同意后,可转移至适当的场地进行鉴定,因鉴定所支付的费用(包括整理、化验等附带费用),应在鉴定书中记明。属于托运人和收货人责任的,由承运人向收货人核收(在发站发生的向托运人核收;属于承运人责任的,由承运人承担)。

第十三条　托运人或收货人向承运人要求赔偿货物损失时应按批向承运人提出赔偿要求书,并附公铁联运单据、事故记录和有关证明文件。

承运人向托运人或收货人提出赔偿要求时,应提出事故记录、损失清单和必要的证明文件。

第十四条　经由铁路运输的货物,托运人要求办理铁路保价运输时,由承运人代为办理铁路保价运输手续。发生货物损失,需进行赔偿时按铁路货物保价运输规定赔偿。

托运人未要求铁路保价运输时,货物损失的赔偿价格为:灭失时,按灭失货物的价格;损坏时,按损坏货物所降低的价格;但均不超过《铁路货物运输规程》规定的最高赔偿限额,即每 1000kg 最高不超过 2000 元(人民币)。

承运人设备发生损失时,按实际损失赔偿。

第十五条　超过运到期限的,承运人按运费的比例向收货人支付违约金,不负其他赔偿责任。

第十六条　承运人同托运人或收货人相互间要求赔偿或退补费用的有效期为 180 日,但要求承运人支付违约金的有效期为 60 日。有效期由下列日期起算:

1. 货物灭失、损坏或承运人运输设备损坏,为承运人交付事故记录的次日;货物全部灭失未编有事故记录,为约定运到期限满期的第 31 日。

2. 要求支付违约金,为交付货物的次日。

3. 其他赔偿为发生货物损失的次日。

第十七条　承运人对托运人或收货人提出的赔偿要求,应自受理该项要求的次日起,60 日内进行处理,答复要求人自收到答复的次日起 60 日内未提出异议,即为结案。

第十八条　超过赔偿请求时效提出的赔偿请求，承运人不再受理和赔偿。

扣押和拍卖

第十九条　托运人或收货人应当向承运人交付的运费和承运人垫付的必要费用以及应向承运人支付的其他费用未付清的，又没有提供适当担保的，承运人可以扣留其货物。

第二十条　承运人根据相关规定扣留的货物，自货物卸到仓库的次日起满60日无人提取的，承运人可以申请法院裁定拍卖，易腐烂变质的货物保管费用可能超过其价值的，可以申请提前拍卖。拍卖所得价款，用于清偿保管、拍卖货物的费用和运费等其他有关费用，不足的金额，承运人有权向托运人追偿，剩余的金额，退还托运人。

第二十一条　以上条款未尽事宜，按国内公铁联运相关法律法规及《中华人民共和国铁路法》、其他铁路运输法规办理。

单元3　集装箱铁水联运

知识目标

了解集装箱铁水联运的发展；掌握集装箱铁水联运的运输组织模式。

能力目标

能熟练掌握集装箱铁水联运的四种作业流程。

知识学习

一、集装箱铁水联运概念

集装箱铁水联运是多式联运的一种重要形式，以铁路运输和水路运输为主体，配合其他运输方式，共同完成货物的运输。集装箱海铁联运是集装箱铁水联运的主要表现形式，是指进出口货物集装箱经铁路运到沿海港口，直接装船出口，或者货物集装箱由船舶运输到沿海港口之后，直接经铁路运出的一种集装箱货物运输方式，是港口集疏运方式的一种，全程只需"一次申报、一次查验、一次放行、一份运输单证"就可以完成整个运输过程。

二、集装箱铁水联运运输种类

从发货人仓库至收货人仓库，铁水联运需经历公路运输—铁路运输—水路运输—公路运输，就实际情况而言，托运人往往在托运货物时并不需要进行全程运输，只是进行其中一段，所以按托运人托运要求及收货人提取货物的要求，可将整个运输过程分为以下四类。

(1)门到门运输

门到门运输是指托运人在工厂或仓库将集装箱交给承运人，承运人负责将货物运抵指定收货人的工厂或仓库。门到门运输一般采用整箱货接收，整箱货交付，这也是集装箱运输的优势以及发展方向。

(2)门到站运输

门到站运输是指托运人在工厂或仓库将集装箱货物交给承运人,承运人负责将货物运至指定集装箱场站(港口),收货人在铁路到站(港口)提取集装箱货物。

(3)站到站运输

站到站运输是由托运人负责装箱并自行将集装箱货物送至铁路发站(港口码头)堆场,申请进行铁路(水路)运输。收货人负责在目的地铁路(港口)到站接收集装箱货物,相当于只进行铁路至港口(港口至铁路)运输,不进行两端短途运输。

(4)站到门运输

站到门运输是由托运人负责装箱并自行将集装箱货物送至铁路发站(港口码头)堆场,将集装箱交给承运人,申请进行铁路(水路)运输。承运人负责将货物运至收货人的工厂或仓库。

三、集装箱铁水联运货源组织

四类运输服务中,根据客户的不同需求,灵活选择全程或是分段运输,而市场开发、货源的组织方面,则应注意:始终以货源市场为中心,紧紧围绕适箱货源,有的放矢,抢占份额。要充分发挥集装箱铁水联运优势,对不同客户采取合理高效的物流方案,稳定老货源,吸引新货源,注重货源的组织,促进货源的增加,将集装箱铁水联运作为品牌推广,提升其市场占有率。

(1)建立合作伙伴,稳定传统货源

对于发运需求大的货主,需采用直接合作的方式,对货物的安全予以保障,以优质的服务来留住货源。

(2)利用联运优势,开发新货源

集装箱铁水联运优势相较于单一运输方式,运输成本大幅缩减,覆盖面特别广泛,安全有保障,可利用自身优势,进行差异化竞争来吸引新的货源。

(3)利用铁路箱优势,吸引货源

2014 年 3 月,中国铁路总公司下发《关于大力发展铁路箱出境和下水业务的通知》,铁路箱可以出站进行水路运输,由于铁路箱在全国铁路集装箱办理站都能办理提箱还箱,为客户减少了用箱成本,对于自备箱稀缺的地区,铁路箱的吸引力大,箱体箱况良好,还箱方便,都是能吸引到顾客的优势。

四、集装箱铁水联运的作业流程

1. 外贸出口集装箱作业流程

外贸出口集装箱流程如图 7-7 所示。

(1)货主向货运代理(货代)办理托运

(2)订船

货代接受货主运输委托后,由于其并不是实际承运人,还得向船公司租船订船。

(3)接受托运申请

船公司或其代理在接受托运申请后编制集装箱预配清单,并将预配清单分送码头、堆场和货运站,安排货运交接事宜。

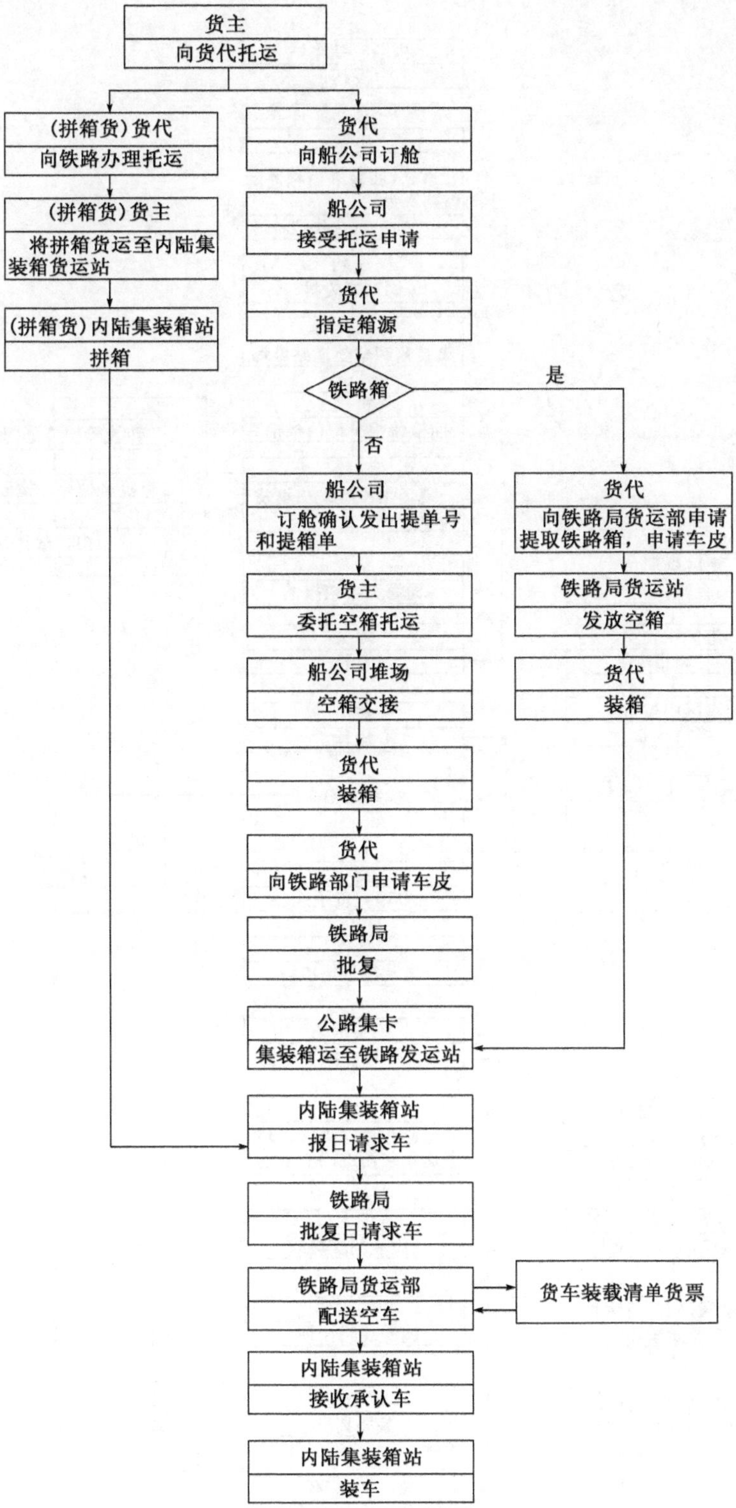
货主
向货代托运
(拼箱货)货代
向铁路办理托运
(拼箱货)货主
将拼箱货运至内陆集装箱货运站
(拼箱货)内陆集装箱站
拼箱
货代
向船公司订舱
船公司
接受托运申请
货代
指定箱源
铁路箱
是
否
船公司
订舱确认发出提单号和提箱单
货主
委托空箱托运
船公司堆场
空箱交接
货代
装箱
货代
向铁路部门申请车皮
铁路局
批复
货代
向铁路局货运部申请提取铁路箱，申请车皮
铁路局货运站
发放空箱
货代
装箱
公路集卡
集装箱运至铁路发运站
内陆集装箱站
报日请求车
铁路局
批复日请求车
铁路局货运部
配送空车
货车装载清单货票
内陆集装箱站
接收承认车
内陆集装箱站
装车

图 7-7

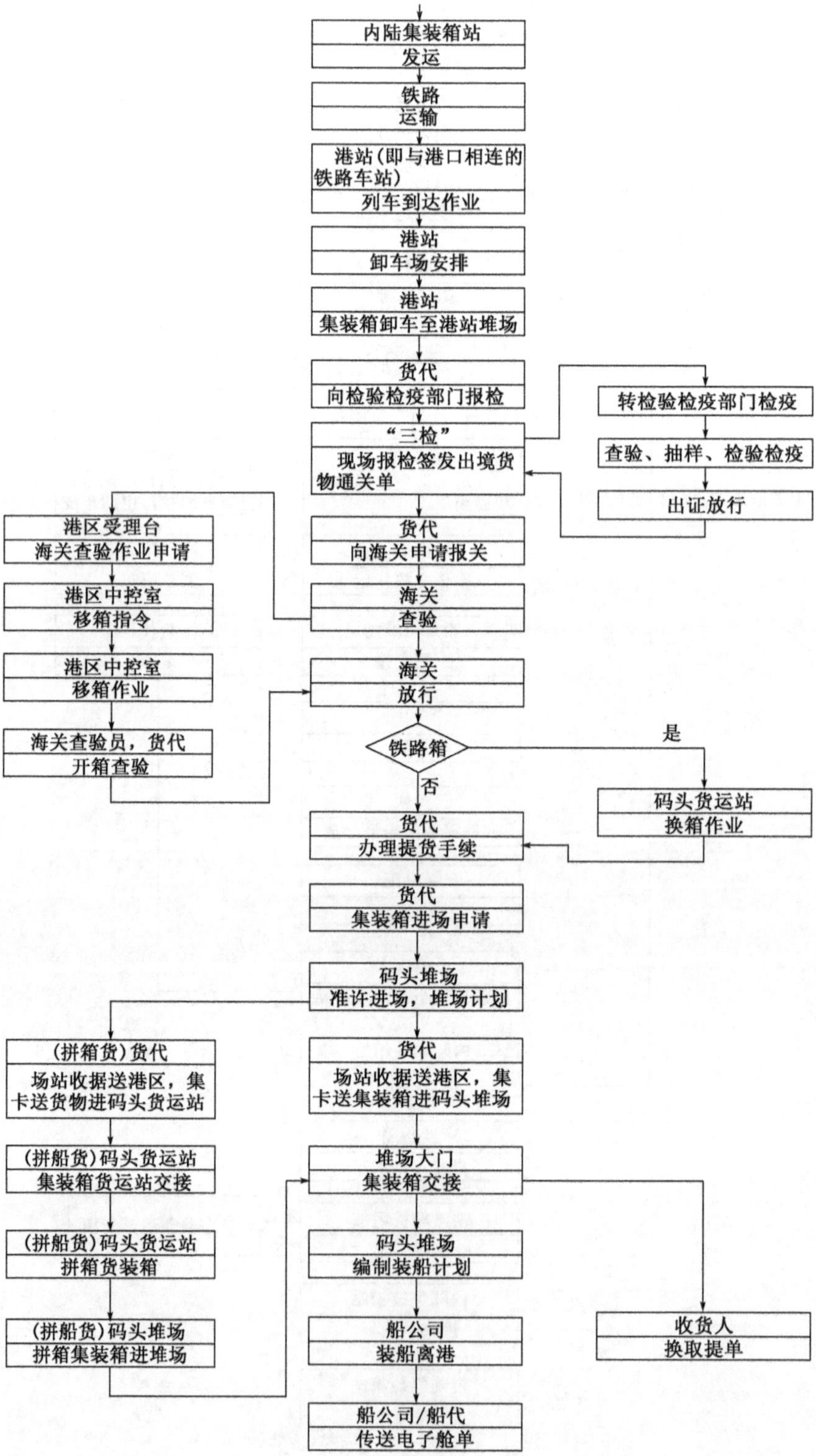

图7-7 外贸出口集装箱作业流程

(4)提取空箱

凭出场设备交接单提取空箱。

(5)装箱

制作集装箱装箱单,并将货物及装箱单在规定时间内交给多式联运经营人的代理。

(6)货代安排集装箱货车(以下简称“集卡”)卡将集装箱从发货人仓库运输到内陆集装箱办理站。车站货运代理签发铁路货物运单。货运代理将从铁路取得的领货凭证交给出口港的货运代理。

(7)内陆集装箱办理站在接受货物托运后,编制运输计划,向上一级铁路部门提交运输计划申请。

(8)集装箱列车到站

集装箱列车到站,若港口有专门的集装箱中心站,集装箱列车一般到达中心站,否则到达港前站,以取送车的方式运送到相应卸车区。

(9)集装箱卸车

集装箱列车到达出口港集装箱中心站后,中心站安排卸车工作。集装箱根据预先制订好的堆场计划,卸到相应分区进行堆码。

(10)报关报检

办理报关或转关等手续。若在内陆集装箱站办理过报关,则只需要办理转关手续,否则应办理整套报关手续。货代持出口报关单、合同副本、商业发票、信用证副本、进口许可证等相应单证向海关报关。

(11)集装箱交接

根据船期计划,出口集装箱按期运至集装箱码头,堆场码头接收集装箱时,核对场站收据、装箱单、设备交接单,并代表船公司在场站收据上签字。

(12)堆场堆放

在集装箱进入船公司堆场后,理货人员在将集装箱与订船单核对后,出具收据,并提交船公司,由船公司签发无批注的清洁提单给货运代理,并作为物权凭证和双方运输合同的证明。集装箱运到港口后,一般不能立刻进行装船作业,需在港口码头堆场堆放一段时间,等待装船。

(13)集装箱装船

根据船期、船公司编制的集装箱预配清单及计划预配船图,码头堆场着手编制堆场计划和装船计划(卸货港序、货箱重量编排、收箱堆放编排、船舶靠泊后人力机械设备配置、装船进度、预备船图、装箱顺序单等)。装船作业码头堆场人员将预配船图交船方审核,经核实后,根据装船顺序单、预备船图发箱装船。理货人员在船上计箱验残。装船主要工序为:堆场门式起重机将集装箱放到集卡上,集卡从堆场运来集装箱,装卸桥将集装箱装到对应箱位。装船完毕,理货人员编制理货报告单、集装箱船舶积载图。

(14)船舶离港

船舶在本次到港货物装卸完毕后,根据船舶离港计划离港。

2.外贸进口集装箱作业流程

外贸进口集装箱作业流程,如图 7-8 所示。

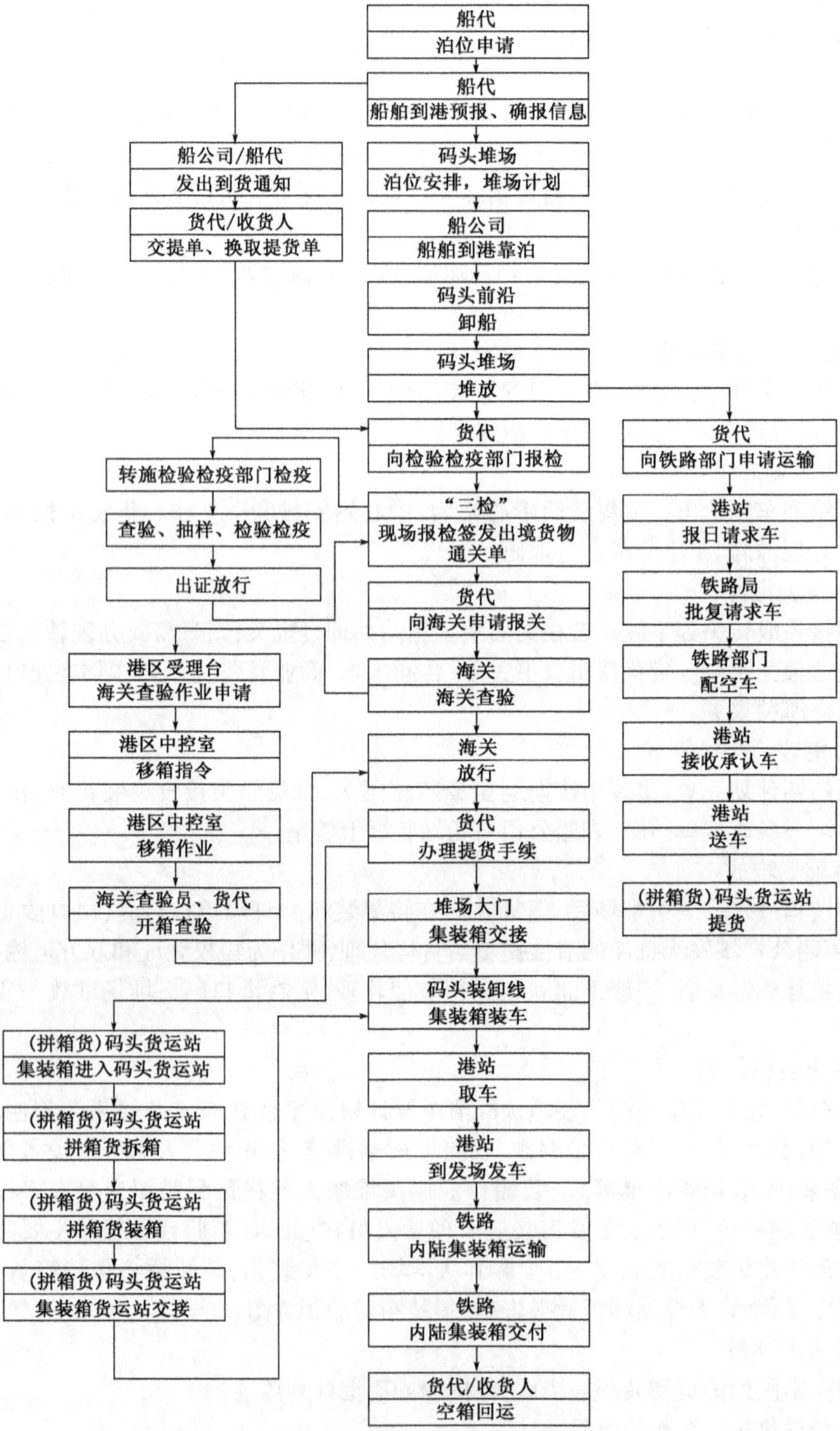

图7-8 外贸进口集装箱作业流程图

(1)船代进行泊位申请

船代(代理与船舶有关业务的单位)提前向拟靠泊港口申请泊位。港口方根据船代提供的信息安排泊位,制订货物堆场计划。

(2)船代接收船舶到港预报、确报信息

港口按照船公司或其代理公司(船代)向港口提供的有关船舶动态、信息和相关单证资料,编制集装箱船舶靠港卸货计划。

(3)卸船准备

码头收齐并整理相关资料,编制靠泊计划、装卸作业计划,编制卸船计划、堆场计划。

(4)卸船

船舶靠泊后,码头堆场人员上船与船方协商卸船事项后,按计划卸船。卸船完毕,码头堆场整理有关卸船的集装箱单证资料并归档。

(5)堆场堆放

货物由船上卸下后,一般不能马上完成疏运,需要在堆场进行堆放。集装箱从船上卸下后,按照预先编制好的堆场计划,用集卡将其搬运到预定箱区。

(6)报关、报检

货物在由下一个运输工具运输之前,需完成报关报检手续。货代在规定期限内,持报关单、提货单和提货单副本以及装箱单等单证,到海关办理申报手续。海关审核同意后,在提货单上盖章放行;如需查验,双方另约时间进行查验,同时与港方堆场沟通安排查验。

(7)制订装车计划

港口确定承认车计划不落空,检查现车等。

(8)送空车

无论港口是采取“国家铁路取送车方式”还是采取“自己成立港铁公司取送车方式”,港口码头装卸公司都需与港口站沟通协调,安排合适的时机送空车。

(9)装车作业工序

报告空车送到货物线时间。装车作业工序包括装车前的准备工作、实际装车过程及装车后的收尾作业。装车前进行票、箱、车“三检”,报告作业开始时间,将装载清单信息录入追踪系统。

(10)取车

铁路调车机将空车从港口取回车站,简单集结,到发场发车。

(11)装卸线发车

装卸线有整列发车能力的可安排直接在装车地发车。

(12)内陆集装箱运输

铁路部门完成内陆集装箱交付。

3. 内贸出口集装箱作业流程

内贸出口集装箱作业流程如图7-9所示。

(1)货主向货代办理托运

(2)订舱

货代接受委托后,向船公司租船订舱,办理集装箱货物的托运,并填写集装箱货物托运单。

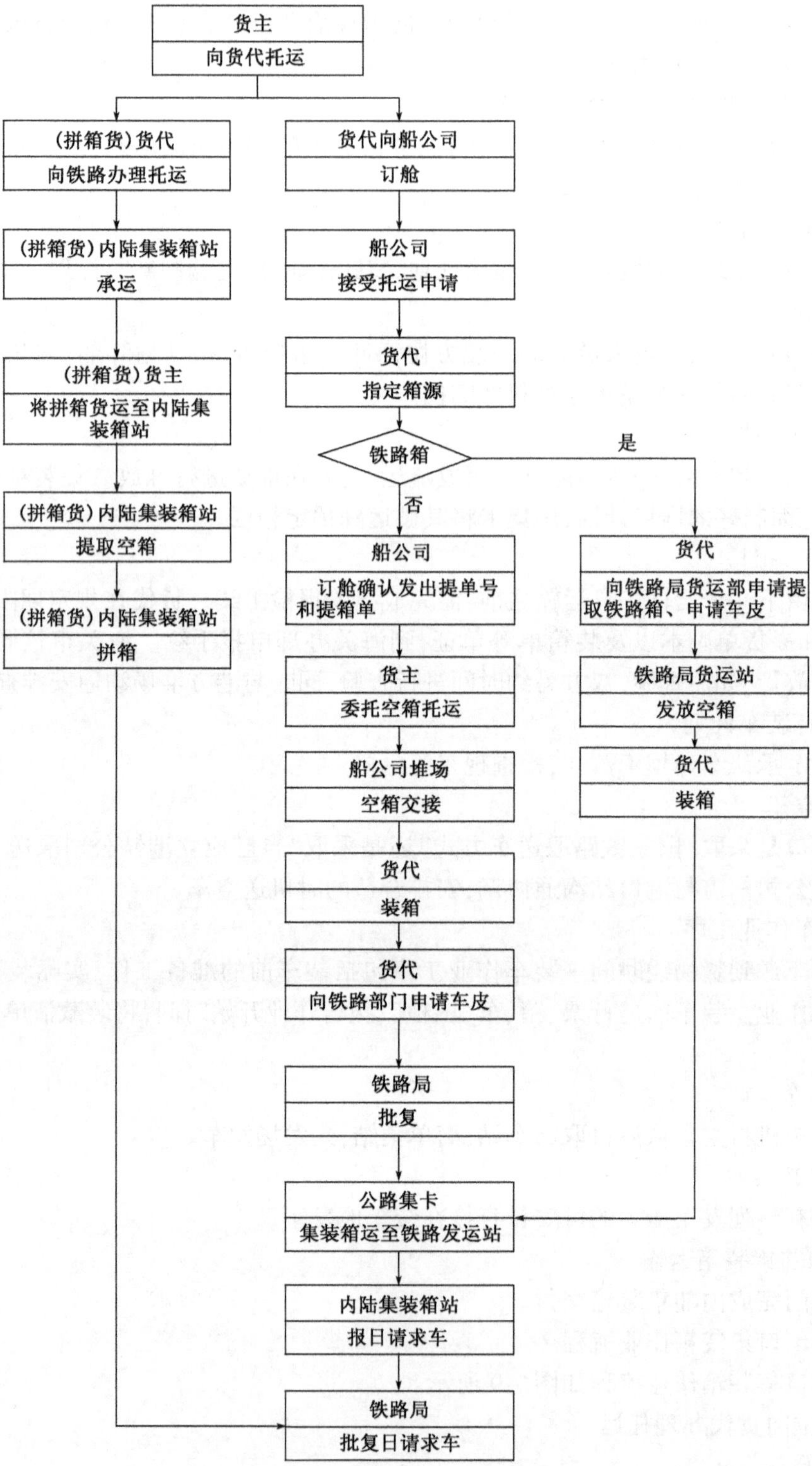
货主
向货代托运
(拼箱货)货代
向铁路办理托运
货代向船公司
订舱
(拼箱货)内陆集装箱站
承运
船公司
接受托运申请
(拼箱货)货主
将拼箱货运至内陆集装箱站
货代
指定箱源
铁路箱
是
否
(拼箱货)内陆集装箱站
提取空箱
船公司
订舱确认发出提单号和提箱单
货代
向铁路局货运部申请提取铁路箱、申请车皮
(拼箱货)内陆集装箱站
拼箱
货主
委托空箱托运
铁路局货运站
发放空箱
船公司堆场
空箱交接
货代
装箱
货代
装箱
货代
向铁路部门申请车皮
铁路局
批复
公路集卡
集装箱运至铁路发运站
内陆集装箱站
报日请求车
铁路局
批复日请求车

图 7-9

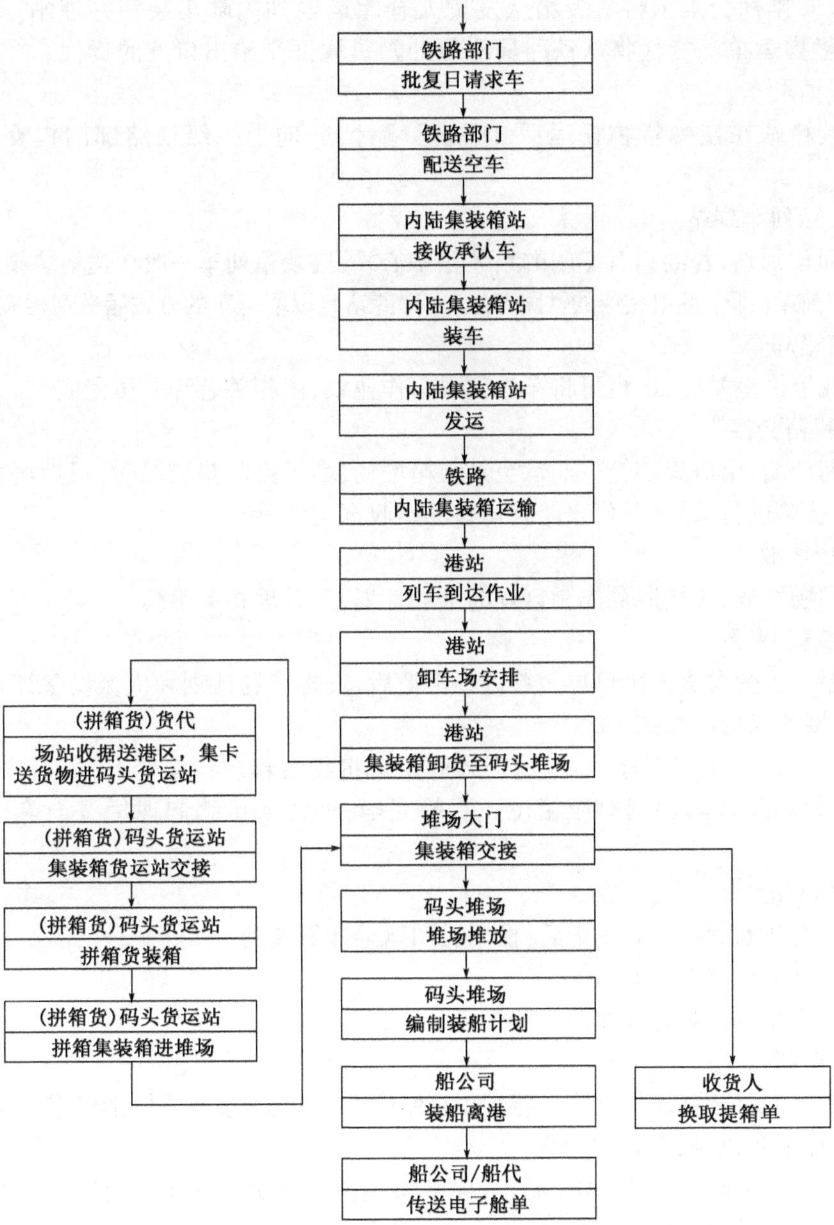

图7-9 内贸出口集装箱作业流程

(3)接受托运申请

船公司在接受托运申请后,应编制集装箱预配清单。

(4)提取空箱

货代到船公司经营地提取空箱,准备装箱。

(5)装箱

货主制作集装箱装箱单,并将集装箱货物及装箱单在规定时间内一起交给货代。

(6)货代安排社会集卡将集装箱从发货人仓库运输到内陆集装箱办理站。车站向货代签发铁路货物运单。货代将从铁路局取得的领货凭证交给出口港的货代。

(7)报日请求车

内陆集装箱站在接受货物托运后,编制运输计划,向上一级铁路部门提交运输计划申请。

(8)集装箱列车到站

集装箱列车到站,若港口有专门的集装箱中心站,集装箱列车一般到达集装箱中心站,否则一般到达港前站(即于港口相连的铁路车站,也称港站),以取送车的方式运送到相应卸车区。

(9)集装箱卸车

卸车作业可由港站完成,也可将车送到码头作业线,由相关装卸公司完成。

(10)集装箱交接

根据船期计划,出口集装箱按期运至集装箱堆场,堆场接收集装箱时,根据场站收据、装箱单、设备交接单进行核对,并代表船公司在场站收据上签字。

(11)堆场堆放

货物在堆场堆放,应按照预先制订好的堆场计划,并办理相关手续。

(12)集装箱装船

准备装船。接受发货人出口集装箱进场申请后,安排堆场计划和机械设备计划,交接装箱单、设备交接单和场站收据。

装船作业。装船主要工序为:堆场门式起重机将集装箱放到集卡上,集卡从堆场运来集装箱,装卸桥将集装箱装到对应箱位。装船完毕,理货人员编制理货报告单、集装箱船舶积载图。

(13)船舶离港

船舶在本次到港货物装卸完毕后,根据船舶离港计划离港。

4. 内贸进口集装箱作业流程

内贸进口集装箱作业流程如图7-10所示。

(1)泊位申请

船代提前向拟靠泊港口申请泊位。港口根据船代提供的信息安排泊位,制订货物堆场计划。

(2)接受船舶到港预报、确报信息

港口按照船公司或其代理公司(船代)向港口提供的有关船舶动态、信息和相关单证资料,编制集装箱船舶靠港卸货计划。

(3)卸船准备

港口收齐并整理必要的单证资料,编制船舶靠泊、装卸作业计划,编制集装箱卸船堆场计划。

(4)卸船

船舶靠泊后,码头堆场人员上船与船方协商卸船事项后,按计划卸船,此时理货人员计箱验残并与码头堆场进行交接。

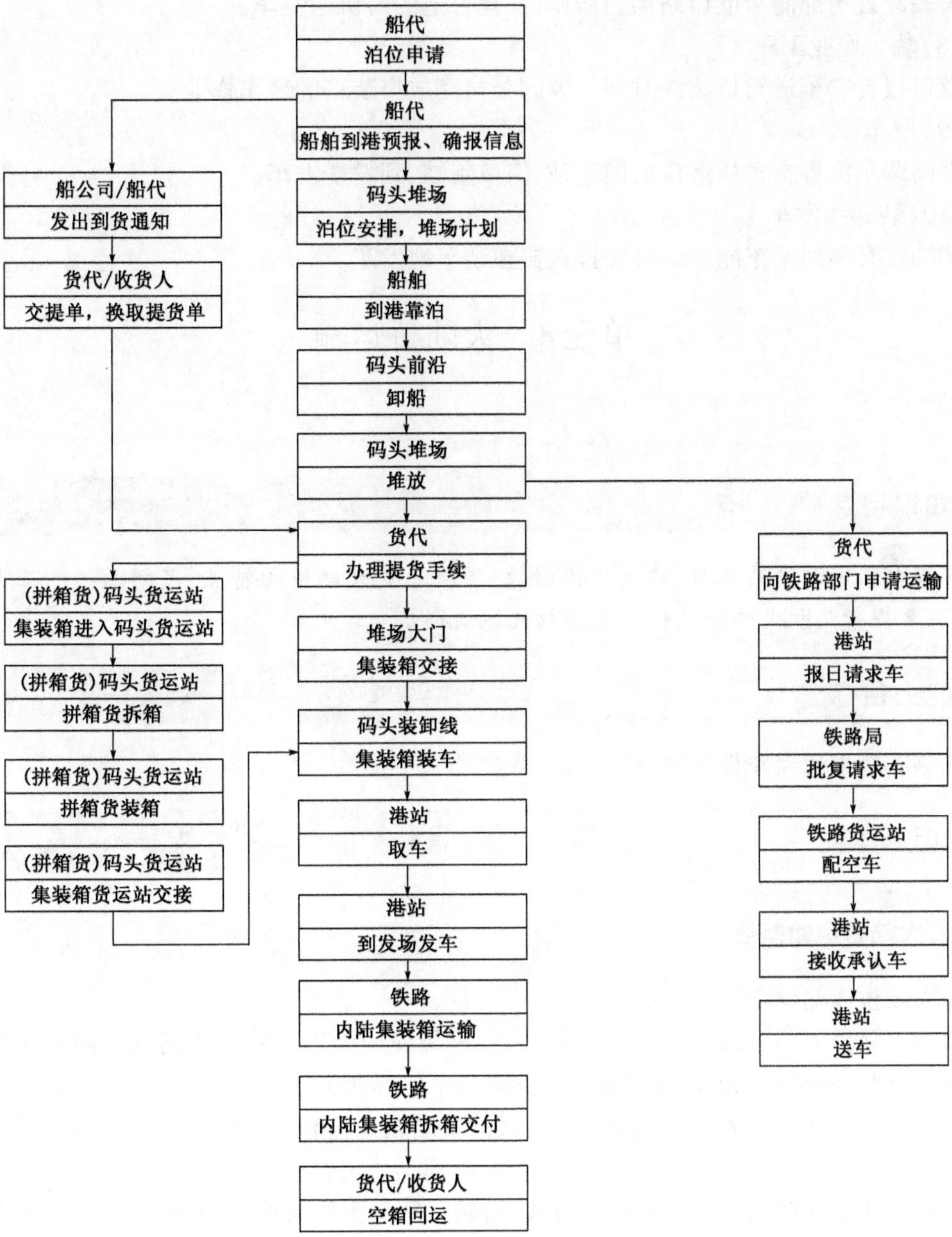

图7-10 内贸进口集装箱作业流程

(5)堆场堆放

由于货物需要报关,且列车船舶的装载量不同,导致必然有些集装箱不能卸下就立刻疏运。卸下的货物在堆场完成堆放期间,货代应持相关单据进行报关。

(6)制订装车计划

港口确定承认车计划不落空,检查现车等。

(7)送空车

无论港口是采取“国家铁路取送车方式”还是采取“自己成立港铁公司取送车方式”,港口码头装卸公司都需与港口站沟通协调,安排合适的时机送空车。

(8)装车作业工序

港口报告空车送到货物线时间。装卸公司完成集装箱的装车作业。

(9)取车

铁路调车机将空车从港口取回车站,简单集结,到发场发车。

(10)装卸线发车

装卸线有整列发车能力的可安排直接在装车地发车。

单元4　大陆桥运输

知识目标

掌握大陆桥运输的概念、特点及优越性;了解北美大陆桥的特点;了解西伯利亚大陆桥的特点;掌握新亚欧大陆桥的优势及货物托运规则。

能力目标

能够正确描述大陆桥运输。

知识学习

一、大陆桥运输概述

1. 大陆桥运输概念

所谓大陆桥运输(Land Bridge Transport),是指使用横贯大陆的铁路或公路运输系统为中间桥梁,把大陆两端的海洋连接起来的运输方式。从形式上看,大陆桥运输是海—陆—海的连贯运输,但实际上,大陆桥运输已经在国际集装箱运输和多式联运的实践中发展成为多种多样的形式。

大陆桥运输是借助于不同的运输方式,跨越辽阔的大陆或狭窄的海峡,以沟通两个互不相连的大洋或海域之间的运输形式。大陆桥运输也属于国际多式联运的范畴,在国际多式联运中的作用比较突出,作为一种特殊的运输方式,大陆桥运输可以有效缩短运输距离,减少运输时间和减少运输总费用支出。

大陆桥运输一般以集装箱为媒介。采用大陆桥运输,中途要经过多次装卸,如果采用传统的海陆联运货物运输工具,不仅增加运输时间,而且大大增加装卸费用和货损货差的发生率。以集装箱为运输单位,则可大大简化理货、搬运、储存、保管和装卸等操作环节。同时,集装箱是由海关铅封,中途不用开箱检验,而且可以迅速、直接转换运输工具,因此,以集装箱为媒介是开展大陆桥运输的最佳方式。

2. 大陆桥运输的历史背景

大陆桥运输是集装箱运输出现之后的产物,诞生于1967年。当时苏伊士运河封闭,航运中断,而巴拿马运河堵塞,俄罗斯远东地区与欧洲之间的海上货运船舶,不得不改道绕航非洲好望角或南美洲,致使航程和运输时间倍增,加上油价上涨,航运成本猛增。当时,集装箱运输正在兴起。在这种历史背景下,大陆桥运输应运而生。从俄罗斯远东地区港口至欧洲的货运,于1967年底首次采用大陆桥运输路线,把原来全程海运,改为海—陆—海运输方式,取得了较好的经济效果,达到了缩短运输里程、降低运输成本、加速货物运输的目的。

目前,被广泛使用的大陆桥路线有北美大陆桥、西伯利亚大陆桥、新亚欧大陆桥。

二、大陆桥运输的特点

(1)采用联运方式,全程由海运段和陆运段组成。

(2)比全程海运的路程短,但增加了装卸次数。所以,大陆桥运输在某一地域的发展前景,主要取决于它与全程海运相比较,在运输费用、运输时间等方面的综合竞争力。

三、世界上的大陆桥

1. 北美大陆桥

北美大陆桥(North American Land Bridge)是指从日本海运至美国或加拿大西部港口卸货,再经铁路将集装箱运至美国、加拿大东海岸或墨西哥湾港口,经海运运往欧洲方向或其他方向的运输路线。北美大陆桥是世界上历史最悠久、影响最大、服务范围最广的大陆桥运输路线。

(1)美国大陆桥

美国大陆桥(U. S. Land Bridge)是北美大陆桥的组成部分,是最早开辟的欧洲水陆联运路线。美国大陆桥有以下两条路线:

①连接太平洋与大西洋的路线。俄罗斯远东地区、中国、东南亚的货物从美国西部太平洋沿岸的洛杉矶、西雅图、旧金山等口岸上桥,通过铁路横贯美国至东部大西洋口岸转海运到达欧洲,其中铁路全长约33200km,运输方式为海—铁—海。

②连接太平洋与墨西哥湾的路线。俄罗斯远东地区、中国、东南亚的货物从美国西部太平洋口岸上桥,通过铁路运至墨西哥湾,再转海运到达南美洲,铁路全长500~1000km,运输方式为海—铁—海。

美国大陆桥因东部港口和铁路拥挤,货物到站或到港后往往很难及时换装,抵消了大陆桥运输所节省的时间,大陆桥运输的优越性没有得到充分的体现。目前美国大陆桥运输基本陷于停顿状态,但在大陆桥运输过程中,又形成了小陆桥和微型陆桥运输方式,而且发展迅速。

(2)加拿大大陆桥

加拿大大陆桥(Canada Land Bridge)的运输路线是,通过海运将集装箱货物从日本海运至温哥华或西雅图后,利用加拿大两大铁路线横跨北美大陆桥运至蒙特利尔,然后再与大西洋的海上运输相连接,一直运到欧洲各港口。

加拿大大陆桥最初是为了与西伯利亚大陆桥相抗衡而设立的,但是,由于日本—加拿大—欧洲集装箱船运费与日本—欧洲集装箱船运费相差不多,故日本的客户对使用加拿大大陆桥运输不积极,所以加拿大大陆桥未发展起来。

(3)小陆桥

小陆桥(Mini-Land Bridge,简称 MLB)运输比大陆桥的海—陆—海运输缩短一段海上运输航程,成为海—陆或陆—海形式。如俄罗斯远东地区运至美国东部大西洋沿岸或美国南部墨西哥湾沿岸的货运,可由俄罗斯远东地区装船运至美国西海岸,换装铁路(公路)专列运至东部大西洋或南部墨西哥湾沿岸,然后继续通过陆上运输运至目的地。小陆桥运输是美国大陆桥开始萎缩时产生的,由于不必通过巴拿马运河,所以这种运输可以节省时间。小陆桥运输全程使用一张海运提单,由海运承运人支付陆上运费,从美国东海岸或墨西哥湾港口运至目的地费用由收货人支付。

2. 西伯利亚大陆桥

西伯利亚大陆桥(Siberian Land Bridge,也称第一亚欧大陆桥)是指使用国际标准集装箱,将货物由俄罗斯远东地区海运至俄罗斯东部港口,再经跨越欧亚大陆的西伯利亚铁路运至波罗的海沿岸,如爱沙尼亚的塔林或拉脱维亚的里加等港口,然后再经铁路、公路等运到欧洲各地的国际多式联运的运输路线。西伯利亚大陆桥运输包括“海—铁—铁”“海—铁—海”等运输方式。由俄罗斯的过境运输总公司担当总经营人,总经营人拥有签发货物过境许可证的权利,并签发统一的全程联运提单,承担全程运输责任。参加联运的各运输区段,则采用“互为托运、承运”的接力方式完成全程联运任务。使用这条大陆桥运输路线的经营者主要是日本、中国和欧洲各国的货运代理公司。

西伯利亚大陆桥是目前世界上最长的一条大陆桥运输路线。它大大缩短了从日本、俄罗斯远东地区到欧洲的运输距离,因此也节省了运输时间。从俄罗斯远东地区经俄罗斯太平洋沿岸港口到欧洲的大陆桥运输路线全长约 13000km。而相应的全程水路运输距离(经苏伊士运河)约为 20000km。例如,从日本横滨到荷兰鹿特丹,采用大陆桥运输不仅可使运距缩短 1/3,运输时间也可节省 1/2,运输费用还可节省 20% ~30%,对货主有很大的吸引力。

(1)西伯利亚大陆桥运输服务形式

俄罗斯专门成立了运输组织机构,专门负责办理西伯利亚大陆桥运输业务,该机构提供了以下三种大陆桥运输服务形式:

①海—铁—海。由日本等国家和地区,用船将集装箱货物运至俄罗斯纳霍德卡港和东方港,经西伯利亚铁路运至莫斯科,经铁路运至圣彼得堡、里加、塔林和黑海,再装船运至北欧、西欧、巴尔干地区港口或相反方向的运输服务。

②海—铁—铁。由日本等国家和地区,用船将集装箱货物运至俄罗斯东方港,经西伯利亚铁路运至俄罗斯西部国境站,再转至伊朗或欧洲各国,利用铁路运至欧洲各地或相反方向的运输服务。

③铁—公。由日本等国家和地区把货箱船运至俄罗斯东方港,经西伯利亚铁路运至白俄罗斯,再通过公路把货箱运至德国、瑞士、奥地利等国。

(2)西伯利亚大陆桥的运输特点

①运距短、时间快。东起俄罗斯纳霍德卡西至荷兰的鹿特丹,全程约 13000km。如从我国天津运至芬兰赫尔辛基,海运运距约为 23200km,时间为 60 天,大陆桥运距为 9485km,比

海运少13715km,运输时间提前了40天左右。

②费用少。中国至欧洲各国、伊朗、阿富汗的大陆桥运输费用比海运少。大陆桥运输可节省外包装材料,因此可以降低货物的成本。

③手续简便。大陆桥运输属于多式联运,因此,托运人只需办理一次托运,凭一张运输单据,即可从发货地直接装箱发运,完成全部手续。

④结汇快。运输公司受理发货单位委托后,将货物装箱完毕并施封后,立即签发联运提单,发货单位即可凭联运提单向银行办理结汇。

(3)我国通过西伯利亚铁路的可进行西伯利亚大陆桥运输的路线

①铁—铁线

从我国铁路站把货物运至中俄边境满洲里/后贝加尔,进入俄罗斯,或运至中蒙边境站二连浩特/扎门乌德进入蒙古国,经蒙俄边境站苏赫巴托/纳乌斯基进入俄罗斯,再经西伯利亚铁路运至白俄罗斯西部边境站,转欧洲各国铁路运至欧洲各地或从俄罗斯运至伊朗。

②铁—海线

经我国铁路将集装箱运至满洲里,转俄罗斯铁路运至波罗的海沿岸港口,转有关船公司船运至欧洲各港口。

③铁—公线

经我国铁路将集装箱运至满洲里,转俄罗斯铁路运至俄罗斯西部边境站,再转公路运至德国、瑞士、奥地利等国家。

3. 新亚欧大陆桥

新亚欧大陆桥又称"第二亚欧大陆桥",是从我国连云港到荷兰鹿特丹的铁路(公路)联运路线。新亚欧大陆桥东起我国江苏连云港和山东日照,途经江苏、山东、河南、安徽、陕西、甘肃、山西、四川、宁夏、青海、新疆,到中俄边界的阿拉山口出国境。出国境后可经中、北、南3条线路抵达荷兰的鹿特丹港。新亚欧大陆桥中国段,由陇海铁路和兰新铁路承担运输。新亚欧大陆桥比原有的陆上运输通道缩短了约2000km,比绕道印度洋和苏伊士运河的水运距离缩短了约10000km。

(1)新亚欧大陆桥与西伯利亚大陆桥相比具有的优势

①地理位置和气候条件优越。整个新亚欧大陆桥避开了高寒地区,港口无封冻期,自然条件好,吞吐能力大,可以常年作业。

②运输距离短、运期短、运费少。新亚欧大陆桥可缩短运程2000km左右,可缩短运期4天左右,还可以减少运费。根据我国铁路现行规定,由阿拉山口国境站过境我国铁路,经我国国境站和港口站出境及相反方向,过境大吨位集装箱货物运费的计算系数为0.3。

③辐射面广。新亚欧大陆桥辐射亚欧大陆30多个国家和地区,辐射地区总面积超5000万km^2,居住人口占世界总人口的75%左右。

④对亚太地区吸引力大。日本、韩国、东南亚各国、大洋洲各国,均可利用此路线开展集装箱运输。

(2)我国关于新亚欧大陆桥运输管现的部分办法

①过境集装箱箱型应符合国际标准化组织的规定。目前新亚欧大陆桥运输只办理20ft、40ft标准箱。通风、开顶、台架式集装箱等专用集装箱的运输需临时商定。

②各种武器、弹药及军需品(通过军事途径运输的除外)、鸦片、吗啡、海洛因、可卡因、烈性毒品及动植物不准过境运输。

③办理过境集装箱的我国口岸目前有连云港、天津、大连、上海、广州港和阿拉山口、二连浩特、满洲里、深圳北铁路车站。

④过境集装箱在港口的装卸船费、堆存费及装卸车费等,按现行规定支付。各港口应为过境集装箱的提取、装卸、转运提供方便。

过境集装箱铁路运输按《国际货协》及铁路总公司有关规定办理,铁路部门应及时与相关部门联系,在计划、装车、挂运等方面提供方便。

⑤我国办理过境集装箱运输的全程经营人为中国铁路对外服务总公司、中国对外贸易运输(集团)总公司、中国远洋运输(集团)总公司、中国外轮代理有限公司及其在口岸所在地的分支机构和口岸所在地政府指定的少数有国际船、货运代理权的企业。办理过境集装箱铁路运输的中国段经营人为中国铁路对外服务总公司。

过境集装箱经铁路运输的费用采取全程包干,按实际浮动,以美元一次性支付,由中国铁路对外服务总公司统一收取、清算,

过境集装箱入境时,经营人应按规定填写"过境货物申请单"一式两份,向入境地海关申报,申报单位应注明起运国和到达国。

对来自疫区的过境集装箱,经营人需向卫检、动植物检疫机关申报,装有动植物产品的过境集装箱,经营人需向检疫机关申报。卫检、动植物检疫机关应简化过境集装箱的申报手续,为过境集装箱及时转运提供方便,申报时一律不收取费用。

在口岸联检及报关时,如发现国际装箱以藏匿或伪报品名等手法逃避海关监管,装运禁止过境的货物,由海关按我国有关规定处理;箱体外形完整、封印无破损,未发现违法或可疑时,可只作外形查验,为过境集装箱运输提供方便。

⑥过境集装箱原则上由经营人办理运输保险或保价运输。

新亚欧大陆桥的发展,为沿线国家和亚欧两大洲经济贸易交流提供了一条便捷的大通道,对我国丝绸之路经济带的建设、陆桥经济走廊的形成、亚太地区与欧洲的经贸合作发展具有重要的意义。

拓展知识

中老铁路"一单制"首单发车!

2022 年 8 月 30 日上午 11 时,中国(云南)自由贸易试验区中老铁路"一单制"首单发车仪式在中铁联集昆明中心站举行。共计 23 车 46 箱满载 1200 余吨,货值 860 余万元人民币货物的列车从王家营西站缓缓驶出,该趟列车同时也是云投集团旗下省国际班列组织发运的第 1000 列中老铁路跨境货物列车。

此次试单经铁路、公路两种运输方式,完成从昆明经磨憨到老挝万象跨境运输,采取整列"铁路快通"通关模式,使用一张运输单证,并由中国银行云南省分行依托该运输单证提供金融服务,标志着中老铁路多式联运"一单制"与国际铁路联运提单融资探索两项改革创新模式成功实践。

实训项目 集装箱多式联运认知

(1)请绘制第一亚欧大陆桥和第二亚欧大陆桥路线。

(2)某托运人在武汉北站办理了4个20ft集装箱运输,要求运到美国的旧金山,请向托运人提供可行的运输方案。

复习思考题

一、选择题

1. 东起俄罗斯东部港口,经跨越欧亚大陆的西伯利亚铁路运至波罗的海的沿岸港口,再采用铁路、公路或海运至欧洲各地的陆桥运输线是(　　)。

A. 西伯利亚大陆桥　　B. 新亚欧大陆桥

C. 北美大陆桥　　D. 墨西哥陆桥

2. 东起中国连云港,西至荷兰鹿特丹港,连接远东和欧洲的陆桥运输线是(　)。

A. 西伯利亚大陆桥　　B. 新亚欧大陆桥

C. 北美大陆桥　　D. 墨西哥陆桥

3. 国际多式联运经营人是(　　)。

A. 国际多式联运合同的当事人　　B. 国际多式联运合同的代理人

C. 国际多式联运合同的委托人　　D. 国际多式联运合同的经纪人

4. 下面关于多式联运的英文表述哪种最正确(　　)。

A. Container transport　　B. Through　transport

C. Combined transport　　D. Multimodal transport

二、判断题

1. 国际多式联运在集装箱运输产生之后发展起来,目前的国际多式联运基本上是国际集装箱货物多式联运。(　　)

2. 国际多式联运是指按照多式联运合同,以至少两种不同的运输方式,由多式联运经营人将货物从一国境内接管货物的地点运至另一国境内指定地点交付的货物运输。(　　)

3. 国际多式联运经营人不仅是订立合同的当事人,也是单证的签发人。(　　)

4. 海陆联运是国际多式联运的主要形式之一。(　　)

5. 西伯利亚大陆桥是世界上最长的一条陆桥运输线。(　　)

6. 北美大陆桥运输是利用北美的铁路从远东到欧洲的“海—陆—海”联运,包括美国大陆桥运输和加拿大大陆桥运输。(　　)

三、问答题

1. 简述集装箱多式联运概念。

2. 简述集装箱多式联运的组织要素。

3. 简述集装箱多式联运的货物组织模式。

4. 简述集装箱多式联运的特征。

5. 简述公铁联运的优点。

6. 简述公铁联运的发送流程及步骤。
7. 简述公铁联运的到达流程及步骤。
8. 列举公铁联运所需单据。
9. 简述铁水联运的概念。
10. 简述铁水联运货源组织途径。
11. 简述铁水联运运输组织模式。
12. 简述集装箱铁水联运的作业流程。
13. 简述大陆桥运输的优越性。
14. 简述新亚欧大陆桥的优势。
15. 简述北美大陆桥的运输路线。

附录1 国际货协运单的填写

下文以我国与俄罗斯国际联运为例，详细介绍国际货协运单（以下简称“运单”）的填写要求和注意事项。

1. 运单第1、2、3、4、5、6张及运行报单（补充）正面

(1)由发货人填写的栏目

【1 发货人】

填记内容：

——发货人名称（应与注册文件一致）、姓名（自然人）、通信地址；

——如缔约承运人对发货人进行编码，则注明由该承运人确定的发货人代码（在填写代码的格内）。

还可以注明电话号、传真号（连同区号）、电子信箱。

发货人签名（根据发送国国内法律）。发货人签名确认其在运单中所记载事项的正确性。

【2 发站】

填记内容：

——发站名称及铁路简称；

——发站代码（在填写代码的格内）。

在不适用于《国际货协》的国家运送货物时，应注明变更运输合同法律规范的车站名称、代码及铁路简称。

注意填写运价规程中所记载的发站全称。如果在铁路专用线或专用铁路装车，则应在发站后以括号注明专用线或专用铁路名称。向发货人返还货物或空容器时，应以旧版运单中的原到站为发站。

【3 发货人的声明】

“发货人的声明”一栏中应记载下列事项：

——绕路运输时的具体运送径路；

——发生货物运送阻碍或交付阻碍时，如何处置货物的指示，运送易腐货物时的保护措施和保温制度；

——描述货物或车辆托运货物时查明的、发货人所提供的车辆、多式运输单元和汽车运输工具的破损情况；

——运送机动车辆、机械时，注明“易破碎零件不加防护运送”“第几号车辆或机械的钥匙”；

——如经不同轨距铁路运送时，注明同承运人商定的货物（包括空车）运送办法。记载：“换装到另一轨距车辆”“更换到另一轨距车辆转向架（如有换轮合同，则注明合同号及其缔

结日期)”或“采用变距轮对”;

——发货人对其在运单上所做修改的声明;

——运送冻结货物时,注明货物含水量百分比和采取的预防措施(“货物冻结”“撒入石灰的数量占________%”“用油处理的数量占________%”“分层垫入锯末”等);

——变更运输合同法律规范(向不适用《国际货协》的国家运送货物)时,最终收货人的名称及其地址;

——变更运输合同法律规范(向不适用《国际货协》的国家运送货物)时,有关寄送运单的指示。

——押运人权利范围;

——关于在运单上添附补充清单数量的记载;

——采用其他运输方式运进或运出货物时,应记载:“采用________(运输方式)从________(始发国国名)运进”或“采用________(运输方式)运往(终到国国名)”;

——运送声明价格的货物时,记载:“货物声明价格________(款额应大写)”;

——记载关于采用1520mm轨距敞车类货车(特种平车除外)装载的限界货物装载和加固条件:“技术条件第________章第________项”“第________号国家技术条件”“第________号地方技术条件”或“第________号图”。

——使用发货人提供的车辆运送货物时,如运送中需将货物换装到另一轨距车辆内,应记载:“在________站(注明换装站名称)进行货物换装后空车应交付________(注明空车收货人名称及其通信地址)”或“在________站(注明换装站名称)进行货物换装后空车应经由国境站(注明其名称)发往到站(注明到达路、到站和收货人名称),承运人为________(承运人名称)”,此外应为参与运送的每一个承运人。注明运送费用的支付人的名称和代码。

【注意】本栏目的内容有所增加,也更为详细,基本综合了旧版运单的部分栏目的信息。旧版运单第24栏“货物的声明价格”栏已取消,货物声明价格可填在本栏中。

运送声明价格的货物,铁路总公司规定,如在运单中填写“货物价格”,则认为参加铁路保价运输,要缴纳保价费。现《国际货协》规定“承运人有权要求为声明货物价格支付杂费”。

【4 收货人】

填记内容:

——收货人名称(应与注册文件一致)、姓名(自然人)、通信地址;

——如交付货物的承运人对收货人进行编码,则注明由该承运人确定的收货人代码(在填写代码的格内)。

还可注明电话号、传真号(连同区号)、电子信箱。

在向不适用《国际货协》的国家运送货物时,应注明在变更运输合同法律规范的车站更改运输合同的承运人简称。

【注意】注明收货人全称及其准确通信地址。收货人只能是一个自然人或法人。必要时,发货人可指定在收货人的专用线上交货。如向俄罗斯发货时,需填写俄企业的企业代码(OK码)。

根据发站电报或收货人要求申请变更收货人时,运输合同变更处理站(截留货物的车站或国境站)应将原收货人及通信地址画消,并记载新收货人,可在本栏做相应记载。

【5 到站】

填记内容：

——到站名称及铁路简称；

——到站代码(在填写代码的格内)。

在向不适用《国际货协》的国家运送货物时，注明变更运输合同法律规范的车站名称和代码、铁路简称，并记载“运送至________站(终到站及到达国名称)”。

【6 国境口岸站】

按同缔约承运人商定的货物运送径路，注明发送国和过境国的出口国境站名称、代码、铁路简称。

在货物运送中使用轮渡时，应注明将货物转交轮渡或从轮渡接运的港口及车站名称。

如有可能，从一个出口国境站通过邻国的几个进口国境站办理货物运送，还应注明货物运送途中所要通过的进口国境站名称。

【注意】根据《国际货协》规定，注明货物应通过的发送国和过境国的出口国境站。如有可能从一个出口国境站通过邻国的几个进口国境站办理货物运送，则还应注明运送途中所要通过的进口国境站。根据发货人注明的所要通过的国境站确定经路。

例如，通过阿拉山口向哈萨克斯坦运送货物时，应注明阿拉山口——多斯特科。过境蒙古国到俄罗斯运送货物时，应注明二连浩特——扎门乌德、苏赫巴托——纳乌什基。

【第7~12项栏目填制要求】

在运送途中换装货物时，将原车辆记载事项画消，但原字迹需能辨认，并应在下面记载货物换装后每一车辆的事项。

被换装到单独车辆内的货物多出部分与货物主要部分同时发送时，应填写该车辆的相应事项。

运送由承运人装车的集装箱，或由发货人装载到承运人提供的一辆车上，但按不同运单办理的集装箱时，各栏不需填写。

对装入由发货人提供的一辆车、但按不同运单发往同一收货人的集装箱，应将车辆事项补充记载在其中一份运单上。

【7 车辆】

注明车号。

注明车辆所属者名称和车辆配属路简称。

使用机械冷藏车组运送货物时，应补充记载“机械冷藏车组________(注明机械冷藏车组号码)”，并在括号中注明车组中的货车数量；使用跨装车组运送货物时，应注明所有车辆的号码及“跨装”字样。

按一份运单运送两辆或两辆以上车内的货物，或按一份运单运送使用发货人提供的两辆或两辆以上车辆装运的数个集装箱时，应注明“见所附清单”。运送自轮运转货物时，应注明设备(每台)、车辆或轨道运行机械的号码。

【8 车辆由何方提供】

记载下列事项：

“П”——承运人提供车辆时；

"0"——发货人提供车辆时。

实际由收货人提供的车辆,等同于发货人提供的车辆。

【9 载重量】

填写车辆上记载的载重量(t)。

如在车辆上标有数个载重量,则应注明最大载重量(t)。

【10 轴数】

注明车辆的轴数。

运送自轮运转货物时,注明设备(每台)、车辆或轨道运行机械的轴数。

【11 自重】

填写车辆上记载的自重。

当用过磅的方法确定空车重量时,车辆上记载的自重写成分子,而过磅确定的自重写成分母。

【12 罐车类型】

使用1520mm轨距罐车运送货物时,应注明车号下方标记的罐车类型。

【13 货物重量(换装后)】

注明换装到每辆车内的货物重量。

当多出部分同货物主要部分同时发送时,应注明装载到单独车辆上的货物多出部分的重量。即旧版运单"第31栏换装后的货物重量"。

【14 件数(换装后)】

注明换装到每辆车内的货物件数。

【15 货物名称】

变更运输合同时,应注明"运输合同已变更",并加盖承运人戳记;

超限货物从一种轨距车辆换装到另一轨距车辆时,应注明"在________(铁路简称)是超限货物"或"超限货物________(超限程度)";

如"货物名称"栏中虚线前或虚线后的篇幅不足,可使用整栏填写。

填写通用货物品名表规定的每种货物的名称和8位代码。

注明货物上所做的记号、标记和号码。

运送危险货物时,还应根据国际货协附件第2号《危险货物运送规则》注明货物名称及信息。

运送易腐货物时,应填写"易腐";使用棚车通风运送货物时,还应注明"通风";运送冻结货物时,应注明"冻结"。

运送动物时,应注明"动物"及"不准驼峰溜放"。

运送易燃货物时,应注明"易燃"及"隔离车3/0-0-1-0"。

运送由押运人押运的货物时,应记载下列事项:

——注明"由发货人的押运人押运"。如押运人使用单独车辆或押运数辆重车时,还应补充记载:"押运人所在车辆的车号为________";

——注明押运人的姓名及其通过国境所必需的证件号码。如押运人押运数辆重车或使用单独车辆时,应在押运人所使用车辆的运单上注明这些事项;

——如运送途中更换了押运人，应注明“在________（更换押运人的车站和铁路名称）更换押运人”。

如押运人使用的车内安装供暖（火炉）设备，应注明“火炉取暖”。

使用运送用具运送货物时，在货物名称下面，应注明运送该货物所使用的运送用具名称。

【画虚线的格内】

运送多式运输单元和汽车运输工具时，应注明下列事项：

——运送汽车列车、汽车、挂车、半挂车或可甩挂汽车车身时，注明多式运输单元和汽车运输工具的具体名称和识别号、汽车列车组成，并记载“________个备用轮胎”，不准驼峰溜放运送通用中吨位集装箱时，记载“集装箱________（注明9位集装箱号）”；

——运送大吨位集装箱时，应注明由4个拉丁字母（其中前3个字母表示集装箱所属者代码，最后一个字母“U”表示示货运集装箱）和7位数字组成的11位集装箱识别号；在集装箱号后面加破折号，其后注明表示集装箱尺寸和类型的4位代码，然后在括号中注明集装箱的标记总重；

——按一份运单运送两个或两个以上集装箱时，应注明“见所附清单”；

——使用跨装车组运送长大货物时，应注明“不准驼峰溜放”。

运送非常规货物时，应记载下列事项：

——经1520mm轨距铁路运送超限货物时，应注明“超限货物________（超限程度）”，途经其他铁路时，应注明“在________铁路（铁路简称）是超限货物”；

——在运送带有检查架的超限货物时，在办理超限货物运送的运单上，应注明“检查架放在第________号车内”。而在办理运送带有检查架的车辆的运单上，如检查架放在空车内应注明：“本车用于装载第________号车内货物的检查架”；如检查架放在重车内应注明：“车上放有第________号车内货物的检查架”；

——运送超限货物和用特种平车运送货物物时，注明“不准驼峰溜放”或“不通过驼峰”（是否必须注明这些事项，由承运人决定）；

——运送按自身技术特性需限速运行的货物时，应注明“速度不得超过________ km/h”；

——运送在二级或超级装载限界范围内装载的货物时，应相应注明“二级限界”或“超级限界”。

【注意】所发运货物，要求填写《国际货协》通用货物品名表规定的每种货物的名称和8位代码。而不是只填写中文货名。要求注明货物上所做的记号、标记和号码（即旧版运单第9栏的内容）。

运送危险货物时，还应根据《国际货协》附件第2号《危险货物运送规则》注明货物名称及信息。对于危险货物运输，除填写中国铁路危规编号外，还要填写“国际危规号码”。

《国际货协》对于易燃货物做出了规定，运送易燃货物时，应注明“易燃”及“隔离车3/0－0－1－0”。

在运送集装箱时，要注明由4个拉丁字母（其中前3个字母表示集装箱所属者代码，最后个字母“U”表示货运集装箱）和7位数字组成的11位集装箱识别号；在集装箱号后面加破折号，其后注明表示集装箱尺寸和类型的4位代码，然后在括号中注明集装箱的标记总重。不能只标注数字号码。

【16 包装种类】

注明车辆、多式运输单元或汽车运输工具中所装载货物的包装种类。

运送货捆货物时应注明:分子——货捆,分母——货捆中的每件货物的包装种类,如货物没有包装时,应注明"无包装"。

运送没有容器和包装的货物时,应注明"无包装"字样。

【17 件数】

在货物名称同一行,用数字注明货物件数。

运送堆装、散装或灌装货物时,相应注明"堆装""散装""灌装"字样。

用敞车类货车或开顶集装箱运送货物时,如件数超过 100 件,则记载"堆装"字样。

运送货捆货物时用分数注明:货捆数目(分子),装入货捆中的货件总数(分母)。

采用可多次使用的运送用具运送货物时,应注明这些运送用具的数量。

使用多式运输单元或汽车运输工具运送货物时,应注明多式运输单元或汽车运输工具内装载的货物件数;使用汽车列车运送货物时,应注明汽车和挂车内的货物件数及汽车列车内的货物总件数。

运送空的多式运输单元或汽车运输工具时,应注明其数量。

【18 重量】

用数字注明:

——在与货物名称同一行注明每种货物的毛重(含包装重量),包括自轮运转货物的重量;

——多式运输单元或汽车运输工具的自重;

——未包含在车辆自重内的运送用具重量;

——货物总重。

【20 由何方装车】

注明"承运人"或"发货人"字样。

【21 确定重量的方法】

根据确定货物重量的方法,注明:

"用衡器"(注明衡器类型);

"按标记重量";

"按标准重量";

"丈量法";

"计量法";

"计量器"。

【22 承运人】

应注明缔约承运人(最先注明)和接续承运人(最后注明交付货物的承运人)的简称和代码以及每个承运人办理运送的相应区段(以车站作为各区段的界线,注明车站名称及其代码)。

【注意】这段规定对我国发货人有要求,要标明境外铁路承运人办理运送的相应区段和各国境车站名称及其代码并附加相关资料。应提前要求境外运输代理人和收货人提供。

【23 运送费用的支付】

根据“承运人”栏内的事项，按办理运送的承运人顺序注明各承运人简称、向每一承运人付款的支付人名称及付款依据（支付人代码、合同日期及合同号等）。

【注意】境外国家铁路从事国际运输的企业，需有相应国家部门核准的资质。如，各独联体国家铁路，需要国家外贸主管部门和铁路当局批准，并得到支付代码后，才能从事国际运输代理业务、向铁路支付运费。

【24 发货人添附的文件】

注明发货人在运单上添附的所有文件。如某一文件添附数份，应注明份数。如运单中注明的添附文件在运送途中将被取下，则在该文件名称后面注明应取下文件的铁路简称，即：“给________（取下这些文件的铁路简称）”。

【注意】承运人没有义务检查添附文件，责任由发货人负责。

【25 与承运人无关的信息，供货合同号码】

记入与该批货物有关，但并非承运人所需的发货人信息。

如履行行政手续所需的文件未添附在运单上，而是寄往相应的行政机关，则应作下列记载：“（注明文件的名称、号码和日期）提交（注明行政机关的名称）”。可记入其他信息，包括出口单位和进口单位间缔结的供货合同号码（如出口单位和进口单位的合同仅有一个号码）。如供货合同有两个号码，出口单位为一个号码，进口单位为另一个号码，则记入出口单位合同号码。

（2）由发货人或承运人（取决于由何方装车、加封）填写的栏目。

【19 封印】

由发货人或承运人（取决于何方施封）填写。

注明无押运人押运的车辆、多式运输单元或汽车运输工具上施加的封印数量和记号。使用锁封装置时，应注明锁封装置的名称、记号、货物发送路简称。

（3）由海关、行政机关填写的栏目

【28 海关、行政机关办理海关和其他行政手续】

其记载如下：

海关——执行海关查验；

其他国家机关——履行行政手续。

【注意】 本栏在办理海关和其他行政手续后，要加盖官方印鉴（如海关的验汽章、监管章等）。

（4）由承运人（各参加运送铁路）填写的栏目

【26 缔约运输合同的日期】

在发站应加盖缔约承运人日期戳记。

【27 到达日期】

在到站应加盖承运人日期戳记。

如货物未到达，应注明“货物未到达”，并加盖承运人戳记。

【29 批号】

注明货物批号。

2. 运单第1、2、4、5张和运行报单(补充)背面部分

第1张运单正本、第2张运行报单、第4张运单副本、第5张货物接收单和运行报单(补充),背面各栏、项、序号统一列名"计算运送费用的各项"。其全部栏目均由承运人填写。

【37 区段】

注明计算运送费用区段的起、止站名称和代码。

【38 里程】

注明区段起、止站间的里程。

【39 计费重量】

注明根据所采用的运价规程确定的货物计费重量。

【40 杂费】

注明代码。如没有代码,则注明杂费和其他费用的名称,并填写根据承运人在该区段所采用的运价规程算出的以运价货币表示的杂费款额。

【41 运价】

注明所采用的运价号码或名称。

【42 货物代码】

必要时,应注明通用货物品名表规定的代码,以之作为计算运送费用的依据。

【43 兑换率】

注明由以运价货币表示的款额换算成以向发货人或收货人核收费用的货币表示的款额时所采用的兑换率。

【44 运价货币】

注明应向发货人核收运送费用时采用的货币代码或名称。

【45 支付货币】

注明向发货人核收运送费用的货币代码或名称。

【46 运价货币】

注明应向收货人核收运送费用所采用的货币代码或名称。

【47 支付货币】

注明向收货人核收运送费用的货币代码或名称。

运费部分:

【48 注明根据承运人在该区段所采用的运价规程计算的,以运价货币表示的运费】

【49 注明根据该区段所采用的运价规程计算的,以向发货人核收费用的货币表示的运费】

【50 注明根据承运人在该区段所采用的运价规程计算的,以运价货币表示的运费】

【51 注明根据该区段所采用的运价规程计算的,以向收货人核收费用的货币表示的运费】

【52 注明发货人支付费用时以运价货币表示的杂费及所采用的运价规程未规定的承运人应付费用的总额】

【53 注明以向发货人核收费用的货币表示的杂费及所采用的运价规程未规定的承运人费用的总额】

【54 注明收货人支付费用时以运价货币表示的杂费及所采用的运价规程未规定的承运人费用的总额】

【55 注明以向收货人核收费用的货币表示的杂费及所采用的运价规程未规定的承运人费用的总额】

共计部分：

【56 注明计算运送费用相应项的第48栏和第52栏加总所得的，以运价货币表示的总额】

【57 注明第49栏和第53栏加总所得的，以向发货人核收运送费用的货币表示的总额】

【58 注明计算运送费用相应项的第50栏和第54栏加总所得的，以运价货币表示的总额】

【59 注明第51栏和第55栏加总所得的，以向收货人核收运送费用的货币表示的总额】

合计部分：

【60 注明第56栏加总所得的总额】

【61 注明第57栏加总所得的总额】

【62 注明第58栏加总所得的总额】

【63 注明第59栏加总所得的总额】

【64 计算和核收运送费用的记载】

填写承运人计算和核收运送费用所需的记载事项，并加盖承运人戳记：

在过境铁路或到达国铁路将发现的货物重量多出部分装入单独车辆发运时，注明"发运货物重量多出部分"；

关于将一车货物换装到两车或超过两车内的原因，注明："换装到________(注明数量)辆车，原因是(注明具体原因)"；

其他记载。

【65 应向发货人补收的费用】

填写应向发货人补收的费用(费用名称及款额)。

3. 运单第3、第6张背面部分

第3张货物交付单背面栏目比第6张货物到达通知单要多出两个栏目，即"35 货物到达通知"和"36 交付货物"栏目。除"36 交付货物栏目"由承运人和收货人共同签署外，其余栏目均由承运人填写。两张运单其他栏目的格式和填制方法一致。

第3张货物交付单主要是承运人与收货人在交付货物时的交货记录，运输全程中的最后环节。第36项栏目"交付货物"，即为收货人与到达铁路车站承运人双方签证的交接证明。

【30 承运人记载】

其记载栏记载如下：

编制启封记录时，应注明"启封记录________(日期)，________铁路________车站"相关信息；

取下添附文件时，应注明"在________站取下第________号________(添附文件名称)"相关信息；

承运人更换或施加封印时，应注明“标有________的封印（锁封装置）________个，更换为标有________的封印（锁封装置）________个”或“重新施加标有________的封印（锁封装置）________个，代替缺失的封印（锁封装置）”；

承运人编制补送货物文件时，注明“________（kg/件）货物凭________（文件名称及编号）补送”；

从按一份运单运送货物的车组中摘下车辆时，应注明“第________号车辆凭________（文件名称及编号）补送”；

从按一份运单运行的车组中摘下车辆时，应注明“摘车”（在车辆清单中对应被摘下车辆的车号也应注明）；

交付补送货物时，应注明“补送货物已交付”，并加盖承运人日期戳记；

变更运输合同时，应注明“根据________（文件名称及日期）变更到________站（车站名称）收货人________（收货人名称）”，并加盖承运人戳记；

如需改变运单中所记载的运送经路，则应注明：“由于________（发生运送阻碍的原因）改变原运送经路”，并加盖承运人戳记；

“________（承运人为了证明影响或可能影响货物运输的某些情况，在运送途中编制的文件名称及号码、编制日期、车站名称、铁路简称）”；

如货物重量与运单中的记载不符，但不超出国际货协第 43 条“货物重量不足的责任范围”所规定的标准，则应注明“检查货物的重量为________公斤”等相关信息，并加盖承运人戳记；

如在国际货协运单上附有给收货人的、规定货物运输合同法律标准的另一国际协定的运单，则注明“________年________月________日第________号运单附后”；

“随附________（注明承运人在运单上添附补充清单的数量）”；

“________年________月________日（注明编制日期）________（注明编制记录的车站名称和铁路简称）第________号（注明记录号）车辆破损（不良）记录”。

在不同轨距铁路的相邻车站换装货物时，应注明货物换装后车辆上封印的数量和记号。

在运送非常规货物时，应注明关于已商定经各铁路运送该货物的事项，如果通过铁路和轮渡联运进行运送，还应注明关于已商定经水运区段运送该货物的事项。

【31 商务记录】

注明商务记录号和编制日期，以及编制商务记录所在的车站名称和铁路简称，并加盖编制商务记录的承运人戳记。

【32 运到期限延长】

注明货物滞留的车站名称和铁路简称，以及滞留时间和据以延长运到期限的滞留原因代码，并加盖承运人戳记。

使用下列代码表示滞留原因：

1——办理海关和其他行政手续；

2——检查货物内容；

3——检查货物重量；

4——检查货物件数；

5——变更运输合同；

6——运送阻碍；

7——照料动物；

8——由于与承运人无关的原因，需要修整货物装载或包装；

9——由于与承运人无关的原因造成的货物换装；

10——其他原因。

在使用代码“10”（其他原因）时，应注明货物滞留的（其他）原因。

【33 货物移交记载】

按货物交接站一个承运人向另一个承运人移交货物的顺序，加盖接收货物的承运人日期戳记。

【34 通过国境站的记载】

按货物通过国境口岸站的顺序，在国境口岸站加盖承运人日期戳记。

4. 到站货物交接部分

【35 货物到达通知】

第 3 张根据到达国国内法律的相关规定填写。

【36 交付货物】

第 3 张注明日期，收货人签字。

还应填写到达国国内法律规定的事项。

我国与俄罗斯之间国际联运货物交接单如附录 2 所示。

附录 2　国际货协货物交接单

国际货协货物交接单

交接单

Передаточная ведомость

第________号

No________

<table>
<tr><td colspan="4">交付承运人(名称和代码)
Слающий перевозчик(наименование и код)</td><td colspan="5">接收承运人(名称和代码)
ПриниМающий перевозчик(наименование и код)</td><td colspan="3">交接收
Станция передачи

列车车次
Поезл No

日期
Дата</td></tr>
<tr><td rowspan="2">顺号
No
n/n</td><td rowspan="2">车号和车辆所属者名称
No вагонаи наименование владельца вагона</td><td colspan="2">封印
плОМбы</td><td rowspan="2">批号
Отправка No</td><td rowspan="2">缔结运输合同的日期
Дата заключения договора перевозки</td><td colspan="2">车站
Станция</td><td rowspan="2">件数和包装种类(重集装箱号码)
К-во мест и рол упаковки (No груженого контейнера)</td><td rowspan="2">货物名称
Наименова ние груза</td><td rowspan="2">货物重量
Масса груза</td><td rowspan="2">备考
Примеч ания</td></tr>
<tr><td>数量
Количество</td><td>记号
Знаки</td><td>发站
Отправ-ления</td><td>到站
Назна-чения</td></tr>
<tr><td>1</td><td>2</td><td>3</td><td>4</td><td>5</td><td>6</td><td>7</td><td>8</td><td>9</td><td>10</td><td>11</td><td>12</td></tr>
<tr><td></td><td></td><td></td><td></td><td></td><td></td><td></td><td></td><td></td><td></td><td></td><td></td></tr>
<tr><td colspan="3">交付承运人日期戳
Оттиск календарного штемпеля сдающего перевозчика</td><td colspan="3">交付承运人签字
Подпись сдающего перевозчика</td><td colspan="3">接收承运人日期戳
Оттиск календарного штемпеля принимающего перевозчика</td><td colspan="3">接收承运人签字
Подпись принимающего перевозчика</td></tr>
</table>

附录3　本书缩略语、惯用语对照表

本书缩略语、惯用语对照表

序　号	全　称	缩略语、惯用语
1	《国际铁路货物联运协定》运单	国际货协运单
2	《国际联运货车使用规则》	《货车规则》
3	《国际旅客联运和铁路货物联运清算规则协约和清算规则》	《清算规则》
4	《国际铁路货物联运统一过境运价规则》	《统一货价》
5	《国际铁路货物联运协定》	《国际货协》
6	《国际铁路货物运送公约》	《国际货约》
7	《国际铁路旅客联运协定》	《国际客协》
8	《铁路货物运价规则》	《国内价规》
9	《铁路危险货物运输管理规则》	《危规》
10	船运代理	船代
11	集装箱额定值	集装箱最大工作总质量/总重量
12	非标准铁路箱	非标箱
13	国际铁路联盟	铁盟
14	国际铁路协会	国际铁协
15	货运代理	货代
16	货物质量	货物重量
17	集装箱堆场	集装箱场
18	集装箱货载	集装箱载重
19	集装箱空箱质量	集装箱空箱重量
20	集装箱站场	集装箱场站
21	集装箱正面吊运机	集装箱正面吊
22	集装箱专业办理站	集装箱办理站
23	集装箱最大总质量	集装箱最大总重
24	空箱质量驾驶室	空箱重量司机室
25	内陆集装箱办理站	内陆集装箱站
26	铁路合作组织	铁组
27	铁路集装箱	铁路箱
28	铁路集装箱共用车	共用车
29	铁路集装箱运输管理信息系统	集装箱系统

续上表

序　号	全　称	缩略语、惯用语
30	铁路集装箱中心站	中心站
31	铁路空集装箱	空箱
32	铁路门到门运输一口价	门到门一口价
33	铁路小型集装箱	小型箱
34	铁路专用线	专用线
35	危险货物集装箱	危货箱
36	已装货物的集装箱(与空箱的意思相对)	重箱
37	与港口相连的铁路车站	港站/港前站
38	执行《国际货协》的成员国	《国际货协》成员国
39	中国铁路总公司	铁路总公司
40	准、米轨	标准轨、米轨
41	自备集装箱	自备箱
42	自身净质量	自重

参 考 文 献

[1] 吴强. 铁路集装箱运输[M]. 北京:中国铁道出版社,2011.

[2]《铁路集装箱运输管理》编委会. 铁路集装箱运输管理[M]. 北京:中国铁道出版社,2016.

[3] 中国铁路总公司. 铁路集装箱运输规则[M]. 北京:中国铁道出版社,2015.

[4] 孟祥茹. 国际集装箱多式联运[M]. 北京:人民交通出版社股份有限公司,2017.

[5] 朱润. 集装箱公铁联运模式与运输组织研究[D]. 北京:北京交通大学,2012.

[6] 彭睿. 集装箱铁水联运协调衔接问题研究[D]. 成都:西南交通大学,2015.

[7]《2015 版国际铁路货物联运操作实务》编写组. 2015 版国际铁路货物联运操作实务[M]. 北京:中国铁道出版社,2016.

[8] 赵俊. 铁路集装箱中心站发展战略研究[D]. 北京:北京交通大学,2009.

[9] 闫伟. 铁路集装箱专办站运输组织研究[D]. 成都:西南交通大学,2005.

[10] 张四梅,关雪梅. 我国铁路集装箱锁闭装置的研究与应用[J]. 铁道车辆,2011,49(11):19-21.

[11] 李光磊. 铁路集装箱中心站装卸设备配置研究[D]. 北京:北京交通大学,2011.